MARKUS JEHLE

HIMMLISCHE KONSTELLATIONEN 2023

Druck:
Finidr (Czech Republic)

Gestaltung | Satz:
Dörthe Fürbeck | www.doerthe-fuerbeck.de
Titelfoto: Adobe Stock © Peter Jurik

Korrektorat & Lektorat:
Karin Wendering | kontakt@karinwendering.de

Dank an Christina Imper

ISBN 978-3-949354-21-2

Kalenderbestellungen ganzjährig unter:
Tel. 0 33 22 128 69 13
office@vah-jager.de | www.mariusverlag.de
www.astrologie-zentrum-berlin.de

LEBEN UND HANDELN
IM EINKLANG
MIT DEM KOSMOS

MARKUS JEHLE

2023

HIMMLISCHE KONSTELLATIONEN

ASTROLOGISCHES JAHRBUCH

LIEBE LESERIN, LIEBER LESER,

neu und vertraut zugleich,
das sind die Himmlischen Konstellationen 2023.
Änderungen und Neuerungen
erfordern Mut und Risikobereitschaft.
Die Macht der Gewohnheit und Routine,
sie hat keine Zukunft mehr.

***

An dieser Stelle ein besonderes Dankeschön
für die zahlreichen Rückmeldungen und die Wertschätzung,
die wir von Ihnen erhalten haben.
Die ausführlichen Wochentexte
erscheinen jetzt wieder wie gewohnt.
Die meisten Neuerungen vom letzten Jahr
haben wir dank Ihres Zuspruchs gerne beibehalten.

***

„Fortschritte haben ihren Preis."
So lautet das astrologische Motto für 2023.
Pluto wechselt in Wassermann.
Das ändert alles.
Muss ja.
Wir können nicht einfach so weitermachen wie bisher.

Umdenken ist angesagt.
Ein neues Zeitalter ist in Sicht.
Doch wer weiß,
es könnte auch ganz anders kommen.

***

Das einzig Beständige ist der Wandel.
Wohin uns das führt,
ist ungewiss.
Machen wir uns auf Überraschungen gefasst,
die sowohl gut als auch böse ausfallen können.

***

Freiheit muss sein.
Wo sie anfängt und wo sie endet,
liegt nur bedingt in unserer Macht.
Die Zukunft, sie kommt,
mit rasender Geschwindigkeit.
Heißen wir sie willkommen
mit wachem Verstand und kritischer Vernunft.

***

Der neue Geist,
er will funkeln
wie ein Diamant
und fliegen
wie ein Vogel so frei.
Sternengrüße
Markus Jehle

INHALT

2023

	JANUAR					FEBRUAR				MÄRZ				
Mo		2	9	16	23	30		6	13	20	27		6	13	20	27
Di		3	10	17	24	31		7	14	21	28		7	14	21	28
Mi		4	11	18	25		1	8	15	22		1	8	15	22	29
Do		5	12	19	26		2	9	16	23		2	9	16	23	30
Fr		6	13	20	27		3	10	17	24		3	10	17	24	31
Sa		7	14	21	28		4	11	18	25		4	11	18	25	
So	1	8	15	22	29		5	12	19	26		5	12	19	26	

	APRIL					MAI					JUNI				
Mo		3	10	17	24	1	8	15	22	29		5	12	19	26
Di		4	11	18	25	2	9	16	23	30		6	13	20	27
Mi		5	12	19	26	3	10	17	24	31		7	14	21	28
Do		6	13	20	27	4	11	18	25		1	8	15	22	29
Fr		7	14	21	28	5	12	19	26		2	9	16	23	30
Sa	1	8	15	22	29	6	13	20	27		3	10	17	24	
So	2	9	16	23	30	7	14	21	28		4	11	18	25	

	JULI						AUGUST					SEPTEMBER				
Mo		3	10	17	24	31		7	14	21	28		4	11	18	25
Di		4	11	18	25		1	8	15	22	29		5	12	19	26
Mi		5	12	19	26		2	9	16	23	30		6	13	20	27
Do		6	13	20	27		3	10	17	24	31		7	14	21	28
Fr		7	14	21	28		4	11	18	25		1	8	15	22	29
Sa	1	8	15	22	29		5	12	19	26		2	9	16	23	30
So	2	9	16	23	30		6	13	20	27		3	10	17	24	

	OKTOBER						NOVEMBER					DEZEMBER				
Mo		2	9	16	23	30		6	13	20	27		4	11	18	25
Di		3	10	17	24	31		7	14	21	28		5	12	19	26
Mi		4	11	18	25		1	8	15	22	29		6	13	20	27
Do		5	12	19	26		2	9	16	23	30		7	14	21	28
Fr		6	13	20	27		3	10	17	24		1	8	15	22	29
Sa		7	14	21	28		4	11	18	25		2	9	16	23	30
So	1	8	15	22	29		5	12	19	26		3	10	17	24	31

Orange hervorgehobene Feiertage gelten nicht in allen Bundesländern.

2024

JANUAR

Mo	1	8	15	22	29
Di	2	9	16	23	30
Mi	3	10	17	24	31
Do	4	11	18	25	
Fr	5	12	19	26	
Sa	6	13	20	27	
So	7	14	21	28	

FEBRUAR

Mo		5	12	19	26
Di		6	13	20	27
Mi		7	14	21	28
Do	1	8	15	22	29
Fr	2	9	16	23	
Sa	3	10	17	24	
So	4	11	18	25	

MÄRZ

Mo		4	11	18	25
Di		5	12	19	26
Mi		6	13	20	27
Do		7	14	21	28
Fr	1	8	15	22	29
Sa	2	9	16	23	30
So	3	10	17	24	31

APRIL

Mo	1	8	15	22	29
Di	2	9	16	23	30
Mi	3	10	17	24	
Do	4	11	18	25	
Fr	5	12	19	26	
Sa	6	13	20	27	
So	7	14	21	28	

MAI

Mo		6	13	20	27
Di		7	14	21	28
Mi	1	8	15	22	29
Do	2	9	16	23	30
Fr	3	10	17	24	31
Sa	4	11	18	25	
So	5	12	19	26	

JUNI

Mo		3	10	17	24
Di		4	11	18	25
Mi		5	12	19	26
Do		6	13	20	27
Fr		7	14	21	28
Sa	1	8	15	22	29
So	2	9	16	23	30

JULI

Mo	1	8	15	22	29
Di	2	9	16	23	30
Mi	3	10	17	24	31
Do	4	11	18	25	
Fr	5	12	19	26	
Sa	6	13	20	27	
So	7	14	21	28	

AUGUST

Mo		5	12	19	26
Di		6	13	20	27
Mi		7	14	21	28
Do	1	8	15	22	29
Fr	2	9	16	23	30
Sa	3	10	17	24	31
So	4	11	18	25	

SEPTEMBER

Mo		2	9	16	23	30
Di		3	10	17	24	
Mi		4	11	18	25	
Do		5	12	19	26	
Fr		6	13	20	27	
Sa		7	14	21	28	
So	1	8	15	22	29	

OKTOBER

Mo		7	14	21	28
Di	1	8	15	22	29
Mi	2	9	16	23	30
Do	3	10	17	24	31
Fr	4	11	18	25	
Sa	5	12	19	26	
So	6	13	20	27	

NOVEMBER

Mo		4	11	18	25
Di		5	12	19	26
Mi		6	13	20	27
Do		7	14	21	28
Fr	1	8	15	22	29
Sa	2	9	16	23	30
So	3	10	17	24	

DEZEMBER

Mo		2	9	16	23	30
Di		3	10	17	24	31
Mi		4	11	18	25	
Do		5	12	19	26	
Fr		6	13	20	27	
Sa		7	14	21	28	
So	1	8	15	22	29	

Orange hervorgehobene Feiertage gelten nicht in allen Bundesländern.

SCHULFERIEN IN DEUTSCHLAND

Bundesland	**Weihnachten 2022/2023**	**Winter 2023**	**Ostern 2023**	**Pfingsten 2023**
Baden-Württemberg	21.12. - 07.01.	keine Ferien	06.04. / 11.04. - 15.04.	30.05. - 09.06.
Bayern	24.12. - 07.01.	20.02. - 24.02.*	03.04. - 15.04.	30.05. - 09.06.
Berlin	22.12. - 2.01.*	29.01. - 05.02.	03.04. - 14.04.	19.05. + 30.05.*
Brandenburg	22.12. - 03.01.	30.01. - 03.02.	03.04. - 14.04.	keine Ferien*
Bremen	23.12. - 06.01.	30.01. - 31.01.	27.03. - 11.04.	19.05. + 30.05.*
Hamburg	23.12. - 06.01.	27.01.	06.03. - 17.03.*	23.05. - 27.05
Hessen	22.12. - 07.01.	keine Ferien	03.04. - 22.04.	keine Ferien
Mecklenburg-Vorpommern	22.12. - 02.01.	06.02. - 18.02.	03.04. - 12.04.	15.05. / 26.05. - 30.05.*
Niedersachsen	23.12. - 06.01.	30.01. - 31.01.	27.03. - 11.04.	19.05. + 30.05
NRW	23.12. - 06.01.	keine Ferien	03.04. - 15.04.	30.05.
Rheinland-Pfalz	23.12. - 02.01.	keine Ferien*	03.04. - 06.04.	30.05. - 07.06.
Saarland	22.12. - 04.01.	20.02. - 24.02.	03.04. - 12.04.	30.05. - 02.06.
Sachsen	22.12. - 02.01.	13.02. - 24.02.	07.04. - 15.04.	19.05.*
Sachsen-Anhalt	21.12. - 05.01	06.02. - 11.02.	03.04. - 08.04.	15.05. - 19.05.
Schleswig-Holstein	23.12. - 07.01.	keine Ferien	06.04. - 22.04.	19.05. - 20.05.
Thüringen	22.12. - 03.01..	13.02. - 17.02.	03.04. - 15.04.	19.05.

Angegeben sind der erste und letzte Ferientag. Regionale Ferientage sind nicht berücksichtigt. Änderungen sind möglich. Alle Angaben ohne Gewähr.

Sommer 2023	Herbst 2023	Weihnachten 2023/2024	Winter 2024	Ostern 2024
27.07. - 09.09.	30.10. - 03.11.	23.12. - 05.01.	keine Ferien	23.03. - 05.04.
31.07. - 11.09.	30.10. - 03.11. + 22.11.*	23.12. - 05.01.	12.02. - 16.02.*	25.03. - 06.04.
3.07. - 25.08.	02.10. + 23.10. - 04.11.	23.12. - 05.01.	05.02. - 10.02.	25.03. - 05.04.
3.07. - 26.08.	23.10. - 04.11.	23.12. - 05.01.	05.02. - 09.02.	25.03. - 05.04.
06.07. - 16.08.	02.10. + 16.10. - 30.10.	23.12. - 05.01.	01.02. - 02.02.	18.03. - 28.03.
3.07. - 23.08.	02.10. + 16.10. - 27.10.	22.12. - 05.01.	02.02.	18.03. - 28.03.
4.07. - 01.09.	23.10. - 28.10.	27.12. - 13.01.	keine Ferien	25.03. - 13.04.
7.07. - 26.08.	09.10. - 14.10. / 30.10. + 1.11.*	21.12. - 03.01.	05.02. - 16.02.	25.03. - 03.04.
6.07. - 16.08.	02.10. + 16.10. - 30.10.*	27.12. - 05.01.	01.02. - 02.02.	18.03. - 28.03..
2.06. - 04.08.	02.10. - 14.10.	21.12. - 05.01.	keine Ferien	25.03. - 06.04.
4.07. - 01.09.	16.10. - 27.10.	27.12. - 05.01.	keine Ferien*	25.03. - 02.04.
4.07. - 01.09.	23.10. - 03.11.	21.12. - 02.01.	12.02. - 16.02.	25.03. - 05.04.
0.07. - 18.08.	02.10. - 14.10. + 30.10.*	23.12. - 02.01.	12.02. - 23.02.	28.03. - 05.04.
5.07. - 16.08.	02.10. + 16.10. - 30.10.	21.12. - 03.01.	05.02. - 10.02.	25.03. - 30.03.
7.07. - 26.08.*	16.10. - 27.10.*	27.12. - 06.01.	keine Ferien	02.04. - 19.04.
0.07. - 19.08.	02.10. - 14.10.	22.12. - 05.01.	12.02. - 16.02.	25.03. - 06.04.

* *(zusätzlicher) unterrichtsfreier Tag*

1) *Auf den niedersächsischen Nordseeinseln gelten Sonderregelungen.*

2) *Auf den Inseln Sylt, Föhr, Helgoland und Amrum sowie auf den Halligen enden die Sommerferien eine Woche früher, die Herbstferien beginnen eine Woche früher.*

JANUAR 2023

53. Woche	1 So	Neujahr	
1. Woche	2 Mo		
	3 Di		
	4 Mi		
	5 Do		
	6 Fr	Heilige Drei Könige	
	7 Sa		○ 0:08
	8 So		
2. Woche	9 Mo		
	10 Di		
	11 Mi		
	12 Do		
	13 Fr		
	14 Sa		
	15 So		◑ 3:10
3. Woche	16 Mo		
	17 Di		
	18 Mi		
	19 Do		
	20 Fr		
	21 Sa		● 21:53
	22 So		
4. Woche	23 Mo		
	24 Di		
	25 Mi		
	26 Do		
	27 Fr		
	28 Sa		◐ 16:19
	29 So		
5. Woche	30 Mo		
	31 Di		

Orange hervorgehobene Feiertage gelten nicht in allen Bundesländern.

FEBRUAR 2023

	1	Mi			
	2	Do			
	3	Fr			
	4	Sa			
	5	So			○ 19:28
6. Woche	6	Mo			
	7	Di			
	8	Mi			
	9	Do			
	10	Fr			
	11	Sa			
	12	So			
7. Woche	13	Mo			◑ 17:01
	14	Di	Valentinstag		
	15	Mi			
	16	Do	Weiberfastnacht		
	17	Fr			
	18	Sa			
	19	So			
8. Woche	20	Mo	Rosenmontag		● 8:06
	21	Di	Faschingsdienstag		
	22	Mi	Aschermittwoch		
	23	Do			
	24	Fr			
	25	Sa			
	26	So			
9. Woche	27	Mo			◐ 9.05
	28	Di			

MÄRZ 2023

	1	Mi		
	2	Do		
	3	Fr		
	4	Sa		
	5	So		
10. Woche	6	Mo		
	7	Di		○ 13:40
	8	Mi	Internationaler Frauentag	
	9	Do		
	10	Fr		
	11	Sa		
	12	So		
11. Woche	13	Mo		
	14	Di		
	15	Mi		◑ 3:08
	16	Do		
	17	Fr		
	18	Sa		
	19	So		
12. Woche	20	Mo	Frühlingsanfang	
	21	Di	Internationaler Tag gegen Rassismus	● 18:23
	22	Mi		
	23	Do		
	24	Fr		
	25	Sa		
	26	So	Beginn der Sommerzeit (+ 1 Stunde)	
13. Woche	27	Mo		
	28	Di		
	29	Mi		◐ 4:32
	30	Do		
	31	Fr		

Orange hervorgehobene Feiertage gelten nicht in allen Bundesländern.

APRIL 2023

	1 Sa		
	2 So		
14. Woche	3 Mo		
	4 Di		
	5 Mi		
	6 Do		○ 6:34
	7 Fr	Karfreitag	
	8 Sa		
	9 So	Ostersonntag	
15. Woche	10 Mo	Ostermontag	
	11 Di		
	12 Mi		
	13 Do		◑ 11:11
	14 Fr		
	15 Sa		
	16 So		
16. Woche	17 Mo		
	18 Di		
	19 Mi		
	20 Do	totale Sonnenfinsternis	● 6:12
	21 Fr		
	22 Sa		
	23 So		
17. Woche	24 Mo		
	25 Di		
	26 Mi		
	27 Do		◐ 23:20
	28 Fr		
	29 Sa		
	30 So	Walpurgisnacht	

MAI 2023

18. Woche	1	Mo	Tag der Arbeit
	2	Di	
	3	Mi	
	4	Do	
	5	Fr	Halbschatten-Mondfinsternis ○ 19:34
	6	Sa	
	7	So	
19. Woche	8	Mo	Tag der Befreiung vom Nationalsozialismus
	9	Di	Europatag
	10	Mi	
	11	Do	
	12	Fr	◑ 16:28
	13	Sa	
	14	So	Muttertag
20. Woche	15	Mo	
	16	Di	
	17	Mi	
	18	Do	Christi Himmelfahrt I Vatertag
	19	Fr	● 17:53
	20	Sa	
	21	So	
21. Woche	22	Mo	
	23	Di	
	24	Mi	
	25	Do	
	26	Fr	
	27	Sa	◐ 17:22
	28	So	Pfingstsonntag
22. Woche	29	Mo	Pfingstmontag
	30	Di	
	31	Mi	

Orange hervorgehobene Feiertage gelten nicht in allen Bundesländern.

JUNI 2023

	1	Do	Internationaler Kindertag	
	2	Fr		
	3	Sa		
	4	So		○5:42
23. Woche	5	Mo		
	6	Di		
	7	Mi		
	8	Do	Fronleichnam	
	9	Fr		
	10	Sa		◑21:31
	11	So		
24. Woche	12	Mo		
	13	Di		
	14	Mi		
	15	Do		
	16	Fr		
	17	Sa		
	18	So	Welthumanistentag	●6:37
25. Woche	19	Mo		
	20	Di		
	21	Mi	Sommeranfang	
	22	Do		
	23	Fr		
	24	Sa	Johannistag	
	25	So		
26. Woche	26	Mo		◐9:50
	27	Di		
	28	Mi		
	29	Do		
	30	Fr		

JULI 2023

	1	Sa	
	2	So	
27. Woche	3	Mo	○ 13:39
	4	Di	
	5	Mi	
	6	Do	
	7	Fr	
	8	Sa	
	9	So	
28. Woche	10	Mo	◑ 3:48
	11	Di	
	12	Mi	
	13	Do	
	14	Fr	
	15	Sa	
	16	So	
29. Woche	17	Mo	● 20:33
	18	Di	
	19	Mi	
	20	Do	
	21	Fr	
	22	Sa	
	23	So	
30. Woche	24	Mo	
	25	Di	
	26	Mi	◐ 0:07
	27	Do	
	28	Fr	
	29	Sa	
	30	So	
31. Woche	31	Mo	

Orange hervorgehobene Feiertage gelten nicht in allen Bundesländern.

AUGUST 2023

	1	Di		○ 20:31
	2	Mi		
	3	Do		
	4	Fr		
	5	Sa		
	6	So		
32. Woche	7	Mo		
	8	Di	Augsburger Friedensfest	◑ 12:28
	9	Mi		
	10	Do		
	11	Fr		
	12	Sa		
	13	So		
33. Woche	14	Mo		
	15	Di	Mariä Himmelfahrt	
	16	Mi		● 11:38
	17	Do		
	18	Fr		
	19	Sa		
	20	So		
34. Woche	21	Mo		
	22	Di		
	23	Mi		
	24	Do		◐ 11:57
	25	Fr		
	26	Sa		
	27	So		
35. Woche	28	Mo		
	29	Di		
	30	Mi		
	31	Do		○ 3:35

SEPTEMBER 2023

	1	Fr	Antikriegstag	
	2	Sa		
	3	So		
36. Woche	4	Mo		
	5	Di		
	6	Mi		
	7	Do		◑ 0:21
	8	Fr		
	9	Sa		
	10	So		
37. Woche	11	Mo		
	12	Di		
	13	Mi		
	14	Do		
	15	Fr		● 3:40
	16	Sa		
	17	So		
38. Woche	18	Mo		
	19	Di		
	20	Mi	Weltkindertag	
	21	Do		
	22	Fr	Herbstanfang	◐ 21:32
	23	Sa		
	24	So		
39. Woche	25	Mo		
	26	Di		
	27	Mi		
	28	Do		
	29	Fr		○ 11:57
	30	Sa		

Orange hervorgehobene Feiertage gelten nicht in allen Bundesländern.

OKTOBER 2023

	1	So	Erntedankfest
40. Woche	2	Mo	
	3	Di	Tag der Deutschen Einheit
	4	Mi	
	5	Do	
	6	Fr	◑ 15:48
	7	Sa	
	8	So	
41. Woche	9	Mo	
	10	Di	
	11	Mi	
	12	Do	
	13	Fr	
	14	Sa	ringförmige Sonnenfinsternis ● 19:55
	15	So	
42. Woche	16	Mo	
	17	Di	
	18	Mi	
	19	Do	
	20	Fr	
	21	Sa	
	22	So	◐ 5:29
43. Woche	23	Mo	
	24	Di	
	25	Mi	
	26	Do	
	27	Fr	
	28	Sa	partielle Mondfinsternis ○ 22:24
	29	So	Ende der Sommerzeit (- 1 Stunde)
44. Woche	30	Mo	
	31	Di	Reformationstag | Halloween

NOVEMBER 2023

	1	Mi	Allerheiligen	
	2	Do	Allerseelen	
	3	Fr		
	4	Sa		
	5	So		◑ 9:37
45. Woche	6	Mo		
	7	Di		
	8	Mi		
	9	Do		
	10	Fr		
	11	Sa	Martinstag	
	12	So		
46. Woche	13	Mo		● 10:27
	14	Di		
	15	Mi		
	16	Do		
	17	Fr		
	18	Sa		
	19	So	Volkstrauertag	
47. Woche	20	Mo		◐ 11:50
	21	Di		
	22	Mi	Buß- und Bettag	
	23	Do		
	24	Fr		
	25	Sa		
	26	So	Totensonntag	
48. Woche	27	Mo		○ 10:16
	28	Di		
	29	Mi		
	30	Do		

Orange hervorgehobene Feiertage gelten nicht in allen Bundesländern.

DEZEMBER 2023

	1	Fr		
	2	Sa		
	3	So	1. Advent	
49. Woche	4	Mo		
	5	Di		◑ 6:49
	6	Mi	Nikolaus	
	7	Do		
	8	Fr		
	9	Sa		
	10	So	2. Advent	
50. Woche	11	Mo		
	12	Di		
	13	Mi		● 0:32
	14	Do		
	15	Fr		
	16	Sa		
	17	So	3. Advent	
51. Woche	18	Mo		
	19	Di		◐ 19:39
	20	Mi		
	21	Do		
	22	Fr	Winteranfang	
	23	Sa		
	24	So	4. Advent | Heiligabend	
52. Woche	25	Mo	1. Weihnachtsfeiertag	
	26	Di	2. Weihnachtsfeiertag	
	27	Mi		○ 1:33
	28	Do		
	29	Fr		
	30	Sa		
	31	So	Silvester	

JANUAR 2024

1. Woche	1 Mo	Neujahr	
	2 Di		
	3 Mi		
	4 Do		◑ 4:30
	5 Fr		
	6 Sa	Heilige Drei Könige	
	7 So		
2. Woche	8 Mo		
	9 Di		
	10 Mi		
	11 Do		● 12:57
	12 Fr		
	13 Sa		
	14 So		
3. Woche	15 Mo		
	16 Di		
	17 Mi		
	18 Do		◐ 4:52
	19 Fr		
	20 Sa		
	21 So		
4. Woche	22 Mo		
	23 Di		
	24 Mi		
	25 Do		○ 18:54
	26 Fr		
	27 Sa		
	28 So		
5. Woche	29 Mo		
	30 Di		
	31 Mi		

Orange hervorgehobene Feiertage gelten nicht in allen Bundesländern.

FEBRUAR 2024

	1	Do		
	2	Fr		
	3	Sa		◑ 0:18
	4	So		
6. Woche	5	Mo		
	6	Di		
	7	Mi		
	8	Do	Weiberfastnacht	
	9	Fr		● 23:59
	10	Sa		
	11	So		
7. Woche	12	Mo	Rosenmontag	
	13	Di	Faschingsdienstag	
	14	Mi	Aschermittwoch | Valentinstag	
	15	Do		
	16	Fr		◐ 16:019
	17	Sa		
	18	So		
8. Woche	19	Mo		
	20	Di		
	21	Mi		
	22	Do		
	23	Fr		
	24	Sa		○ 13:30
	25	So		
9. Woche	26	Mo		
	27	Di		
	28	Mi		
	29	Do		

WIE FUNKTIONIERT DER KALENDER?

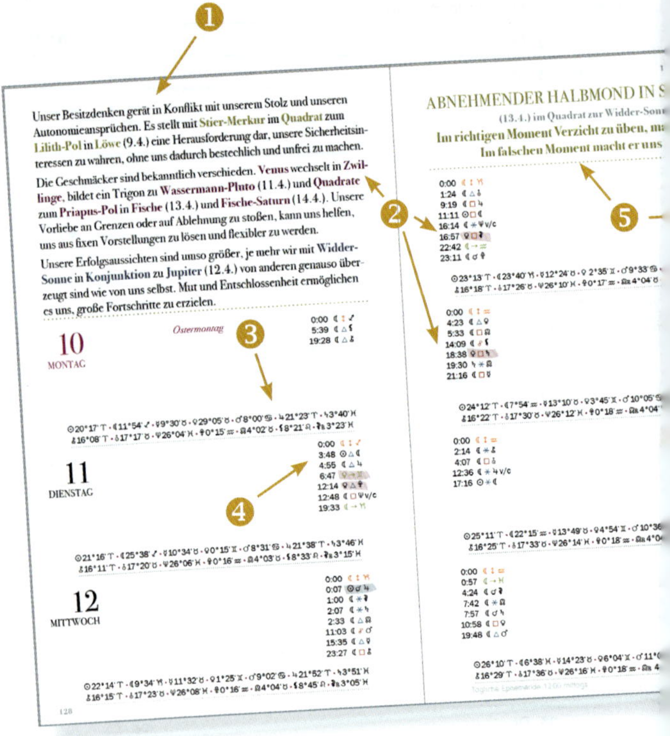

Unser Besitzdenken gerät in Konflikt mit unserem Stolz und unseren Autonomieansprüchen. Es stellt mit Stier-Merkur im Quadrat zum Lilith-Pol in Löwe (9.4.) eine Herausforderung dar, unsere Sicherheitsinteressen zu wahren, ohne uns dadurch bestechlich und unfrei zu machen.

Die Geschmäcker sind bekanntlich verschieden. Venus wechselt in Zwillinge, bildet ein Trigon zu Wassermann-Pluto (11.4.) und Quadrate zum Priapus-Pol in Fische (13.4.) und Fische-Saturn (14.4.). Unsere Vorliebe an Grenzen oder auf Ablehnung zu stoßen, kann uns helfen, uns aus fixen Vorstellungen zu lösen und flexibler zu werden.

Unsere Erfolgsaussichten sind umso größer, je mehr wir mit Widder-Sonne in Konjunktion zu Jupiter (12.4.) von anderen genauso überzeugt sind wie von uns selbst. Mut und Entschlossenheit ermöglichen es uns, große Fortschritte zu erzielen.

10 MONTAG – Ostermontag

11 DIENSTAG

12 MITTWOCH

ABNEHMENDER HALBMOND IN S…

(13.4.) im Quadrat zur Widder-Sonne…

Im richtigen Moment Verzicht zu üben, m…

Im falschen Moment macht er uns…

1 WOCHENIMPULSE

Wichtige astrologische Konstellationen der Woche in prägnanten Formulierungen tiefsinnig und humorvoll auf den Punkt gebracht.

❷ PLANETENKONSTELLATIONEN

Die farbigen Hervorhebungen und Unterlegungen markieren die Planetenkonstellationen, auf denen die Wochentexte basieren. Konstellationen, die zusammengehören, entsprechen einander farblich.

❸ TAGESEPHEMERIDE

Angegeben sind die Positionen der Planeten für 12:00 Uhr mittags. Merkur ist während seiner Rückläufigkeit rot gekennzeichnet.

❹ ASPEKTE

Die wichtigsten täglichen Aspekte werden mit Zeitangabe in mitteleuropäischer Zeit aufgeführt (Sommerzeit ist berücksichtigt). Grün hervorgehoben sind die Zeichenwechsel; spannungsreiche Aspekte sowie Konjunktionen sind rot und harmonische Aspekte blau gekennzeichnet. Die Rückläufigkeitsphasen von Merkur sind ebenfalls rot markiert. Ganz am Anfang der täglichen Aspektangaben ist die Zeichenstellung des Mondes um 00:00 Uhr in Orange angegeben. Informationen zur Deutung der Aspekte finden Sie ab Seite 48.

❺ MONDPHASEN

Hier finden Sie die vier wichtigsten Mondphasen mit genauen Zeitangaben. Weitergehende Informationen über den zu- und abnehmenden Mond gibt es auf den Seiten 32 bis 35.

Die Sommerzeit ist bei allen Zeitangaben dieses Kalenders bereits berücksichtigt.

RÜCKLÄUFIGKEIT

Von der Erde aus scheinen sich die Planeten in östlicher Richtung vor dem Hintergrund der Sterne zu bewegen. Läuft ein innerer Planet an der Erde vorbei oder passiert die Erde einen der äußeren Planeten, scheint der langsamere Planet anzuhalten und sich dann westlich weiterzubewegen. Dies wird als »Rückläufigkeit« bezeichnet. Das ist wie auf der Autobahn: Wenn man ein Auto überholt, scheint dieses stillzustehen und dann rückwärtszufahren. Jupiter, Saturn, Chiron, Uranus, Neptun und Pluto sind etwa 35 bis 45 Prozent ihrer Umlaufzeit rückläufig,

PLANETENLAUF UND RÜCKLÄUFIGKEIT 2023

Planet	1. Jan.	31. Dez.	rückläufig
Merkur 88 Tage*	23°43'r ♑	22°34'r ♐	29. Dezember 20 21. April 23. August 13. Dezember
Venus 225 Tage*	27°20' ♑	1°21' ♐	23. Juli
Mars 2 Jahre*	9°04'r ♊	26°32' ♐	30. Oktober 20
Jupiter 12 Jahre*	1°11' ♈	5°35'r ♉	4. September
Saturn 29,5 Jahre*	22°25' ♒	3°09' ♓	17. Juni
Chiron 51 Jahre*	11°58' ♈	15°28' ♈	23. Juli
Uranus 84 Jahre*	15°09'r ♉	19°24'r ♉	24. August 202 29. August
Neptun 165 Jahre*	22°52' ♓	25°04' ♓	30. Juni
Pluto 248 Jahre*	27°39' ♑	29°20' ♑	1. Mai

* Sonnenumlauf

Merkur, Venus und Mars nur etwa 7 bis 15 Prozent. Rückläufige Phasen zeigen eine Zeit der Innenschau oder der Wiederholung an. Die Planeten kommen gewissermaßen aus der Zukunft und gehen nochmals in die Vergangenheit zurück. Die von ihnen angezeigten Themen sind uns bereits bekannt, bedürfen jedoch der Reflexion und Überarbeitung. Wer rückläufige Phasen dazu nutzt, sich innerlich neu aufzustellen und nach Lösungen für anstehende Herausforderungen zu suchen, der kann bei der anschließenden Direktläufigkeit davon profitieren.

Grad	direktläufig	Grad
24°19' ♑ 15°37' ♉ 21°51' ♍ 8°29' ♑	18. Januar 15. Mai 15. September 2. Januar 2024	8°09' ♑ 5°51' ♉ 8°00' ♍ 22°11' ♐
28°36' ♌	4. September	12°12' ♌
25°37' ♊	12. Januar 2023	8°08' ♊
15°35' ♉	31. Dezember	5°35' ♉
7°13' ♓	4. November	0°31' ♓
19°58' ♈	27. Dezember	15°27' ♈
18°55' ♉ 23°05' ♉	22. Januar 27. Januar 2024	14°°56' ♉ 19°05' ♉
27°41' ♓	6. Dezember	24°53' ♓
0°22' ♒	11. Oktober	27°53' ♑

DER MONDZYKLUS

So wie der Mond wächst oder kleiner wird, verändert sich auch der Lauf unseres Lebens. Die Menschen aus früheren Kulturen wussten dies und wählten die Zeitpunkte ihrer Feste nach den Mondphasen aus. Ostern findet am Sonntag nach dem ersten Vollmond im Frühjahr statt. *Rosch ha-Schana* – das hebräische Neujahr – wird am ersten Neumond im Herbst gefeiert. Sie können den Mondzyklus als eine Art Monatsuhr nutzen. Unternehmen Sie die ersten Schritte – *legen Sie die Saat* –, wenn Neumond ist. Seien Sie besonders aktiv in der Zeit unmittelbar vor dem Vollmond. Wenn der Mond vor seinem letzten (abnehmenden) Viertel steht, dann nehmen Sie Kursänderungen vor. Reißen Sie kurz vor dem Neumond das Unkraut aus und orientieren Sie sich neu! Machen Sie sich mit dieser $29^{1}/_{2}$-Tage-Uhr vertraut, lernen Sie zu erkennen, wann es an der Zeit ist, sich in Zurückhaltung zu üben oder aber für ehrgeizige Pläne aktiv zu werden.

NEUMOND

Der Mond steht zwischen Erde und Sonne und ist so lange nicht zu sehen, bis er sich weit genug nach Osten fortbewegt hat, um als dünne Sichel in der Dämmerung zu erscheinen.

Seien Sie bereit, loszulegen! Die Batterien sind jetzt aufgeladen, die Emotionen im Fluss. Fangen Sie etwas an – ein Projekt, eine Beziehung, das, was Sie schon immer machen wollten. Bringen Sie endlich diesen lästigen Anruf hinter sich. Verkünden Sie Ihre neue Idee! Auch wenn es nur wenige Schritte sind, die Sie unternehmen – kommen Sie in Bewegung. Dieser Zeitpunkt ist besonders günstig für berufliche Treffen, Beziehungen sowie für das, wozu Sie viel Selbstbewusstsein brauchen.

ZUNEHMENDER HALBMOND (ERSTES VIERTEL)

Der Mond steht 90 Grad vor der Sonne;
er geht mittags auf und um Mitternacht unter.

Jetzt zeigen sich die ersten Hindernisse oder Herausforderungen bezüglich dessen, was in der letzten Woche initiiert wurde. Wird es klappen? Können Sie es schaffen? Vielleicht fehlt es an Mitteln, möglicherweise ist der Plan zu unrealistisch, vielleicht hapert es an Unterstützung durch andere. Finden Sie die Ursache der Probleme heraus! Wenn sie gelöst werden können, nehmen Sie entsprechende Veränderungen vor. Wenn nicht, lassen Sie das Projekt fallen. Ändern Sie nun die Richtung.

VOLLMOND

Der Mond steht 180 Grad von der Sonne entfernt beziehungsweise ihr gegenüber; er geht auf, wenn die Sonne untergeht, und ist die ganze Nacht über sichtbar.

Zwei Tage, an denen sich die Energie auf dem Höhepunkt befindet! Umfang und Intensität auf voller Stufe – so, als ob Sie mit Tempo 180 auf der Autobahn unterwegs sind. Lassen Sie sich nicht ablenken – auf dem Weg lauern emotionale Radarfallen! Machen Sie sich Gedanken darüber, was funktioniert und was hemmt. Den optimalen Energieschub bekommen Sie 24 Stunden vor dem exakten Zeitpunkt des Vollmondes.

ABNEHMENDER HALBMOND (LETZTES VIERTEL)

Der Mond steht 90 Grad hinter der Sonne; er geht um Mitternacht auf und geht mittags unter.

Die Intensität lässt nun allmählich nach. Auch jetzt zeigen sich Hindernisse und Herausforderungen bezüglich dessen, was während des Neumonds begonnen wurde. Diese Haken und Ösen geben der Sache entweder den letzten Schliff oder aber den Tritt, der das Projekt endgültig zu Fall bringt. Beobachten Sie und entscheiden Sie! Bereiten Sie sich darauf vor, mit diesem Zyklus abzuschließen.

Volle Kraft voraus

JUPITER IN WIDDER

20. Dez. 2022 bis 16. Mai 2023

Gemälde (Ausschnitt): Dörthe Fürbeck

SELBSTERKENNTNIS:

Welche Neuanfänge
sind mir bereits geglückt?

Was möchte ich
unbedingt noch anpacken?

Was motiviert mich?

Wovon lasse ich mich hetzen?

Wobei verliere ich schnell
meine Geduld?

Was macht mich so siegesgewiss?

AFFIRMATIONEN:

Neue Ziele
verleihen mir Schwung und Zuversicht.

Ich genieße es, körperlich aktiv zu sein.

Ich mache mich für das stark,
was mir wichtig ist.

Ich schmiede das Eisen,
solange es heiß ist.

Wenn es darauf ankommt,
drücke ich aufs Tempo.

Gesunder Egoismus tut mir gut.

Es ist genug für alle da

♃♉

JUPITER IN STIER

16. Mai 2023 bis 26. Mai 2024

Gemälde (Ausschnitt): Dörthe Fürbeck

SELBSTERKENNTNIS:

Welches Maß an materiellen und finanziellen Möglichkeiten entspricht mir?

Mit welchen sinnlichen Genüssen verwöhne ich mich?

Wobei bin ich unersättlich?

Wovon besitze ich mehr, als mir guttut?

Wie viel Platz beanspruche ich und wofür?

Wo neige ich dazu, es mir allzu bequem zu machen?

AFFIRMATIONEN:

Was ich habe, bereitet mir Freude.

Ich tätige sinnvolle Investitionen.

Meine Art, mich zu ernähren, entspricht mir.

Ich nutze günstige Gelegenheiten, um mich materiell besser abzusichern.

Mein Revier ist mir sicher.

Ich genieße es, mir mehr Zeit und Muße zu gönnen.

SELBSTERKENNTNIS:

Wie gut gelingt es mir, mich von Ansprüchen meiner Freunde freizumachen?

Wo mache ich mir Sorgen um meine Zukunft?

Vor welchen Risiken drücke ich mich?

Auf welche Netzwerke ist weiterhin Verlass?

Womit ecke ich an?

Was bewirke ich mit meinem Trotz?

AFFIRMATIONEN:

Meine Individualität zu behaupten, ist mir wichtig.

Ich baue darauf, dass ich mich ändern kann.

Ich respektiere die Freiheit aller.

Ich engagiere mich in Gruppen, deren Ideale ich teile.

Ich werde meiner gesellschaftlichen Verantwortung gerecht.

Niemand ist sonderbar.

Gemälde (Ausschnitt): Dörthe Fürbeck

SATURN IN WASSERMANN
17. Dez. 2020 bis 7. März 2023
Das Gesetz nur
kann uns
Freiheit geben
Goethe
♄ ♒

Ohne
Ausnahmen
hat keine
Regel
lange
Bestand
SATURN IN FISCHE
7. März 2023 bis 25. Mai 2025 und
1. Sept. 2025 bis 14. Februar 2026
♄♓

Gemälde (Ausschnitt): Dörthe Fürbeck

SELBSTERKENNTNIS:

Wo sind meine Hilfe und mein selbstloses Engagement gefragt?

In welchen Bereichen bin ich selbst auf Unterstützung angewiesen?

Was schwächt meine Autorität?

Wie flexibel sind meine Grenzen?

Wie tragfähig sind meine Sehnsüchte und Träume?

Wo macht sich Ernüchterung breit?

AFFIRMATIONEN:

Ich widme mich meiner spirituellen Entwicklung mit der gebotenen Ernsthaftigkeit.

Es liegt in meiner Verantwortung, welche Inkonsequenzen ich durchgehen lasse.

Ich achte darauf, dass meine Hilfs- und Opferleistungen nicht vergebens sind.

Ich baue auf mein Vertrauen.

Ich verzichte darauf, mich durchzumogeln.

Ich bin innerlich stark genug, um Schwäche zuzulassen.

Manche Siege sind zugleich auch Niederlagen

CHIRON IN WIDDER

18. Februar 2019 bis 14. April 2027

Zeichnung (Ausschnitt): Dorothe Fürbeck

SELBSTERKENNTNIS:

Was unterstützt mich darin, zu innerer Kraft und Stärke zurückzufinden?

Wo benötige ich einen zweiten Anlauf, um erfolgreich durchzustarten?

Was raubt meinem Pioniergeist die Kraft?

Wann verlässt mich mein Mut und warum?

Wo fehlt es meinem Willen an Durchschlagskraft?

Wo kämpfe ich auf verlorenem Posten und warum tue ich mir das an?

AFFIRMATIONEN:

Ich übe mich darin, meine Durchsetzungskraft zu stärken.

Ich weiß um meine Achillesferse und schütze sie.

Was ich mir zutraue, das verkrafte ich auch.

Ich spreche mir und anderen Mut zu.

Ich zügle meinen Zorn.

Ich muss kein Held sein.

SELBSTERKENNTNIS:

Über welche Ressourcen
kann ich frei verfügen?

Wovon verspreche ich mir materielle Sicherheit? Ginge es auch anders?

Welche Risiken
machen sich für mich bezahlt?

Was kostet mich mein Genuss?

Wovon ernähre ich mich und wie gut bekommt es mir?

Wie kann ich mir mehr finanzielle Unabhängigkeit verschaffen?

AFFIRMATIONEN:

Ich erschließe mir neue Einnahmequellen.

Mein Besitz kommt auch anderen zugute.

Ich rechne in der richtigen Währung.

Freiwilliger Konsumverzicht tut mir gut.

Ich widerstehe Kaufanreizen, die mich teuer zu stehen kommen.

Ich bin bereit, meine Komfortzone zu verlassen und Risiken einzugehen.

Gemälde: Dörthe Fürbeck

Besitz macht unfrei

URANUS IN STIER

6. März 2019 bis 26. April 2026

Nicht jeder Durst ist löschbar

NEPTUN IN FISCHE

April 2011 bis Januar 2026

Zeichnung: Dörthe Fürbeck

SELBSTERKENNTNIS:

Welche Träume beflügeln mich noch?

Wo mangelt es mir an Mitgefühl?
Wo zeige ich zu viel davon?

Wie ist es um mein Urvertrauen bestellt?

Welche Götter sind mit mir? Welche nicht?

Wie sehr kann ich auf meine Intuition vertrauen?

Woran berausche ich mich
und wie gut vertrage ich das?

AFFIRMATIONEN:

Ich bin bereit, auf Wunder zu hoffen.

Versuchungen, die mich in die Irre führen, weiß ich zu widerstehen.

Ich mache niemandem etwas vor, auch nicht mir selbst.

Scheinwelten durchschaue ich intuitiv.

Von der Quelle zu trinken,
stillt meinen wahren Durst.

Ich gebe mich im richtigen Augenblick hin.

PLUTO IN STEINBOCK

Januar 2008 bis November 2024

♇♑ Alles ist vergänglich

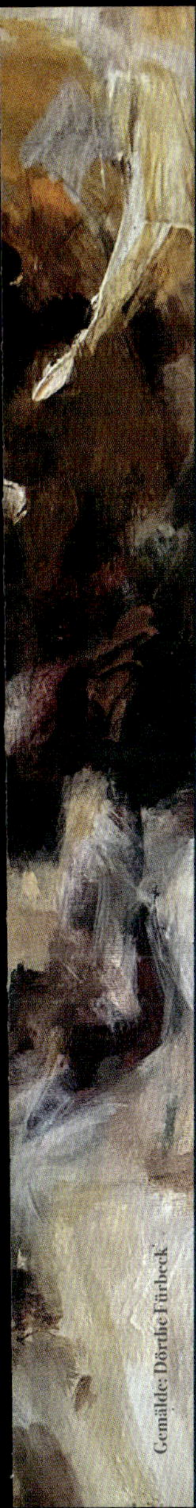
Gemälde: Dörthe Fürbeck

SELBSTERKENNTNIS:

Auf welchen Vorstellungen beruht mein Sicherheitsgefühl?

Wie stabil ist mein Lebensfundament?

Was liegt in meiner Macht? Was nicht?

In wessen Schuld stehe ich?

Was muss endlich ein Ende finden?

Was bedrückt mich?
Wie lange halte ich es noch aus?

AFFIRMATIONEN:

Ich klammere mich nicht an meine Vergangenheit.

Anstrengungen, die vergeblich sind, meide ich.

Ich weiß, was ich bewirken kann und was nicht.

Was vorbei ist, muss ein Ende finden.

Ich erkenne die Wirkmächte der Sippe an.

Konsequent zu sein, verleiht mir Kraft.

Jedes neue Zeitalter hat seinen Preis

PLUTO IN WASSERMANN

23. März bis 11. Juni 2023, 21. Jan. bis 2. Sept. 2024 sowie 19. Nov. 2024 bis 9. März 2043

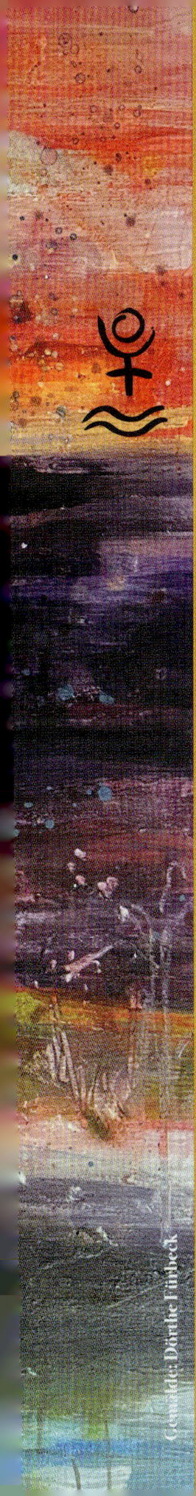

SELBSTERKENNTNIS:

Wie frei und ungezwungen
bin ich wirklich?

Inwieweit ist meine Individualität echt?
Wo ist sie lediglich aufgesetzt?

Wo erlebe ich Gleichschaltung?

Welchen Gruppenzwängen unterliege ich?

Was sprengt den Rahmen
meiner Vorstellungen?

Wogegen muss ich rebellieren?

AFFIRMATIONEN:

Ich verbünde mich mit Gleichgesinnten.

Zukunftsängste haben
keine Macht über mich.

Ich erkenne den Wert
wahrer Freundschaft.

Ich befreie mich aus gesellschaftlichen
Zwängen und leiste Widerstand.

Das Neue und Unbekannte
schreckt mich nicht.

In der Not erfinde ich mich neu.

JUPITER SEXTIL SATURN
19. Juni 2023 auf 7°12 Stier/Fische
Gut Ding will Weile haben

Gemälde: Dörthe Fürbeck

SELBSTERKENNTNIS:

Welche Fortschritte
habe ich zu verzeichnen?

Inwieweit bin ich
auf dem richtigen Weg?

Was lohnt sich? Was ist vergeblich?

Wie viel Erfolg verkrafte ich?

Was verunsichert mich?

Was ist mir vergönnt? Was nicht?

AFFIRMATIONEN:

Ich bekomme Unterstützung,
sobald ich sie brauche.

Was sich von allein fügt, ist richtig.

Ich komme auch mit weniger
Anstrengung gut voran.

Meine Erfolge entsprechen mir.

Ich kann mich auf mein Glück verlassen.

Ich bin von Lust erfüllt
und vom Laster befreit.

SELBSTERKENNTNIS:

Wo wird mein Mut zum
Durchstarten belohnt? Wo nicht?

Was kann ich mit meiner
Willenskraft bewirken? Was nicht?

Wofür lohnt es sich zu kämpfen?

Welche Rückschläge kann ich verkraften?
Wo resigniere ich?

Was treibt mich an?
Was bremst und blockiert mich?

Wo kann ich einen Sieg davontragen?
Woran scheitere ich?

AFFIRMATIONEN:

Ich handle im Bewusstsein
meiner Verwundbarkeit.

Konkurrenz muss ich nicht fürchten.

Ich weiß, was mich schwächt
und wie ich mich stärken kann.

Mein Zorn ist heilig und darf sein.

Ich kämpfe nicht nur für mich.

Mein Handeln entspricht meinem Wollen.

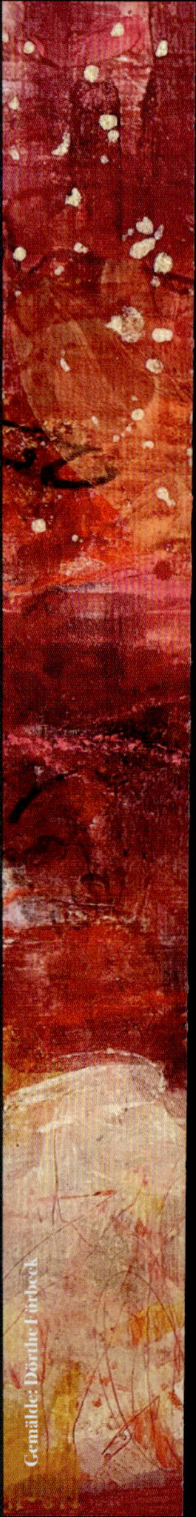

Gemälde: Dörthe Fürbeck

Manche Startlöcher sind eher hinderlich
JUPITER
KONJUNKTION
CHIRON
12. März 2023
auf 14°27 Widder

GRUNDSÄTZLICHES ZU ASPEKTEN

Durch Aspekte ergeben sich Beziehungen zwischen Planeten. Diese können herausfordernd und konfliktbeladen sein (Quadrat, Opposition) oder unterstützend, förderlich und inspirierend (Sextil und Trigon), manchmal auch beides (Konjunktion). Es werden in der Astrologie vorwiegend solche Winkelbeziehungen (Aspekte) zwischen Planeten berücksichtigt, die auf einer ganzzahligen Teilung des 360-Grad-Kreises beruhen.

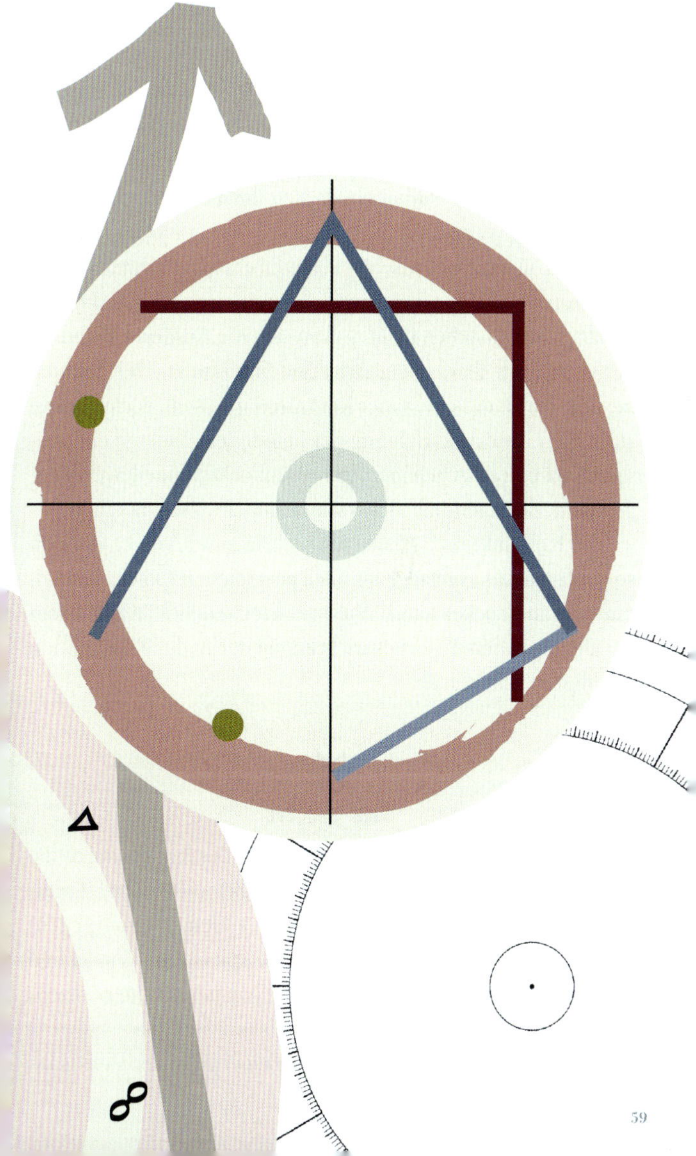

☌

DIE KONJUNKTION

Bei der Konjunktion stehen die beteiligten Planeten direkt nebeneinander. Sie »umarmen« sich gegenseitig und haben keinen Abstand voneinander. Konjunktionsplaneten lassen sich daher nur schwer auseinanderhalten, da sich ihr Ausdruck permanent wechselseitig vermischt.

Eine Konjunktion zwischen Planeten entspricht ihrem Wesen nach einer perfekten Teamarbeit, woraus eine enorme Durchschlagskraft entstehen kann, sofern sich die Ausdrucksrichtung der beteiligten Planeten ergänzt und unterstützt. Der Nachteil besteht darin, dass bei einer konträren und sich wechselseitig störenden Ausdrucksrichtung der beteiligten Planeten eine Zusammenarbeit zwischen inneren Persönlichkeitsanteilen erzwungen wird, die eigentlich nichts voneinander wissen möchten.

Die Konjunktion ist daher ein ambivalenter Aspekt, der sich sowohl spannungsgeladen als auch ausgleichend sowie auch indifferent ausdrücken kann. Wie er sich letztendlich äußert, hängt vor allem von den Ausdrucksrichtungen der an der Konjunktion beteiligten Planeten ab.

⚹

DAS SEXTIL

Der Sextilaspekt beruht auf einer Teilung des Kreises durch die Zahl 6 und entspricht einem Winkelabstand von 60 Grad. Sextilplaneten stehen jeweils in Zeichen, deren Elemente sich gegenseitig unterstützen und ergänzen, wie beispielsweise Wasser und Erde oder Luft und Feuer. Das Sextil gilt daher als unterstützender und inspirierender Aspekt.

Sextilplaneten arbeiten vor allem auf einer geistigen Ausdrucksebene gut zusammen. Die Produkte ihrer Zusammenarbeit sind weniger praktischer, dafür umso mehr geistig anregender Natur, was sich oft in originellen Ideen und horizonterweiternden Einsichten niederschlagen kann. Durch den Sextilaspekt zwischen Planeten können wir begreifen, was möglich wäre, wenn ... Sie lassen die Potenz erahnen, die sich aus einer Zusammenarbeit zwischen den beteiligten Planeten entfalten könnte, ohne dass der Sextilaspekt dazu nötigt, das Potenzial auch konkret zu verwirklichen. Der Sextilaspekt gleicht einem anregenden Gespräch zwischen Freunden, die sich gut kennen und sich gegenseitig anregen können, ohne dass daraus irgendeine Verpflichtung für ein konkretes Handeln entstünde.

□

DAS QUADRAT

Der Quadrataspekt beruht auf einer Teilung des Kreises durch die Zahl 4 und entspricht einem Winkelabstand von 90 Grad. Planeten im Quadrataspekt kommen sich ständig gegenseitig in die Quere. Sie lassen keine Chance ungenutzt, um einander Schwierigkeiten zu bereiten und sich das Leben schwer zu machen. Sie fordern uns dadurch dazu auf, herauszufinden, welche Widersprüchlichkeiten zwischen ihnen bestehen und was an ihrer Ausdrucksrichtung für den jeweils anderen Planeten problematisch und schwierig sein könnte.

Quadrataspekte verlangen nach einer Bewusstheit über das Konfliktpotenzial, das den beteiligten Planeten eigen ist. Sie erfordern eine Auseinandersetzung mit den Unvereinbarkeiten und Unverträglichkeiten der jeweiligen planetaren Ausdruckskräfte. Quadratplaneten sind nicht unter einen Hut zu kriegen, selbst wenn wir täglich einen neuen Hut für sie kaufen. Sie lassen sich

V/C
VOID OF COURSE

Während seines Laufs um die Erde durchwandert der Mond alle Tierkreiszeichen. In den Zeichen steht er zu den verschiedenen Planeten in (Haupt-)Aspekten. Von dem Zeitpunkt an, wenn der Mond in seinem aktuellen Zeichen zum letzten Mal in einem Hauptaspekt zu einem Planeten steht, ist er „Void of Course". Dieser Ausdruck bezieht sich auf die Phase des Mondlaufs zwischen dem Zeitpunkt des letzten Hauptaspektes zu einem Planeten und dem Eintritt des Mondes in ein neues Zeichen.

Während dieser Zeit hat der Mond keine Verbindung zu anderen Planeten. Er erhält also keine Unterstützung, was zur Folge hat, dass der Ablauf von Ereignissen gestört werden kann. Während der Mondpause „Void of Course" können wir Begonnenes gut zu Ende führen. Es ist jedoch schwierig und anstrengend, etwas Neues anzufangen. Sehr häufig sind in diesem Fall später Wiederholungen oder Korrekturen notwendig.

In jedem Monat kommt es zwölfmal zum „Void of Course". Die Dauer hängt von der Stellung der Planeten ab. In den Eintragungen für die einzelnen Tage ist der letzte Mondaspekt in einem Zeichen jeweils mit v/c markiert. Wir können auf diese Zeiten achten und selbst Beobachtungen anstellen: Ergeben sich beispielsweise in den einzelnen Elementen besondere Auswirkungen? Was geschieht hier bei Vollmond?

In der Stundenastrologie bedeutet „Void of Course", dass weder das Erhoffte noch das Befürchtete eintritt und wir keinen Einfluss auf das Geschehen haben.

TRANSITASPEKTE

Durch die täglichen aktuellen Planetenkonstellationen erhalten die im Geburtshoroskop angelegten Themen eine spezifische, individuelle Dynamik. Diese entsteht aus den Aspektbeziehungen der Transitplaneten zu den Planeten im Geburtshoroskop (Radix). Transite zeigen Entwicklungsschritte an, die zur Entfaltung unserer Potenziale notwendig sind. Sie entsprechen einem Zeitfenster, innerhalb dessen wir für bestimmte Erfahrungen und Erlebnisse offen sind. Es steht uns frei, die damit verbundenen Chancen zu nutzen und uns den Herausforderungen zu stellen oder einfach abzuwarten, »bis ein Transit endlich vorbei ist«.

☌

DIE KONJUNKTION IM TRANSIT

Initiation

Die Konjunktion eines Transitplaneten mit einem Radixplaneten gleicht einer Initiation. Wir stehen am Anfang einer neuen Entwicklung. Das Alte, die Vergangenheit, liegt hinter uns. Ein Zyklus ist zu Ende und ein neuer beginnt. Bei der Konjunktion spielen sich die wichtigen Prozesse in unserem Inneren ab. Wir sind ganz bei uns, bemüht, den richtigen Samen zu finden und ihn einzupflanzen.

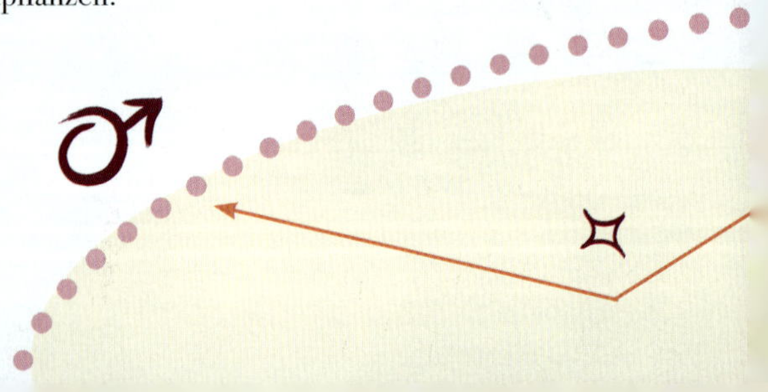

DAS ZUNEHMENDE SEXTIL IM TRANSIT

Wachsen und Gedeihen

In der Phase des zunehmenden Sextils wächst und gedeiht, was wir bei der Konjunktion gesät haben. Wir erfahren Anregung und Unterstützung. Auftauchende Probleme können wir durch Flexibilität und Ideenreichtum meistern. Wir sind offen und neugierig, sammeln Erfahrungen.

DAS ZUNEHMENDE QUADRAT IM TRANSIT

Formkrise

In der Phase des zunehmenden Quadrats werden wir mit der Frage konfrontiert, ob wir den Dingen die richtige Gestalt und Form gegeben haben. Wir stoßen an Grenzen, müssen uns mit Widerständen und Hindernissen auseinandersetzen. Die Spannungen und Konflikte der zunehmenden Quadratphase können wir dazu nutzen, auf den Punkt zu kommen und uns von Irrwegen und Illusionen zu verabschieden. Im Extremfall müssen wir das hinter uns lassen, was wir uns seit der Konjunktion aufgebaut haben, und anhand der gemachten Erfahrungen eine andere, neue Richtung einschlagen.

⚺△

DAS ZUNEHMENDE TRIGON IM TRANSIT

Steigerung der Aktivität

In der Phase des zunehmenden Trigons zeigt sich mehr und mehr, was richtig ist und funktioniert. Wir können unsere Aktivität steigern, kommende Erfolge vorbereiten. Wir haben nun alles, um unsere Ziele zu erreichen. Allerdings besteht die Gefahr, dass wir nachlässig und bequem werden, weil wir uns unserer Erfolge sicher wähnen. Gerade das, was uns wie selbstverständlich erscheint, bedarf in der Trigonphase größerer Aufmerksamkeit, damit wir unsere Chancen auch wirklich nutzen können.

☍

DIE OPPOSITION IM TRANSIT

Höhepunkt

Die Oppositionsphase eines Transits stellt einen Höhepunkt dar. Wir sind am Ziel, der Punkt maximaler Entfaltung ist erreicht. Wir ernten, was wir in der Konjunktionsphase gesät und zwischenzeitlich zur Reife gebracht haben. Es können allerdings Hindernisse und Widerstände von außen, insbesondere durch andere auftauchen. Diese können wir nutzen, um unsere Anliegen klar und deutlich zum Ausdruck zu bringen und uns hundertprozentig dafür zu engagieren.

∠△

DAS ABNEHMENDE TRIGON IM TRANSIT

Wertschöpfung

In der Phase des abnehmenden Trigons können wir das, was wir in der Oppositionsphase erreicht haben, voll ausschöpfen.

Wir erfahren viel Unterstützung, um aus dem, was wir geschaffen haben, den größten Nutzen zu ziehen. Dabei kommen uns unsere vielfältigen Erfahrungen, unsere Routine und die erworbene Kompetenz zugute.

∠□

DAS ABNEHMENDE QUADRAT IM TRANSIT

Konzentration

In der Phase des abnehmenden Quadrats sind wir dazu aufgefordert, uns auf das Wesentliche zu konzentrieren. Die Essenz dessen, was wir erreicht haben, tritt nun deutlicher zutage. Unsere Aktivität richtet sich auf wenige verbleibende Brennpunkte. Unsere Erfahrungen verdichten sich in Richtung größtmöglicher Kompetenz und Meisterschaft. Unwichtiges fällt von uns ab, wir gelangen mehr und mehr in unsere innere Mitte.

∠⚹

DAS ABNEHMENDE SEXTIL IM TRANSIT

Vorbereitung des Neuanfangs

In der Phase des abnehmenden Sextils bereiten wir den kommenden Neuanfang der Konjunktionsphase vor. Wir schließen den alten Zyklus langsam ab, kosten die letzten, verdichteten Erfahrungen nochmals aus. Uns wird bewusst, was wir alles erreicht haben. Es fällt uns leicht, unsere Erfahrungen an andere weiterzugeben.

Hinweis
Diese Darstellung des Transitzyklus greift Ideen auf, die Dane und Leila Rudhyar in ihrem Buch »Die astrologischen Aspekte« formuliert haben. Bei den Transitzyklen der Langsamläufer Neptun und Pluto ist es nicht möglich, innerhalb einer durchschnittlichen Lebensspanne den kompletten Aspektezyklus zu durchleben.

TRANSITE
ENTWICKLUNGSZYKLEN DES LEBENS

Foto: adobe stock @De Visu

Wenn wir die aktuellen Planetenkonstellationen, die in diesem Jahrbuch aufgeführt und mit allgemeinen Deutungshinweisen versehen sind, zu unserem persönlichen Geburtshoroskop in Beziehung setzen, dann werden wir feststellen, dass bestimmte Häuser und Planeten unseres Geburtshoroskops von den aktuellen Konstellationen besonders betroffen sind. Dies bezeichnet man als Transite. Transite zeigen Zeitfenster für bestimmte Entwicklungsschritte an. Wir können Transite nutzen, um die zahlreichen Facetten unserer Persönlichkeit schrittweise zu entfalten und unsere inneren Potenziale mehr und mehr auszuschöpfen. Dieser Prozess lässt sich meist auch an äußeren Begebenheiten und Ereignissen unseres Lebens festmachen. Wesentlicher ist jedoch der innere Prozess, der ihnen vorangeht und der das, was wir erleben, erst möglich werden lässt. Transite kommen und gehen, was wir daraus machen, das bleibt.

Jeder Transitplanet hält persönliche Botschaften und Erfahrungen für uns bereit. Diese sind stets eng mit denjenigen Themen verknüpft, die sich aus der Radixstellung des Transitplaneten ergeben. Mit jedem Transit wird auch die Radixthematik des Transitplaneten angesprochen, während die Auswirkungen jedes Transits sich in denjenigen Häusern zeigen, über die der jeweilige Transitplanet im Geburtshoroskop herrscht. So erleben wir alle die Transite der Planeten auf höchst unterschiedliche und individuelle Art und Weise.

Nachfolgend sind die Themen und Entwicklungsschritte für jeden Planeten einzeln beschrieben. Ihr Zusammenwirken zu verstehen, ist eine Kunst, die ein gründliches Studium der Astrologie sowie ein hohes Maß an Selbstreflexion erfordert.

SONNENTRANSITE

Dauer: 5 bis 8 Tage
Thema: Bewusstwerdungsprozesse

ENTWICKLUNGSSCHRITTE

Die Transite der Sonne stellen eine Aufforderung dar, mehr Bewusstheit über die verschiedenen Facetten unserer Persönlichkeit zu entwickeln. Sie bieten die Chance, unser Bewusstsein zu erweitern und abgespaltene, verdrängte oder in der Projektion gelebte Wesensanteile in unsere Gesamtpersönlichkeit zu integrieren. Dadurch haben wir Gelegenheit, das Bild, das wir von uns selbst haben, zu erweitern und zu einem umfassenden Selbstverständnis zu gelangen, das der Vielschichtigkeit und Widersprüchlichkeit unseres Wesens gerecht wird. Indem wir uns zu uns selbst bekennen, können wir in Einklang mit uns und der Welt leben.

WAS ZU BEACHTEN IST

Unsere Zeitrechnung beruht auf der Drehung der Erde um die Sonne, d. h., die Sonne braucht ein Jahr, um einmal durch den Tierkreis zu wandern. Die Transite der Sonne zu den jeweiligen Radixplaneten finden bei uns somit jährlich um die gleiche Zeit statt. Wir können uns daher einen persönlichen Sonnentransite-Kalender erstellen, der unser Leben lang gültig ist. Dazu können wir in diesem Kalender nachschlagen, wann die Sonne jeweils einen Aspekt zu unseren Radixplaneten bildet, und diese in unseren persönlichen Jahreskalender eintragen. Es kann sein, dass uns dadurch im wahrsten Sinne des Wortes ein Licht aufgehen wird. Wir werden wahrscheinlich bemerken, dass wir bestimmten, individuellen jahreszeitlichen Rhythmen unterliegen, die jedes

Zeit, um unsere grauen Zellen auf Trab zu bringen und alles zu sagen, was uns durch den Kopf geht. Die allgemeine Stimmungslage ist offen und kommunikativ, teilweise auch nervös und laut. Jeder will etwas erzählen und gleichzeitig das Neueste mitkriegen. Ablenkung ist angesagt.

☾ ♋

Der Krebs-Mond lädt dazu ein, unser Bedürfnis nach Nähe und Zuwendung auszudrücken. Eine emotional bewegende Zeit, um unsere weichen und empfindsamen Seiten zu zeigen. Die allgemeine Stimmungslage ist sanft und kuschelig, teilweise auch erdrückend sentimental. Jeder sucht Geborgenheit und Schutz und sehnt sich nach Zärtlichkeit und Fürsorge. Nähe ist angesagt.

☾ ♌

Der Löwe-Mond lädt dazu ein, unser Bedürfnis nach Spaß, Freude und Anerkennung in den Mittelpunkt zu rücken. Eine besondere Zeit, um anderen zu zeigen, was uns unsere Gefühle bedeuten und wie wichtig wir uns sind. Die allgemeine Stimmungslage ist energiegeladen und lebendig, teilweise auch selbstbezogen und egoistisch. Jeder will im Mittelpunkt stehen und die Aufmerksamkeit auf sich ziehen. Lebenslust ist angesagt.

☾ ♍

Der Jungfrau-Mond lädt dazu ein, unsere Gefühlswelt zu analysieren und zu ordnen. Eine pragmatische und nützliche Zeit, um unseren inneren Rhythmus zu finden und allem wieder seinen richtigen Platz zu geben. Die allgemeine Stimmungslage ist zurückhaltend und vorsichtig, teilweise auch kontrolliert und penibel. Jeder will, dass alles nach Plan funktioniert und seine Ordnung hat. Analyse ist angesagt.

☾ ♎

Der Waage-Mond lädt dazu ein, unser Bedürfnis nach Ausgleich und Harmonie mit anderen zu teilen. Eine schöne Gelegenheit, uns auf ausgewogene Weise den angenehmen Dingen des Lebens zuzuwenden und Streitigkeiten beizulegen. Die allgemeine Stimmungslage ist friedlich und ausgeglichen, teilweise auch süßlich und unehrlich. Jeder will, dass andere ihn gerne haben. Harmonie ist angesagt.

☾ ♏

Der Skorpion-Mond lädt dazu ein, verborgene und auch unangenehme Gefühle zu erforschen und ans Licht zu bringen. Eine intensive Zeit, um uns seelisch zu reinigen und wahrhaftig mit anderen umzugehen. Die allgemeine Stimmungslage ist leidenschaftlich und intensiv, teilweise auch verletzend und gefährlich. Jeder will den anderen seelisch durchdringen, ohne eigene Geheimnisse preiszugeben. Wahrhaftigkeit ist angesagt.

☾ ♐

Der Schütze-Mond lädt dazu ein, andere mit unserer Begeisterung und unserem Optimismus anzustecken. Eine zuversichtliche Zeit, um mit Schwung durchs Leben zu gehen und zu neuen Horizonten aufzubrechen. Die allgemeine Stimmungslage ist optimistisch und heiter, teilweise übertrieben euphorisch. Jeder will gut drauf sein und was erleben. Zuversicht ist angesagt.

☾ ♑

Der Steinbock-Mond lädt dazu ein, Struktur und Klarheit in unser Seelenleben zu bringen. Eine ernste Zeit, um mit uns alleine zu sein und unseren inneren Verpflichtungen nachzukommen. Die allgemeine Stimmungslage ist ernst und diszipliniert, teilwei-

se hart und niedergedrückt. Jeder will alleine sein und seine Arbeit tun. Eigenverantwortung ist angesagt.

☾ ♒

Der Wassermann-Mond lädt dazu ein, unsere Gefühlswelt mit anderen Augen zu sehen und unser Bedürfnis nach Freiräumen zum Ausdruck zu bringen. Eine an- und aufregende Zeit, um für Abwechslung zu sorgen und Abstand von unseren seelischen Verstrickungen zu gewinnen. Die allgemeine Stimmungslage ist flippig und verrückt, teilweise sprunghaft überdreht. Jeder will etwas anderes und ist auf der Jagd nach Kicks. Unabhängigkeit ist angesagt.

☾ ♓

Der Fische-Mond lädt dazu ein, unseren inneren Sehnsüchten zu folgen, so dass wir uns mit allem eins fühlen. Eine sensible Zeit, um unser Mitgefühl zu zeigen und mit anderen seelisch zu verschmelzen. Die allgemeine Stimmungslage ist melancholisch und durchlässig, teilweise diffus und schwer zu fassen. Jeder will sich mit anderen verbunden fühlen. Hingabe ist angesagt.

☿

MERKURTRANSITE

Dauer: 1 bis 8 Wochen
Thema: Information und Austausch

ENTWICKLUNGSSCHRITTE

Merkurtransite halten Botschaften für uns bereit, die wir dazu nutzen können, mehr über uns und die Welt, in der wir leben, zu erfahren. Unter Merkurtransiten können wir viel Neues lernen, indem wir uns mitteilen und mit anderen austauschen. Wir haben die Möglichkeit, unsere Neugierde zu befriedigen und gleichzeitig auszudrücken, was wir zu sagen haben. Wir können Informationen sammeln, die uns helfen, Entscheidungen zu treffen, und sollten unsere Augen und Ohren offen halten, denn es könnten wichtige Nachrichten auf uns warten.

WAS ZU BEACHTEN IST

Merkur wird alle 4 Monate für 3 Wochen rückläufig. Dabei werden von Merkur jeweils zwischen 10 bis 18 Grad des Tierkreises in knapp 2 Monaten dreimal durchlaufen. Im davon betroffenen Bereich unseres Geburtshoroskops (Häuser und transitierte Radixplaneten) gilt es, vor längerer Zeit Begonnenes zu Ende zu führen, Vergangenes zu überdenken und Liegengebliebenes aufzuarbeiten. Details erfordern nun unsere doppelte Aufmerksamkeit, und oftmals müssen wir noch relevante Informationen einholen, bevor wir anstehende Entscheidungen fällen können. Der rückläufige Merkur ist uns von großem Nutzen, wenn es gilt, uns bei unseren Mitmenschen in Erinnerung zu bringen, bei Angelegenheiten, die sich über längere Zeiträume erstrecken, nochmals nachzuhaken und Fehlentwicklungen der zurücklie-

genden drei Monate zu korrigieren.
Merkur ist rückläufig vom 29. Dezember 2022 bis 18. Januar 2023 von 24° bis 8° Steinbock, vom 21. April bis 15. Mai von 16° bis 6° Stier, vom 23. August bis 15. September von 22° bis 8° Jungfrau und vom 13. Dezember bis 2. Januar 2024 von 8° Steinbock bis 22° Schütze.
Die rückläufigen Merkurphasen des Jahres 2023 finden in Erdzeichen statt. Dadurch bieten sich uns Chancen, uns um praktische Angelegenheiten des alltäglichen Lebens zu kümmern und Probleme und Fragestellungen auf pragmatische Art zu lösen. Es ist viel Denkarbeit zu leisten, die sich bezahlt machen soll.

♀

VENUSTRANSITE

Dauer: 2 bis 12 Wochen
Thema: Kontakte knüpfen, das Schöne sehen

ENTWICKLUNGSSCHRITTE

Unter Venustransiten können wir auf angenehme Weise mit den schönen Seiten des Lebens in Kontakt treten. Wir sind dazu eingeladen, sowohl uns als auch anderen Menschen mit Zuneigung zu begegnen. Oft ist uns der Blick auf das, was schön ist, verstellt, weil wir nicht mit dem Herzen sehen. Die Transite der Venus können unser Herz öffnen, uns jedoch auch dazu verleiten, es leichtfertig zu verschenken. Das Leben ist nicht immer Friede, Freude, Eierkuchen. Dennoch gibt es eine Seite in uns allen, die sich nach Harmonie sehnt. Unter Venustransiten können wir mit dieser Seite in Kontakt treten und Frieden mit uns und anderen schließen. Sie bieten die Chance, in Harmonie mit uns und der

Welt zu leben, und fordern uns dazu auf, unser inneres Gleichgewicht zu bewahren bzw. wiederherzustellen.

WAS ZU BEACHTEN IST

Venus ist rückläufig vom 23. Juli bis 4. September 2023 von 29° bis 12° Löwe. Die Themen, die uns dann begegnen, kommen uns bekannt vor, denn sie kehren alle 8 Jahre treu zu uns zurück. Im Zeichen Löwe betrifft dies Angelegenheiten, die uns am Herzen liegen und von persönlicher Bedeutung für uns sind. Es tut uns gut, uns in unserer Individualität und Einmaligkeit gesehen zu fühlen und Wertschätzung und Anerkennung für unsere Eigenart zu erfahren.

♂

MARSTRANSITE

Dauer: 1 bis 6 Monate

Thema: aktiv werden; unsere Interessen durchsetzen

ENTWICKLUNGSSCHRITTE

Marstransite stellen eine gute Gelegenheit dar, aktiv zu werden und in Schwung zu kommen. Sie stimulieren unsere Tatkraft, damit wir unsere Ziele in Angriff nehmen. Mars macht mobil, wir werden energetisiert und können kraftvoller handeln als sonst. Unter Marstransiten können wir unseren inneren Krieger entwickeln, der uns nach innen und nach außen schützt und uns hilft, unsere Interessen durchzusetzen bzw. zu verteidigen. Durch Marstransite werden wir auch mit unserer Wut und unseren Aggressionen konfrontiert. Falls wir unseren Groll gegen uns selbst richten, handeln wir destruktiv oder wir werden depressiv und fühlen uns wie gelähmt. Wir können die freigesetzte Wut jedoch auch nutzen, um unsere Kraft zu stärken und uns von alten Blockaden zu befreien.

WAS ZU BEACHTEN IST

Mars ist rückläufig vom 30. Oktober 2022 bis 12. Januar 2023 von 26° bis 8° Zwillinge. Überall dort, wo wir allzu forsche Meinungen und Standpunkte vertreten haben, stehen uns nun Rückzugsgefechte bevor. Nicht alles, was unsere Neugier weckt, verdient unsere Aufmerksamkeit. Wir sind aufgefordert, unsere geistigen Kräfte zu sammeln und gegebenenfalls auf neue Ziele auszurichten, statt unsere Energie mit Ablenkungen zu vergeuden und uns mit oberflächlichen Aktivitäten zu verzetteln.

♃

JUPITERTRANSITE

Dauer: 3 bis 6 Monate

Thema: innere und äußere Wachstumsprozesse

ENTWICKLUNGSSCHRITTE

Jupitertransite unterstützen uns darin, uns innerlich zu weiten und offener zu werden. Das Glück hat nur eine Chance, wenn wir es auch erwarten und willkommen heißen. In diesem Sinne sind Jupitertransite eine Anleitung zum Glücklichsein. Sie bringen uns in Kontakt mit unseren ungenutzten Potenzialen und fordern uns dazu auf, Chancen zu nutzen, die wir bislang übersehen oder ausgelassen haben. In uns steckt mehr, als wir glauben, und Jupitertransite sind dazu da, uns genau daran zu erinnern. Sie zeigen uns, was wir alles besser machen können, und unterstützen uns

darin, auszudrücken, was in uns steckt. Allerdings besteht die Gefahr, dass wir uns überschätzen oder zu viel des Guten erwarten. Unter Jupitertransiten sollten wir uns gut überlegen, wie viel Fortschritt wir wirklich verkraften können. Jeder weltliche Erfolg, den wir unter einem Jupitertransit verbuchen, verlangt zudem nach einer Antwort auf das, woran wir eigentlich glauben.

WAS ZU BEACHTEN IST

Jupiter ist rückläufig vom 4. September bis 31. Dezember 2023 von 16° bis 6° Stier. Um den Nutzen und die wahre Bedeutung unserer Schätze zu erkennen, ist von uns eine Besinnung auf innere Werte gefordert. Es sind unsere Bedürfnisse nach Sicherheit und territorialem Schutz, die einen hohen Stellenwert für unser Glück und Wohlbefinden haben. Wo wir in den Sommermonaten zu gierig und schier unersättlich waren, stehen innere Entschlackungsprozesse an.

♄

SATURNTRANSITE

Dauer: 9 Monate

Thema: Grenzen akzeptieren; Verantwortung übernehmen

ENTWICKLUNGSSCHRITTE

Saturntransite fordern uns dazu auf, nüchtern und sachlich Bilanz zu ziehen. Unter ihrer Dauer ernten wir, was wir gesät haben. Dies kann uns Erfolge bescheren, auf die wir lange und mühsam hingearbeitet haben, uns aber auch mit unerledigten »Geschäften« konfrontieren, vor denen wir uns lange gedrückt haben. Es gilt, Altes abzuschließen und uns von dem zu trennen, was uns belastet, ohne dass es nützlich für uns ist. Unter Saturntransiten werden wir mit unseren Ängsten konfrontiert, die daraus resultieren, dass wir bestimmte Dinge zu eng sehen oder glauben, nicht zu genügen oder anderweitig zu versagen. Wir müssen eigene Grenzen akzeptieren, um sie voll ausschöpfen zu können. Durch einen respektvollen Umgang mit den von uns und durch andere gesetzten Grenzen können wir einen festen Bezugsrahmen schaffen, innerhalb dessen wir uns voll verwirklichen können. Unter Saturntransiten brauchen wir Disziplin und Ausdauer, um das zu erreichen, was wir uns vorgenommen haben. Indem wir Stehvermögen zeigen und unseren Pflichten nachkommen, werden wir unser Leben auf eine stabile und solide Grundlage stellen können. Das, was wir uns unter Saturntransiten erarbeiten, wird uns über viele Jahre hinweg tragen und uns als Basis für weitere Entwicklungen dienen können.

WAS ZU BEACHTEN IST

Saturn ist rückläufig vom 17. Juni bis 4. November 2023 von 7°13´ bis 0°31´ Fische. Es bedarf einer längeren Phase der Introspektion, damit sich herauskristallisieren kann, nach welchen Regeln und Gesetzen unser Leben funktioniert und welche Ausnahmen davon zulässig sind und welche nicht. Überall dort, wo es in der ersten Jahreshälfte zu Grenzverwischungen und Substanzverlusten kam, stehen innere Regenerationsprozesse an, damit wir Halt finden und neues Vertrauen fassen können.

⚷

CHIRONTRANSITE

Dauer: 6 bis 12 Monate
Thema: die Wunden des Lebens

ENTWICKLUNGSSCHRITTE

Unter Chirontransiten kann es zu Schlüsselerlebnissen kommen, die uns helfen, alte Begrenzungen hinter uns zu lassen und zu neuen Ufern aufzubrechen, ohne den Wert unserer bisherigen Erfahrungen leugnen zu müssen. Wir können eine Brücke zwischen unserer Vergangenheit und Zukunft schlagen und uns mit unserer Vergänglichkeit und Sterblichkeit aussöhnen. Chirontransite mahnen uns daran, auf unseren inneren Lehrer und Heiler zu hören, damit wir uns nicht aus Versehen noch mehr verletzen und uns und anderen neue Wunden zufügen.

WAS ZU BEACHTEN IST

Chiron ist rückläufig vom 23. Juli bis 27. Dezember 2023 von 19°58′ bis 15°27′ Widder. Wo wir in der ersten Jahreshälfte auf verlorenem Posten gekämpft haben, stehen Rückzugsgefechte an. Es gilt, unsere Wunden zu pflegen und innerlich einen neuen Anlauf zum Erreichen unserer Ziele vorzubereiten. Die Quellen, aus denen wir frischen Mut und Tatkraft schöpfen können, sind nicht im Außen zu finden, sondern liegen in uns selbst verborgen.

URANUSTRANSITE

Dauer: etwa 1 Jahr
Thema: Autonomie und Unabhängigkeit

ENTWICKLUNGSSCHRITTE

Damit wir nicht zum Sklaven unserer selbst werden und ein Leben in Abhängigkeit und Unfreiheit führen, werden wir von Uranustransiten dazu eingeladen, unsere innere Autonomie zu stärken und unsere Originalität zu leben. In diesen Lebensphasen vernehmen wir den Ruf der Freiheit und Ungebundenheit, damit wir ein selbstbestimmtes Leben führen und uns auch außerhalb der gängigen Norm bewegen können. Uranustransite halten Überraschungen für uns bereit, die daraus resultieren, dass wir plötzlich Zusammenhänge erkennen, die uns bislang verborgen geblieben sind. Wir lernen die andere Seite der Medaille kennen und geraten in unserem Leben an einen Wendepunkt. Uranustransite testen unsere Flexibilität und Bereitschaft, Neues zu wagen.

WAS ZU BEACHTEN IST

Uranus ist rückläufig vom 24. August 2022 bis 22. Januar 2023 von 18°55′ bis 14°56′ Stier und vom 29. August 2023 bis 27. Januar 2024 von 23°05′ bis 19°05′ Stier. Uns innerlich von Besitzständen zu lösen und das, was wir nicht mehr brauchen, in gute Hände weiterzugeben, kann uns völlig neue Freiheiten bescheren. Unser Wertebewusstsein unterliegt starken Schwankungen, und wir stehen immer wieder vor der Frage, inwieweit wir in der richtigen Währung rechnen. Die Antworten darauf, was unserem Sicherheitsempfinden Stabilität verleiht, sollten uns nicht allzu bekannt vorkommen.

♆

NEPTUNTRANSITE

Dauer: bis zu 2 Jahre
Thema: in Fluss kommen

ENTWICKLUNGSSCHRITTE

Neptuntransite wirken auflösend, damit wir uns wieder dem Fluss des Lebens anvertrauen. Sie gehen mit der Erfahrung einher, dass wir bestimmte Lebensbereiche nicht mehr fest im Griff haben. Was wir gerne festhalten würden, zerrinnt uns zwischen den Fingern, oder wir greifen ins Leere, werden zum Opfer unserer Illusionen und Täuschungen. Unter Neptuntransiten können wir lernen, andere um Hilfe zu bitten und deren Unterstützung anzunehmen. Sie helfen uns, mit den spirituellen Seiten unseres Wesens in Kontakt zu treten, um unsere wahre Bestimmung und spirituelle Lebensaufgabe zu erkennen.

WAS ZU BEACHTEN IST

Neptun ist rückläufig vom 30. Juni bis 6. Dezember 2023 von 27°41′ bis 24°53′ Fische. Seine rückläufige Phase ermöglicht uns eine Rückbesinnung auf unsere Sehnsüchte und weist uns intuitiv den Weg zurück zur Quelle unserer Spiritualität. Ohne die Rückbindung an transzendente Daseinsebenen gehen wir uns innerlich verloren und laufen Gefahr, uns seelisch und emotional zu betäuben und in Ersatzbefriedigungen zu flüchten. Um zu einem neuen Vertrauen in unser Dasein zu finden, ist es hilfreich, uns auf den Beistand von Göttern verlassen zu können, die uns wohlgesonnen sind.

♇

PLUTOTRANSITE

Dauer: bis zu 2 Jahre
Thema: Wahrhaftigkeit; innere Wandlungsprozesse

ENTWICKLUNGSSCHRITTE

Plutotransite stellen Gelegenheiten dar, unserer inneren Wahrheit ins Auge zu sehen, damit wir gereinigt und geläutert unser Machtpotenzial im Dienste eines größeren Ganzen entfalten können. Plutotransite sind schmerzhaft, weil wir dadurch wieder in Einklang mit unserer inneren Wahrheit gebracht werden. Sie konfrontieren uns mit Dingen, die größer sind als wir. Unter Plutotransiten müssen wir uns dem Teil unseres Schicksals fügen, den wir nicht ändern können, und ihn von dem Teil unterscheiden lernen, den wir selbst in der Hand haben. Ferner geht es darum, alte Vorstellungen, die nicht mehr der Realität entsprechen, hinter uns zu lassen.

WAS ZU BEACHTEN IST

Pluto ist rückläufig vom 1. Mai. bis 11. Oktober 2023 von 0°22′ Wassermann bis 27°53′ Steinbock. In dieser Phase können wir uns aus Zukunftsängsten lösen, die uns daran hindern, Altes hinter uns zu lassen und Umbrüche und Veränderungen willkommen zu heißen. Die inneren Krisen, die wir dabei durchlaufen, setzen starke Wandlungskräfte frei und öffnen uns den Weg in neue Dimensionen unseres Daseins. Dabei gilt es darauf zu achten, dass der Preis, den wir dafür bezahlen, in einem angemessenen Verhältnis zu dem steht, was wir an Freiheit und Selbstbestimmung hinzugewinnen.

Literatur: Markus Jehle, Kreative Astrologie – Prognose, Transite, www.mariusverlag.de

Verlustängste sind eine Bedrohung für alles, was uns lieb und teuer ist. Je weniger wir sie in den Griff bekommen, desto mehr können sie uns zu falschen Vorstellungen verleiten, die genau das gefährden, was wir um jeden Preis schützen und bewahren möchten. Mit **Steinbock-Venus** in **Konjunktion** zu **Pluto** (1.1.) erweist sich jede Unaufrichtigkeit als Gefahr für unser Glück.

Liebe gedeiht am besten in Freiheit. Durch jeden Versuch, sie uns verfügbar zu machen, entzieht sie sich uns. **Venus wechselt** in **Wassermann** (3.1.) und steht in **Opposition** zum **Lilith-Pol** in **Löwe** (5.1.). Wo keine Gleichberechtigung herrscht, sind die Fliehkräfte stärker denn je. Um als Einzelkämpfer zu bestehen, werden uns mit **Steinbock-Sonne** im **Quadrat** zu **Widder-Chiron** (2.1.) große Anstrengungen abverlangt.

2
MONTAG

0:00 ☾ ↕ ♉
7:44 ☿ ⚹ ♆
9:12 ☾ △ ⚳
11:29 ☉ △ ☊
13:15 ☾ □ ♄
13:30 ☾ △ ☿
13:53 ☾ ⚹ ♆
17:02 ☉ □ ⚷
23:16 ☾ △ ⯓ v/c

☉ 11°46' ♑ • ☾ 21°56' ♉ • ☿R 22°45' ♑ • ♀ 29°13' ♑ • ♂R 8°51' ♊ • ♃ 1°22' ♈ • ♄ 22°34' ♒
⚷ 11°59' ♈ • ♅R 15°07' ♉ • ♆ 22°54' ♓ • ⯓ 27°42' ♑ • ☊R 11°45' ♉ • ⚸R 3°36' ♌ • ⚳ 20°33' ♑

3
DIENSTAG

0:00 ☾ ↕ ♉
3:09 ♀ → ♒
3:44 ☾ → ♊
3:48 ☾ △ ♀
6:37 ☾ ⚹ ♃
10:45 ☾ ⚹ ⚸
20:47 ☾ ☌ ♂
23:51 ☿ ☌ ⚳

☉ 12°47' ♑ • ☾ 4°13' ♊ • ☿R 21°53' ♑ • ♀ 0°28' ♒ • ♂R 8°43' ♊ • ♃ 1°30' ♈ • ♄ 22°40' ♒
⚷ 11°59' ♈ • ♅R 15°06' ♉ • ♆ 22°55' ♓ • ⯓ 27°44' ♑ • ☊R 11°42' ♉ • ⚸R 3°34' ♌ • ⚳ 21°06' ♑

4
MITTWOCH

0:00 ☾ ↕ ♊
3:22 ☾ ⚹ ⚷
10:08 ♀ ⚹ ♃

☉ 13°48' ♑ • ☾ 16°21' ♊ • ☿R 20°50' ♑ • ♀ 1°43' ♒ • ♂R 8°36' ♊ • ♃ 1°38' ♈ • ♄ 22°46' ♒
⚷ 12°00' ♈ • ♅R 15°05' ♉ • ♆ 22°56' ♓ • ⯓ 27°46' ♑ • ☊R 11°37' ♉ • ⚸R 3°32' ♌ • ⚳ 21°40' ♑

VOLLMOND IN KREBS

(7.1.) in Opposition zum rückläufigen Merkur: Gelingende Selbstfürsorge setzt neben Eigenverantwortung auch Selbsterkenntnis voraus

5 DONNERSTAG

0:00 ☽ ↕ ♊
0:54 ☽ △ ♄
1:07 ☽ □ ♆ v/c
15:15 ☽ → ♋
17:43 ☉ △ ♅
18:50 ☽ □ ♃
21:39 ♀ ☍ ⚸

☉14°50'♑ • ☽28°23'♊ • ☿R 19°40'♑ • ♀2°58'♒ • ♂R 8°29'♊ • ♃1°45'♈ • ♄22°52'♒
⚷12°01'♈ • ♅R 15°04'♉ • ♆22°57'♓ • ♇27°48'♑ • ☊R 11°29'♉ • ⚸R 3°29'♌ • ⚳22°14'♑

6 FREITAG

Heilige Drei Könige

0:00 ☽ ↕ ♋
13:54 ☽ ✶ ☊
15:24 ☽ □ ⚷
19:40 ♆ ✶ ⚳
21:30 ☽ ✶ ♅

☉15°51'♑ • ☽10°20'♋ • ☿R 18°23'♑ • ♀4°13'♒ • ♂R 8°24'♊ • ♃1°53'♈ • ♄22°59'♒
⚷12°02'♈ • ♅R 15°04'♉ • ♆22°58'♓ • ♇27°50'♑ • ☊R 11°18'♉ • ⚸R 3°26'♌ • ⚳22°47'♑

7 SAMSTAG

○0:08

0:00 ☽ ↕ ♋
0:08 ☉ ☍ ☽
2:36 ☽ ☍ ☿
13:30 ☽ △ ♆
13:57 ☉ ☌ ☿
14:21 ☽ ☍ ⚳
23:23 ☽ ☍ ♇ v/c

☉16°52'♑ • ☽22°15'♋ • ☿R 17°03'♑ • ♀5°28'♒ • ♂R 8°19'♊ • ♃2°02'♈ • ♄23°05'♒
⚷12°02'♈ • ♅R 15°03'♉ • ♆22°59'♓ • ♇27°52'♑ • ☊R 11°05'♉ • ⚸R 3°22'♌ • ⚳23°21'♑

8 SONNTAG

0:00 ☽ ↕ ♋
3:40 ☽ → ♌
8:00 ☽ △ ♃
10:20 ☽ ☌ ⚸
17:52 ☽ ☍ ♀
20:19 ☽ ✶ ♂

☉17°53'♑ • ☽4°07'♌ • ☿R 15°43'♑ • ♀6°43'♒ • ♂R 8°15'♊ • ♃2°10'♈ • ♄23°11'♒
⚷12°03'♈ • ♅R 15°02'♉ • ♆23°00'♓ • ♇27°54'♑ • ☊R 10°52'♉ • ⚸R 3°18'♌ • ⚳23°55'♑

Was schwer zu haben ist, steht derzeit hoch im Kurs. Mit **Wassermann-Venus** im **Quadrat** zu **Stier-Uranus** (15.1.) finden wir an Dingen Gefallen, die nicht immer unserem Geschmack entsprechen. Das könnte lustig werden, solange wir nicht zu sehr verrücktspielen. Schlussendlich werden wir Farbe bekennen müssen, wem wir uns mit **Wassermann-Venus** in **Konjunktion** zu **Saturn** (22.1.) freiwillig verbunden fühlen.

Solange wir die Dinge mit aller Macht erzwingen wollen, werden sie sich umso heftiger gegen uns wenden. Mit **Steinbock-Sonne** in **Konjunktion** zu **Pluto** (18.1.) gibt es Tatsachen, an denen kein Weg vorbeiführt. Welche das sind, ist mit dem wieder **direktläufigen Steinbock-Merkur** (ab 18.1.) in Stein gemeißelt und nicht zu leugnen.

16
MONTAG

0:00 ☽ ↕ ♏
4:47 ☽ ⚹ ☿
7:32 ☽ ☍ ☊
16:17 ☽ ☍ ♅
20:09 ☽ □ ♀

☉26°02' ♑ • ☽12°34' ♏ • ☿R 8°27' ♑ • ♀16°43' ♒ • ♂8°13' ♊ • ♃3°21' ♈ • ♄24°03' ♒
⚷12°12' ♈ • ♅R 14°58' ♉ • ♆23°11' ♓ • ♇28°09' ♑ • ☊R 10°05' ♉ • ⚸R 2°25' ♌ • ⚳28°29' ♑

17
DIENSTAG

0:00 ☽ ↕ ♏
6:47 ☽ △ ♆
8:27 ☽ □ ♄
13:36 ☉ ⚹ ☽
15:27 ☽ ⚹ ♇ v/c
17:09 ☽ ⚹ ⚳
18:33 ☽ → ♐
22:20 ☽ △ ⚸

☉27°03' ♑ • ☽26°12' ♏ • ☿R 8°13' ♑ • ♀17°58' ♒ • ♂8°16' ♊ • ♃3°31' ♈ • ♄24°10' ♒
⚷12°13' ♈ • ♅R 14°57' ♉ • ♆23°12' ♓ • ♇28°11' ♑ • ☊R 10°04' ♉ • ⚸R 2°16' ♌ • ⚳29°04' ♑

18
MITTWOCH

0:00 ☽ ↕ ♐
0:41 ☽ △ ♃
8:39 ☽ ☍ ♂
14:13 ☿ SD
15:13 ☽ △ ⚷
15:44 ☉ ☌ ♇

☉28°04' ♑ • ☽10°19' ♐ • ☿R 8°08' ♑ • ♀19°13' ♒ • ♂8°19' ♊ • ♃3°41' ♈ • ♄24°17' ♒
⚷12°15' ♈ • ♅R 14°57' ♉ • ♆23°14' ♓ • ♇28°13' ♑ • ☊R 10°01' ♉ • ⚸R 2°08' ♌ • ⚳29°38' ♑

NEUMOND IN WASSERMANN

(21.1) am Priapus-Pol in Konjunktion zu Pluto:

Freiheit kann nicht auf Zwängen beruhen, dennoch muss sie bisweilen erzwungen werden.

19 DONNERSTAG

0:00 ☽ ↕ ♐
3:10 ⚳ → ♒
4:05 ☽ ⚹ ♀
9:17 ☽ □ ♆
11:09 ☽ ⚹ ♄ v/c
20:11 ☽ → ♑

☉29°05' ♑ • ☽24°55' ♐ • ☿8°12' ♑ • ♀20°28' ♒ • ♂8°24' ♊ • ♃3°50' ♈ • ♄24°24' ♒
⚷12°16' ♈ • ♅R 14°57' ♉ • ♆23°15' ♓ • ♇28°15' ♑ • ☊R 9°55' ♉ • ⚸R 1°59' ♌ • ⚳0°13' ♒

20 FREITAG

0:00 ☽ ↕ ♑
2:29 ☽ □ ♃
9:29 ☉ → ♒
9:30 ☽ ☌ ☿
11:46 ☽ △ ☊
15:44 ☽ □ ⚷
19:55 ☽ △ ♅

☉0°06' ♒ • ☽9°56' ♑ • ☿8°23' ♑ • ♀21°43' ♒ • ♂8°29' ♊ • ♃4°00' ♈ • ♄24°30' ♒
⚷12°18' ♈ • ♅R 14°57' ♉ • ♆23°17' ♓ • ♇28°17' ♑ • ☊R 9°47' ♉ • ⚸R 1°51' ♌ • ⚳0°47' ♒

21 SAMSTAG

● 21:53

0:00 ☽ ↕ ♑
9:01 ☽ ⚹ ♆
16:52 ☽ ☌ ♇ v/c
19:29 ☽ → ♒
21:53 ☉ ☌ ☽
21:58 ☽ ☌ ⚳
22:02 ☽ ☍ ⚸
23:23 ⚸ ☍ ⚳
23:49 ☉ ☍ ⚸

☉1°07' ♒ • ☽25°13' ♑ • ☿8°41' ♑ • ♀22°58' ♒ • ♂8°35' ♊ • ♃4°10' ♈ • ♄24°37' ♒
⚷12°19' ♈ • ♅R 14°56' ♉ • ♆23°18' ♓ • ♇28°19' ♑ • ☊R 9°36' ♉ • ⚸R 1°42' ♌ • ⚳1°21' ♒

22 SONNTAG

0:00 ☽ ↕ ♒
0:30 ☉ ☌ ⚳
2:08 ☽ ⚹ ♃
9:01 ☽ △ ♂
10:11 ☽ □ ☊
14:45 ☽ ⚹ ⚷
18:49 ☽ □ ♅
22:48 ☿ △ ☊
23:13 ♀ ☌ ♄
23:59 ♅ SD

☉2°09' ♒ • ☽10°35' ♒ • ☿9°06' ♑ • ♀24°12' ♒ • ♂8°42' ♊ • ♃4°21' ♈ • ♄24°44' ♒
⚷12°21' ♈ • ♅R 14°56' ♉ • ♆23°20' ♓ • ♇28°21' ♑ • ☊R 9°24' ♉ • ⚸R 1°33' ♌ • ⚳1°56' ♒

Autonomie und Schöpferkraft

Alle 3 ½ Monate liegen sich der erdnächste (Priapus) und der erdfernste (Lilith) Punkt der Mondbahn um die Erde exakt gegenüber. In diesen spannungsreichen Phasen sind unsere Selbstfürsorgekräfte besonders gefordert.

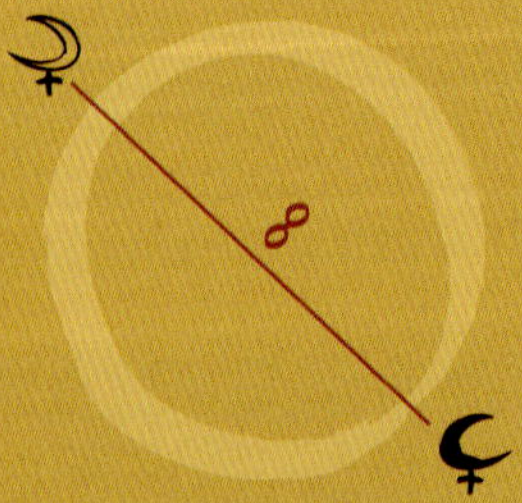

PRIAPUS-POL OPPOSITION LILITH-POL:

21. Januar auf 1°38' Wassermann/Löwe
3. Mai auf 13°06' Wassermann/Löwe
17. August auf 24°20' Wassermann/Löwe
28. November auf 5°53' Fische/Jungfrau

Wodurch machen wir uns verfügbar, womit entziehen wir uns? Was verletzt und kränkt uns? Welche Freiheiten nehmen wir uns einfach? Wo haben wir unseren Stolz? Im Umgang mit diesen Fragen stimmige Antworten zu finden, dient 2023 unserer Selbstfürsorge. Es sind vor allem unsere Freiheitsgelüste, die uns bisweilen überwältigen und zu Übersprunghandlungen verleiten. Dies macht uns unberechenbar, sowohl für uns selbst als auch für andere.

Dennoch darf unser Anspruch auf Selbstbestimmung nicht zum Ego-Trip werden. Überall dort, wo wir uns zu wichtig nehmen, ist Distanz vonnöten. Nur um uns selbst zu kreisen, ist unserer Selbstverwirklichung eher hinderlich. Wir brauchen den Blick von außen, um uns selbst zu erkennen. Dennoch ist unser Bedürfnis nach Wertschätzung und Anerkennung nicht verhandelbar. Erst die untrügliche Gewissheit unserer Einmaligkeit ermöglicht es uns, selbstbestimmt zu leben.

Wer nicht an Zufälle glaubt, wurde vergangene Woche von ihnen überrascht. **Priapus-** und **Lilith-Pol** standen sich in **Wassermann** und **Löwe** exakt **gegenüber** (21.1.). Dies rührt an unseren Stolz und bringt uns Freiheitsgelüste nahe, deren Sprengkraft nicht zu unterschätzen ist. Mit dem **direktläufigen Uranus** (ab 22.1.) bestehen gute Chancen, entweder die Nerven zu verlieren oder freiwillig in eine andere Umlaufbahn zu wechseln.

Woran es momentan hakt, ist ohne Regelverstoß kaum zu bewältigen. **Steinbock-Merkur** bildet ein **Quadrat** zu **Widder-Chiron** (27.1.) und ein **Trigon** zu **Stier-Uranus** (30.1.). Wir können auch anders, müssen jedoch erst herausfinden, wie. Was auch immer wir zu tun gedenken, es sollte uns nicht allzu sehr bekannt vorkommen und dennoch einigermaßen realistisch sein.

23 MONTAG

0:00 ☾ ↕ ♒
10:24 ☾ ☌ ♄
11:19 ☾ ☌ ♀ v/c
18:36 ☾ → ♓

☉3°10‘♒ • ☾25°51‘♒ • ☿9°37‘♑ • ♀25°27‘♒ • ♂8°49‘♊ • ♃4°31‘♈ • ♄24°51‘♒
⚷12°22‘♈ • ⛢14°56‘♉ • ♆23°21‘♓ • ♇28°23‘♑ • ☊R 9°13‘♉ • ⚸R 1°24‘♌ • ⯓2°30‘♒

24 DIENSTAG

0:00 ☾ ↕ ♓
8:56 ☾ □ ♂
9:10 ☾ ✱ ☊
10:58 ☾ ✱ ☿
18:43 ☾ ✱ ⛢

☉4°11‘♒ • ☾10°50‘♓ • ☿10°13‘♑ • ♀26°42‘♒ • ♂8°57‘♊ • ♃4°41‘♈ • ♄24°58‘♒
⚷12°24‘♈ • ⛢14°56‘♉ • ♆23°23‘♓ • ♇28°25‘♑ • ☊R 9°03‘♉ • ⚸R 1°16‘♌ • ⯓3°04‘♒

25 MITTWOCH

Gedenktag für die Opfer des Nationalsozialismus

0:00 ☾ ↕ ♓
2:30 ☉ ✱ ♃
8:42 ☾ ☌ ♆
17:11 ☾ ✱ ♇ v/c
19:48 ☾ → ♈
21:37 ☾ △ ⚸

☉5°12‘♒ • ☾25°23‘♓ • ☿10°54‘♑ • ♀27°57‘♒ • ♂9°06‘♊ • ♃4°52‘♈ • ♄25°05‘♒
⚷12°26‘♈ • ⛢14°57‘♉ • ♆23°25‘♓ • ♇28°27‘♑ • ☊R 8°56‘♉ • ⚸R 1°08‘♌ • ⯓3°39‘♒

ZUNEHMENDER HALBMOND IN STIER

(28.1.) im Quadrat zur Wassermann-Sonne:

Wir gewöhnen uns gerne an Dinge, die zwar bequem, doch unserer Freiheit nicht zuträglich sind.

26 DONNERSTAG

0:00 ☽ ↕ ♈
2:36 ☽ ⚹ ⚳
4:18 ☽ ☌ ♃
5:58 ☉ ⚹ ☽
11:39 ☽ ⚹ ♂
16:08 ☽ □ ☿
17:17 ☽ ☌ ⚷

☉6°13'♒ • ☽9°26'♈ • ☿11°40'♑ • ♀29°12'♒ • ♂9°15'♊ • ♃5°02'♈ • ♄25°12'♒
⚷12°28'♈ • ♅14°57'♉ • ♆23°26'♓ • ♇28°29'♑ • ☊R 8°52'♉ • ⚸R 0°59'♌ • ⚳4°13'♒

27 FREITAG

0:00 ☽ ↕ ♈
3:33 ♀ → ♓
11:42 ☿ □ ⚷
16:12 ☽ ⚹ ♄
22:01 ☽ □ ♇ v/c

☉7°14'♒ • ☽23°00'♈ • ☿12°30'♑ • ♀0°26'♓ • ♂9°25'♊ • ♃5°13'♈ • ♄25°19'♒
⚷12°29'♈ • ♅14°57'♉ • ♆23°28'♓ • ♇28°31'♑ • ☊R 8°50'♉ • ⚸R 0°52'♌ • ⚳4°47'♒

28 SAMSTAG

◐ 16:19

0:00 ☽ ↕ ♈
0:42 ☽ → ♉
2:09 ☽ □ ⚸
2:56 ☽ ⚹ ♀
10:31 ☽ □ ⚳
14:48 ♃ ⚹ ⚳
16:19 ☉ □ ☽
17:04 ☽ ☌ ☊

☉8°15'♒ • ☽6°07'♉ • ☿13°23'♑ • ♀1°41'♓ • ♂9°35'♊ • ♃5°24'♈ • ♄25°26'♒
⚷12°31'♈ • ♅14°57'♉ • ♆23°30'♓ • ♇28°33'♑ • ☊R 8°50'♉ • ⚸R 0°44'♌ • ⚳5°21'♒

29 SONNTAG

0:00 ☽ ↕ ♉
1:49 ☉ □ ☊
2:44 ☽ △ ☿
4:37 ☽ ☌ ♅
21:02 ☽ ⚹ ♆

☉9°16'♒ • ☽18°50'♉ • ☿14°20'♑ • ♀2°56'♓ • ♂9°46'♊ • ♃5°35'♈ • ♄25°33'♒
⚷12°33'♈ • ♅14°58'♉ • ♆23°31'♓ • ♇28°35'♑ • ☊R 8°50'♉ • ⚸R 0°37'♌ • ⚳5°55'♒

Unsere Unabhängigkeit unter Beweis zu stellen, kann zur inneren Zerreißprobe werden. Mit **Wassermann-Sonne** im **Quadrat** zu **Stier-Uranus** (4.2.) genügt ein Tropfen, um das Fass zum Überlaufen zu bringen. Statt überall anzuecken, gilt es, einen kühlen Kopf zu bewahren und uns selbst zu überraschen, ehe andere es tun.

Geben und Nehmen in Einklang zu bringen, scheint gegenwärtig ein Ding der Unmöglichkeit. Unsere romantische Seite steht mit **Fische-Venus** im **Quadrat** zu **Zwillinge-Mars** (5.2.) im Widerspruch zu unserem Verstand. Dennoch ist unsere Hingabebereitschaft gefragt, auch wenn wir sie uns nicht erklären können.

Der **Lilith-Pol wechselt** in **Krebs** (ab 5.2.): Uns aus emotionalen Abhängigkeiten zu befreien, macht uns verfügbar für uns und unverfügbar für andere.

30
MONTAG

0:00 ☽ ↕ ♉
1:03 ☽ □ ♄
2:45 ☉ △ ♂
3:16 ☿ △ ⛢
6:52 ☽ △ ♇ v/c
9:35 ☽ → ♊
10:34 ☽ ✶ ⚸
18:24 ☽ □ ♀
21:01 ☽ ✶ ♃
22:48 ☽ △ ⚴

☉10°17'♒ • ☽1°14'♊ • ☿15°20'♑ • ♀4°10'♓ • ♂9°58'♊ • ♃5°46'♈ • ♄25°40'♒
⚷12°35'♈ • ⛢14°58'♉ • ♆23°33'♓ • ♇28°37'♑ • ☊R 8°49'♉ • ⚸R 0°30'♌ • ⚴6°29'♒

31
DIENSTAG

0:00 ☽ ↕ ♊
5:27 ☽ ☌ ♂
7:24 ☉ △ ☽
10:25 ☽ ✶ ⚷

☉11°18'♒ • ☽13°25'♊ • ☿16°22'♑ • ♀ 5°25'♓ • ♂10°10'♊ • ♃5°57'♈ • ♄25°47'♒
⚷12°37'♈ • ⛢14°58'♉ • ♆23°35'♓ • ♇28°39'♑ • ☊R 8°45'♉ • ⚸R 0°24'♌ • ⚴7°03'♒

FEBRUAR

1
MITTWOCH

0:00 ☽ ↕ ♊
8:21 ☽ □ ♆
12:58 ☽ △ ♄ v/c
20:27 ☉ ✶ ⚷
21:11 ☽ → ♋

☉12°18'♒ • ☽25°26'♊ • ☿17°27'♑ • ♀6°39'♓ • ♂10°23'♊ • ♃6°08'♈ • ♄25°54'♒
⚷12°39'♈ • ⛢14°59'♉ • ♆23°37'♓ • ♇28°41'♑ • ☊R 8°39'♉ • ⚸R 0°18'♌ • ⚴7°37'♒

VOLLMOND IN LÖWE

(5.2.) im Quadrat zu Stier-Uranus:

Was wir uns freiwillig zu Herzen nehmen, hält vieles von uns fern, das uns nichts angeht.

2 DONNERSTAG

0:00 ☽ ↕ ♋
9:55 ☽ □ ♃
13:15 ☽ △ ♀
14:18 ☽ ⚹ ☊
22:03 ☊ □ ⚳
22:08 ♀ ⚹ ☊
22:49 ☽ □ ⚷

☉13°19' ♒ • ☽7°21' ♋ ☿18°35' ♑ • ♀7°54' ♓ • ♂10°36' ♊ • ♃6°20' ♈ • ♄26°01' ♒
⚷12°41' ♈ • ⛢14°59' ♉ • ♆23°39' ♓ • ♇28°43' ♑ • ☊R 8°30' ♉ • ⚸R 0°12' ♌ • ⚳8°11' ♒

3 FREITAG

0:00 ☽ ↕ ♋
3:27 ☽ ⚹ ⛢
13:09 ☽ ☍ ☿
21:02 ☽ △ ♆

☉14°20' ♒ • ☽19°13' ♋ • ☿19°44' ♑ • ♀9°09' ♓ • ♂10°50' ♊ • ♃6°31' ♈ • ♄26°09' ♒
⚷12°43' ♈ • ⛢15°00' ♉ • ♆23°40' ♓ • ♇28°45' ♑ • ☊R 8°18' ♉ • ⚸R 0°08' ♌ • ⚳8°45' ♒

4 SAMSTAG

0:00 ☽ ↕ ♋
3:50 ☉ □ ⛢
7:19 ☽ ☍ ♇ v/c
9:48 ☽ → ♌
9:55 ☽ ☌ ⚸
23:34 ☽ △ ♃

☉15°21' ♒ • ☽1°05' ♌ • ☿20°55' ♑ • ♀10°23' ♓ • ♂11°04' ♊ • ♃6°43' ♈ • ♄26°16' ♒
⚷12°46' ♈ • ⛢15°01' ♉ • ♆23°42' ♓ • ♇28°46' ♑ • ☊R 8°04' ♉ • ⚸R 0°03' ♌ • ⚳9°19' ♒

5 SONNTAG

○ 19:28

0:00 ☽ ↕ ♌
1:50 ☽ □ ☊
4:29 ♀ □ ♂
5:27 ☽ ☍ ⚳
7:44 ⚸ → ♋
8:35 ☽ ⚹ ♂
11:39 ☽ △ ⚷
16:08 ☽ □ ⛢
19:28 ☉ ☍ ☽

☉16°22' ♒ • ☽12°58' ♌ • ☿22°08' ♑ • ♀11°37' ♓ • ♂11°19' ♊ • ♃6°55' ♈ • ♄26°23' ♒
⚷12°48' ♈ • ⛢15°01' ♉ • ♆23°44' ♓ • ♇28°48' ♑ • ☊R 7°50' ♉ • ⚸R 29°59' ♋ • ⚳9°53' ♒

Die Wahrheit zeigt sich uns von ihrer schmerzhaften Seite und hat dennoch etwas Befreiendes. **Steinbock-Merkur** tritt in **Konjunktion** zu **Pluto** (10.2.) und in **Opposition** zum **Lilith-Pol** in **Krebs** (11.2.), ehe er anschließend in **Wassermann wechselt** (ab 11.2.).
Um uns aus Zwangsvorstellungen zu lösen und unseren Kopf wieder freizubekommen, müssen wir Dinge ansprechen, die eigentlich tabu und verboten sind. Bekennen wir Farbe, ehe andere uns ins Kreuzverhör nehmen.

Gespräche und Verhandlungen, die wir diese Woche führen, stehen unter großem Druck. Dies kann sowohl Durch- als auch Zusammenbrüche nach sich ziehen. Jeder Versuch, etwas zu verschweigen und zu verbergen, macht uns erpressbar. Was wir durchschauen, verleiht uns Macht – was wir verraten, fällt auf uns zurück.

6 MONTAG

0:00 ☽ ↕ ♌
15:15 ☽ ☍ ♄ v/c
19:26 ☿ ⚹ ♆
22:14 ☽ → ♍

☉17°23‘♒ • ☽24°54‘♌ • ☿23°23‘♑ • ♀12°52‘♓ • ♂11°34‘♊ • ♃7°06‘♈ • ♄26°30‘♒
⚷12°50‘♈ • ⛢15°02‘♉ • ♆23°46‘♓ • ♇28°50‘♑ • ☊R 7°35‘♉ • ⚸R 29°56‘♋ • ⚳10°26‘♒

7 DIENSTAG

0:00 ☽ ↕ ♍
12:56 ☽ △ ☊
22:05 ☽ □ ♂

☉18°23‘♒ • ☽6°53‘♍ • ☿24°40‘♑ • ♀14°06‘♓ • ♂11°50‘♊ • ♃7°18‘♈ • ♄26°37‘♒
⚷12°52‘♈ • ⛢15°03‘♉ • ♆23°48‘♓ • ♇28°52‘♑ • ☊R 7°22‘♉ • • ⚸R 29°53‘♋ • ⚳11°00‘♒

8 MITTWOCH

0:00 ☽ ↕ ♍
4:01 ☽ ☍ ♀
4:16 ☽ △ ⛢
6:29 ♀ ⚹ ⛢
21:40 ☽ ☍ ♆

☉19°24‘♒ • ☽18°57‘♍ • ☿25°57‘♑ • ♀15°20‘♓ • ♂12°06‘♊ • ♃7°30‘♈ • ♄26°45‘♒
⚷12°55‘♈ • ⛢15°04‘♉ • ♆23°50‘♓ • ♇28°54‘♑ • ☊R 7°11‘♉ • • ⚸R 29°51‘♋ • ⚳11°33‘♒

Während der Mondpausen (v/c) werden keine frischen Impulse gesetzt. So können wir Begonnenes ungestört zum Abschluss bringen. Nach dem Zeichenwechsel des Mondes ist dann Zeit für Neues.

9 DONNERSTAG

0:00 ☽ ↕ ♍
3:30 ☽ △ ☿
7:40 ☽ △ ♇ v/c
9:26 ☽ ⚹ ⚸
9:46 ☽ → ♎

☉20°25'♒ • ☽1°08'♎ • ☿27°17'♑ • ♀16°35'♓ • ♂12°23'♊ • ♃7°42'♈ • ♄26°52'♒
⚷12°57'♈ • ♅15°04'♉ • ♆23°52'♓ • ♇28°56'♑ • ☊R 7°03'♉ • ⚸R 29°50'♋ • ⚳12°06'♒

10 FREITAG

0:00 ☽ ↕ ♎
1:02 ☽ ☍ ♃
10:21 ☽ △ ⚳
10:25 ☽ △ ♂
11:05 ☽ ☍ ⚷
13:19 ♂ △ ⚳
18:16 ☿ ☌ ♇

☉21°26'♒ • ☽13°28'♎ • ☿28°37'♑ • ♀17°49'♓ • ♂12°40'♊ • ♃7°54'♈ • ♄26°59'♒
⚷12°59'♈ • ♅15°05'♉ • ♆23°54'♓ • ♇28°58'♑ • ☊R 6°58'♉ • ⚸R 29°49'♋ • ⚳12°39'♒

11 SAMSTAG

0:00 ☽ ↕ ♎
4:08 ⚷ ⚹ ⚳
4:38 ☉ △ ☽
8:58 ☿ ☍ ⚸
12:22 ☿ → ♒
14:07 ☽ △ ♄
17:41 ☽ □ ♇ v/c
19:03 ♂ ⚹ ⚷
19:12 ☽ □ ⚸
19:34 ☽ → ♏
20:27 ☽ □ ☿

☉22°26'♒ • ☽26°00'♎ • ☿29°59'♑ • ♀19°03'♓ • ♂12°57'♊ • ♃8°06'♈ • ♄27°06'♒
⚷13°02'♈ • ♅15°06'♉ • ♆23°56'♓ • ♇29°00'♑ • ☊R 6°56'♉ • ⚸R 29°48'♋ • ⚳13°12'♒

12 SONNTAG

0:00 ☽ ↕ ♏
8:32 ☽ ☍ ☊
21:33 ☽ □ ⚳
23:42 ☽ ☍ ♅

☉23°27'♒ • ☽ 8°47'♏ • ☿1°22'♒ • ♀20°17'♓ • ♂13°15'♊ • ♃8°19'♈ • ♄27°14'♒
⚷13°04'♈ • ♅15°07'♉ • ♆23°58'♓ • ♇29°01'♑ • ☊ 6°55'♉ • ⚸ 29°48'♋ • ⚳13°45'♒

Um in paradiesische Zustände zu gelangen, dürfen wir keine Bedingungen stellen. Mit **Fische-Venus** in **Konjunktion** zu **Neptun** (15.2.) kann sich unser Glück als trügerisch erweisen, sofern es nicht auf Vertrauen basiert. Das Ideal der romantischen Liebe hält der Realität nicht immer stand. Das hat, nüchtern betrachtet, auch Vorteile.

Jede Form von Freiheit braucht Grenzen. Welche das sind, wird uns mit **Wassermann-Sonne** in **Konjunktion** zu **Saturn** (16.2.) deutlich vor Augen geführt. Um respektiert zu werden, müssen wir auch die Autonomiebedürfnisse anderer anerkennen.

Uns wichtiger zu nehmen, als wir sind, schlägt andere in die Flucht. Mit dem **Wechsel** des **Lilith-Pols** in **Löwe** (18.2.) gibt es aus der Unverfügbarkeit kein Zurück.

13
MONTAG
◑ 17:01

0:00 ☾ ↕ ♏
11:16 ☾ △ ♀
15:48 ☾ △ ♆
17:01 ⊙ □ ☾
21:53 ☾ □ ♄

⊙24°28'♒ • ☾21°53'♏ • ☿2°46'♒ • ♀21°32'♓ • ♂13°34'♊ • ♃8°31'♈ • ♄27°21'♒
⚷13°07'♈ • ♅15°09'♉ • ♆24°00'♓ • ♇29°03'♑ • ☊6°55'♉ • ⚸29°49'♋ • ⚳14°17'♒

14
DIENSTAG

Valentinstag

0:00 ☾ ↕ ♏
0:52 ☾ ⚹ ♇ v/c
2:13 ☾ △ ⚸
2:31 ☾ → ♐
9:39 ☾ ⚹ ☿
17:56 ☾ △ ♃

⊙25°28'♒ • ☾5°23'♐ • ☿4°11'♒ • ♀22°46'♓ • ♂13°53'♊ • ♃8°43'♈ • ♄27°28'♒
⚷13°10'♈ • ♅15°10'♉ • ♆24°02'♓ • ♇29°05'♑ • ☊R 6°55'♉ • ⚸29°50'♋ • ⚳14°50'♒

15
MITTWOCH

0:00 ☾ ↕ ♐
1:34 ☾ △ ⚷
3:06 ☾ ☍ ♂
3:36 ♅ □ ⚳
5:02 ☾ ⚹ ⚳
13:25 ♀ ☌ ♆
20:06 ☾ □ ♆
20:43 ☾ □ ♀

⊙26°29'♒ • ☾19°17'♐ • ☿5°37'♒ • ♀24°00'♓ • ♂14°12'♊ • ♃8°56'♈ • ♄27°35'♒
⚷13°12'♈ • ♅15°11'♉ • ♆24°04'♓ • ♇29°07'♑ • ☊R 6°53'♉ • ⚸29°52'♋ • ⚳15°22'♒

ABNEHMENDER HALBMOND IN SKORPION

(13.2.) im Quadrat zur Wassermann-Sonne:

Woran wir uns emotional binden, das entscheiden wir nur so lange selbst, bis Leidenschaften ins Spiel kommen.

16 DONNERSTAG

Weiberfastnacht

0:00 ☾ ↕ ♐
1:03 ☉ ⚹ ☾
2:06 ☾ ⚹ ♄ v/c
5:59 ☾ → ♑
7:55 ☿ □ ☊
17:11 ☾ △ ☊
17:48 ☉ ☌ ♄
21:10 ☾ □ ♃

☉27°30'♒ • ☾3°38'♑ • ☿7°04'♒ • ♀25°14'♓ • ♂14°31'♊ • ♃9°09'♈ • ♄27°43'♒
⚷13°15'♈ • ♅15°12'♉ • ♆24°06'♓ • ♇29°09'♑ • ☊R 6°49'♉ • ⚸29°54'♋ • ⚳15°54'♒

17 FREITAG

0:00 ☾ ↕ ♑
3:46 ☾ □ ⚷
6:55 ☾ △ ♅
21:16 ☾ ⚹ ♆

☉28°30'♒ • ☾18°22'♑ • ☿8°33'♒ • ♀26°28'♓ • ♂14°51'♊ • ♃9°21'♈ • ♄27°50'♒
⚷13°18'♈ • ♅15°13'♉ • ♆24°08'♓ • ♇29°10'♑ • ☊R 6°42'♉ • ⚸29°57'♋ • ⚳16°25'♒

18 SAMSTAG

0:00 ☾ ↕ ♑
2:06 ☾ ⚹ ♀
3:13 ☿ ⚹ ♃
5:18 ☾ ☌ ♇ v/c
6:34 ☾ ☍ ⚸
6:34 ☾ → ♒
8:07 ⚸ → ♌
16:53 ☾ □ ☊
21:51 ☾ ⚹ ♃
23:34 ☉ → ♓
23:35 ☾ ☌ ☿

☉29°31'♒ • ☾3°25'♒ • ☿10°02'♒ • ♀27°42'♓ • ♂15°12'♊ • ♃9°34'♈ • ♄27°57'♒
⚷13°20'♈ • ♅15°15'♉ • ♆24°10'♓ • ♇29°12'♑ • ☊R 6°32'♉ • ⚸0°01'♌ • ⚳16°57'♒

19 SONNTAG

0:00 ☾ ↕ ♒
3:42 ☾ ⚹ ⚷
6:41 ☾ □ ♅
7:01 ☾ △ ♂
10:06 ☾ ☌ ⚳
18:04 ♀ ⚹ ♇

☉0°31'♓ • ☾18°38'♒ • ☿11°32'♒ • ♀28°56'♓ • ♂15°32'♊ • ♃9°47'♈ • ♄28°04'♒
⚷13°23'♈ • ♅15°16'♉ • ♆24°12'♓ • ♇29°14'♑ • ☊R 6°22'♉ • ⚸0°04'♌ • ⚳17°28'♒

Auf verlorenem Posten

Saturn in Fische

vom 7. März 2023 bis 25. Mai 2025
sowie vom 1. September 2025 bis 14. Februar 2026
Zu Jahresbeginn 2023 steht Saturn auf 22°25' Wassermann.
Er wird am 17. Juni 2023 auf 7°13' Fische rückläufig
und am 4. November 2023 auf 0°31' Fische direktläufig.
Zum Jahresende 2023 steht er auf 3°09' Fische.

Es sind die Ausnahmen, an denen sich unsere Regeln zu bewähren haben. Mit starren Vorschriften und rigidem autoritärem Verhalten kommen wir 2023 nicht weit. Die Grenzen, sie sind fließend, und um Kurs zu halten, ist unsere Flexibilität gefordert. Bloß nicht den inneren Halt verlieren, sonst sind wir geliefert. Die Maßstäbe, an denen wir unsere Erfolge messen, müssen nachgiebig sein und uns auch Fehler erlauben. Härte wäre da fehl am Platz, stattdessen sind unser Mitgefühl und unsere Hilfsbereitschaft gefragt, sowohl uns selbst als auch anderen gegenüber.

Mit Wischiwaschi und Herumlavieren ist es nicht getan. Unsere Ausrichtung und Orientierung müssen klar zu erkennen sein. Toleranz und Nachgiebigkeit nicht als Ausdruck von Schwäche, sondern als Zeichen innerer Reife und Stärke. In unserem Verantwortungsbewusstsein dürfen wir nicht nachlassen, in unserem Ehrgeiz dagegen schon. Viele Dinge fügen sich auch ohne unser Zutun. Im Vertrauen darauf liegen unsere Kraft und Stärke.

In zwischenmenschlichen Beziehungen herrscht Aufbruchstimmung. **Venus wechselt** in **Widder** und bildet ein **Trigon** zum **Lilith-Pol** in **Löwe** (20.2.). Unsere schöpferische Initiative ist gefragt, um bestehende Kontakte aufzufrischen und neue Bekanntschaften zu schließen. Was uns antreibt, ist die Lust an schnellen Eroberungen. Ohne zündende Ideen rücken diese allerdings schnell außer Reichweite.

Wassermann-Merkur bildet ein **Quadrat** zu **Stier-Uranus** (21.2.), ein **Trigon** zu **Zwillinge-Mars** (22.2.) und eine **Konjunktion** zum **Priapus-Pol** (25.2.). Es ist unsere Frechheit, die siegt, sofern sie klug zum Einsatz kommt. Paradoxe und widersprüchliche Ideen sind eine gute Lösung. Wo wir schwer von Begriff sind, ist Umdenken angesagt.

20
MONTAG
● 8:06

Rosenmontag

0:00 ☾ ↕ ♒
3:00 ☾ ☌ ♄ v/c
5:56 ☾ → ♓
8:06 ☉ ☌ ☾
8:55 ♀ → ♈
11:40 ♀ △ ⚸
15:43 ☾ ⚹ ☊
17:59 ☿ ⚹ ⚷

☉1°32'♓ • ☾3°50'♓ • ☿13°04'♒ • ♀0°09'♈ • ♂15°53'♊ • ♃10°00'♈ ♄28°12'♒
⚷13°26'♈ • ♅15°18'♉ • ♆24°15'♓ • ♇29°16'♑ • ☊R 6°12'♉ • ⚸0°09'♌ • Ɂ18°00'♒

21
DIENSTAG

Faschingsdienstag

0:00 ☾ ↕ ♓
6:20 ☾ ⚹ ♅
7:44 ☾ □ ♂
20:52 ☾ ☌ ♆
23:22 ☿ □ ♅

☉2°32'♓ • ☾18°50'♓ • ☿14°36'♒ • ♀1°23'♈ • ♂16°15'♊ • ♃10°13'♈ ♄28°19'♒
⚷13°29'♈ • ♅15°19'♉ • ♆24°17'♓ • ♇29°17'♑ • ☊R 6°03'♉ ⚸0°13'♌ • Ɂ18°30'♒

22
MITTWOCH

Aschermittwoch

0:00 ☾ ↕ ♓
5:05 ☾ ⚹ ♇ v/c
6:14 ☾ → ♈
6:42 ☾ △ ⚸
10:25 ☾ ☌ ♀
21:13 ☿ △ ♂
23:48 ☾ ☌ ♃

☉3°33'♓ • ☾3°29'♈ • ☿16°09'♒ • ♀2°37'♈ • ♂16°37'♊ • ♃10°26'♈ • ♄28°26'♒
⚷13°31'♈ • ♅15°21'♉ • ♆24°19'♓ • ♇29°19'♑ • ☊R 5°57'♉ • ⚸0°18'♌ • Ɂ19°01'♒

NEUMOND IN FISCHE

(20.2.) in Konjunktion zu Saturn:

Was sich von selbst ergibt, kann dennoch anstrengend sein. Nüchtern zu bleiben hilft, unsere Sehnsucht zu leben.

23 DONNERSTAG

0:00 ☽ ↕ ♈
4:56 ☽ ☌ ⚷
10:44 ☽ ✶ ♂
12:03 ☽ ✶ ☿
15:16 ☽ ✶ ⚳

☉4°33' ♓ • ☽17°42' ♈ • ☿17°43' ♒ • ♀3°51' ♈ • ♂16°59' ♊ • ♃10°39' ♈ • ♄28°33' ♒
⚷13°34' ♈ • ⛢15°22' ♉ • ♆24°21' ♓ • ♇29°21' ♑ • ☊R 5°53' ♉ • ⚸0°24' ♌ • ⚳19°32' ♒

24 FREITAG

0:00 ☽ ↕ ♈
7:06 ☽ ✶ ♄
8:22 ☽ □ ♇ v/c
9:29 ☽ → ♉
10:20 ☽ □ ⚸
19:01 ☉ ✶ ☊
19:57 ☽ ☌ ☊
20:02 ☉ ✶ ☽

☉5°34' ♓ • ☽1°25' ♉ • ☿19°18' ♒ • ♀5°04' ♈ • ♂17°21' ♊ • ♃10°52' ♈ • ♄28°41' ♒
⚷13°37' ♈ • ⛢15°24' ♉ • ♆24°23' ♓ • ♇29°22' ♑ • ☊R 5°51' ♉ • ⚸0°29' ♌ • ⚳20°02' ♒

25 SAMSTAG

0:00 ☽ ↕ ♉
3:50 ☿ ☌ ⚳
13:24 ☽ ☌ ⛢
23:19 ☽ □ ⚳

☉6°34' ♓ • ☽14°40' ♉ • ☿20°54' ♒ • ♀6°18' ♈ • ♂17°44' ♊ • ♃11°05' ♈ • ♄28°48' ♒
⚷13°40' ♈ • ⛢15°25' ♉ • ♆24°25' ♓ • ♇29°24' ♑ • ☊ 5°52' ♉ • ⚸0°36' ♌ • ⚳20°32' ♒

26 SONNTAG

0:00 ☽ ↕ ♉
1:16 ☽ □ ☿
6:15 ☽ ✶ ♆
14:45 ☽ □ ♄
15:42 ☽ △ ♇ v/c
16:47 ☽ → ♊
18:12 ☽ ✶ ⚸

☉7°34' ♓ • ☽27°29' ♉ • ☿22°31' ♒ • ♀7°32' ♈ • ♂18°07' ♊ • ♃11°18' ♈ • ♄28°55' ♒
⚷13°43' ♈ • ⛢15°27' ♉ • ♆24°28' ♓ • ♇29°26' ♑ • ☊5°52' ♉ • ⚸0°42' ♌ • ⚳21°01' ♒

Unsere Jagd nach dem schnellen Glück reißt alte, nicht verheilte Wunden auf. Mit **Widder-Venus** in **Konjunktion** zu **Jupiter** (2.3.) und zu **Chiron** (3.3.) wohnt jedem Neuanfang neben seinem Zauber auch ein Stachel inne. Dieser mahnt uns, dass wir nicht unsterblich sind. Wenn von uns das Ende schon am Anfang mit bedacht wird, gehen unsere Vorhaben jetzt glücklicher aus.

Uns ernsthaft Gedanken um unsere Zukunft zu machen, ist mit **Merkur** in **Konjunktion** zu **Saturn** oberste Pflicht (2.3.).
Ob uns dies gelingt, ohne gleich schwarzzumalen und in Düsternis zu versinken, ist auch eine Frage unserer geistigen Disziplin.
Wer entscheidet darüber, was wir denken und meinen?
Wie auch immer unsere Antwort ausfallen mag – wir sollten sie nicht schuldig bleiben.

27
MONTAG
◐ 9:05

0:00 ☽ ↕ ♊
9:05 ☉□☽
9:24 ☽ ⚹ ♀
15:08 ☽ ⚹ ♃
19:30 ☽ ⚹ ⚷

☉8°35'♓ • ☽9°57'♊ • ☿24°09'♒ • ♀8°45'♈ • ♂18°30'♊ • ♃11°32'♈ • ♄29°02'♒
⚷13°46'♈ • ♅15°29'♉ • ♆24°30'♓ • ♇29°27'♑ • ☊R 5°53'♉ • ⚸0°49'♌ • ⚳21°31'♒

28
DIENSTAG

0:00 ☽ ↕ ♊
5:20 ☽ ☌ ♂
11:41 ☽ △ ⚳
16:46 ☽ □ ♆
20:27 ☽ △ ☿

☉9°35'♓ • ☽22°09'♊ • ☿25°48'♒ • ♀9°59'♈ • ♂18°54'♊ • ♃11°45'♈ • ♄29°09'♒
⚷13°49'♈ • ♅15°31'♉ • ♆24°32'♓ • ♇29°29'♑ • ☊R 5°52'♉ • ⚸0°56'♌ • ⚳22°00'♒

MÄRZ

1
MITTWOCH

0:00 ☽ ↕ ♊
2:07 ☽ △ ♄ v/c
3:40 ☽ → ♋
15:19 ☽ ⚹ ☊

☉10°35'♓ • ☽4°09'♋ • ☿27°29'♒ • ♀11°12'♈ • ♂19°18'♊ • ♃11°58'♈ • ♄29°17'♒
⚷13°52'♈ • ♅15°33'♉ • ♆24°34'♓ • ♇29°30'♑ • ☊R 5°49'♉ • ⚸1°04'♌ • ⚳22°29'♒

ZUNEHMENDER HALBMOND IN ZWILLINGE

(27.2.) im Quadrat zur Fische-Sonne:

Unser Bauchgefühl kann trügerisch sein. Dies umso mehr, je weniger wir bestimmte Dinge wahrhaben möchten.

2 DONNERSTAG

0:00 ☽ ↕ ♋
2:10 ☉ △ ☽
3:50 ☽ □ ♀
4:04 ☽ □ ♃
6:36 ♀ ☌ ♃
7:41 ☽ □ ⚷
11:03 ☽ ⚹ ♅
15:34 ☿ ☌ ♄
23:52 ☿ → ♓

☉ 11°36' ♓ • ☽ 16°03' ♋ • ☿ 29°10' ♒ • ♀ 12°25' ♈ • ♂ 19°42' ♊ • ♃ 12°12' ♈ • ♄ 29°24' ♒
⚷ 13°55' ♈ • ♅ 15°35' ♉ • ♆ 24°36' ♓ • ♇ 29°32' ♑ • ☊R 5°43' ♉ • ⚸ 1°12' ♌ • ⚳ 22°57' ♒

3 FREITAG

0:00 ☽ ↕ ♋
5:23 ☽ △ ♆
15:22 ☽ ☍ ♇ v/c
16:16 ☽ → ♌
18:48 ♀ ☌ ⚷
19:02 ☽ ☌ ⚸

☉ 12°36' ♓ • ☽ 27°54' ♋ • ☿ 0°52' ♓ • ♀ 13°39' ♈ • ♂ 20°06' ♊ • ♃ 12°25' ♈ • ♄ 29°31' ♒
⚷ 13°58' ♈ • ♅ 15°36' ♉ • ♆ 24°39' ♓ • ♇ 29°34' ♑ • ☊R 5°36' ♉ • ⚸ 1°20' ♌ • ⚳ 23°25' ♒

4 SAMSTAG

0:00 ☽ ↕ ♌
3:24 ☽ □ ☊
17:56 ☽ △ ♃
20:38 ☽ △ ⚷
23:28 ☽ △ ♀
23:53 ☽ □ ♅

☉ 13°36' ♓ • ☽ 9°46' ♌ • ☿ 2°35' ♓ • ♀ 14°52' ♈ • ♂ 20°31' ♊ • ♃ 12°39' ♈ • ♄ 29°38' ♒
⚷ 14°02' ♈ • ♅ 15°38' ♉ • ♆ 24°41' ♓ • ♇ 29°35' ♑ • ☊R 5°27' ♉ • ⚸ 1°28' ♌ • ⚳ 23°53' ♒

5 SONNTAG

0:00 ☽ ↕ ♌
10:26 ☽ ⚹ ♂
17:32 ☽ ☍ ⚳
23:57 ☿ ⚹ ☊

☉ 14°36' ♓ • ☽ 21°41' ♌ • ☿ 4°19' ♓ • ♀ 16°05' ♈ • ♂ 20°56' ♊ • ♃ 12°53' ♈ • ♄ 29°45' ♒
⚷ 14°05' ♈ • ♅ 15°40' ♉ • ♆ 24°43' ♓ • ♇ 29°37' ♑ • ☊R 5°17' ♉ • ⚸ 1°37' ♌ • ⚳ 24°21' ♒

Wenn die Grenzen verwischen, wird es schwierig, konsequent zu bleiben. **Saturn** wechselt in **Fische** (7.3): Wir bewegen uns fortan auf schwankendem Boden. Es sind die Ausnahmen, an denen sich unsere Regeln zu bewähren haben. Lassen wir zu viele davon zu, verlieren wir an Respekt und Glaubwürdigkeit.
(LESETIPP S. 42 und S. 108)

Für welche Ideale brennen wir? Und inwieweit sind unsere Anstrengungen für das Gute vergeblich? Mit **Widder-Jupiter** in **Konjunktion** zu **Chiron** (12.3.) werden Fragen aufgeworfen, die uns in unserem Elan ausbremsen. Immer wieder innezuhalten und unsere Ziele zu überdenken, stellt angesichts unserer Ungeduld und unseres Tatendrangs eine große und zugleich lohnenswerte Herausforderung dar.
(LESETIPP S. 44)

6
MONTAG

0:00 ☽ ↕ ♌
4:18 ☽ ☍ ♄ v/c
4:38 ☽ → ♍
14:42 ☉ ✶ ⛢
14:46 ☽ △ ☊
17:32 ☽ ☍ ☿

☉15°36'♓ • ☽3°42'♍ • ☿6°04'♓ • ♀17°18'♈ • ♂21°21'♊ • ♃13°06'♈ • ♄29°52'♒
⚷14°08'♈ • ⛢15°43'♉ • ♆24°45'♓ • ♇29°38'♑ • ☊R 5°07'♉ • ⚸1°45'♌ • ⚳24°48'♒

7
DIENSTAG
○ 13:40

0:00 ☽ ↕ ♍
11:51 ☽ △ ⛢
13:40 ☉ ☍ ☽
14:35 ♄ → ♓

☉16°36'♓ • ☽15°49'♍ • ☿7°51'♓ • ♀18°31'♈ • ♂21°46'♊ • ♃13°20'♈ • ♄29°59'♒
⚷14°11'♈ • ⛢15°45'♉ • ♆24°48'♓ • ♇29°39'♑ • ☊R 4°58'♉ • ⚸1°54'♌ • ⚳25°14'♒

8
MITTWOCH

Internationaler Frauentag

0:00 ☽ ↕ ♍
0:06 ☽ □ ♂
5:39 ☽ ☍ ♆
15:07 ☽ △ ♇ v/c
15:44 ☽ → ♎
19:50 ☽ ✶ ⚸

☉17°36'♓ • ☽28°05'♍ • ☿9°38'♓ • ♀19°44'♈ • ♂22°12'♊ • ♃13°34'♈ • ♄0°06'♓
⚷14°14'♈ • ⛢15°47'♉ • ♆24°50'♓ • ♇29°41'♑ • ☊R 4°50'♉ • ⚸2°04'♌ • ⚳25°41'♒

VOLLMOND IN JUNGFRAU (7.3.):

Sorgfalt und Achtsamkeit sind der Schlüssel zur Vollkommenheit

9 DONNERSTAG

0:00 ☾ ↕ ♎
18:27 ☾ ☍ ♃
19:19 ☾ ☍ ⚷

☉18°36' ♓ • ☾10°29' ♎ • ☿11°27' ♓ • ♀20°57' ♈ • ♂22°38' ♊ • ♃13°47' ♈ • ♄0°13' ♓
⚷14°17' ♈ • ♅15°49' ♉ • ♆24°52' ♓ • ♇29°42' ♑ • ☊R 4°45' ♉ • ⚸2°13' ♌ • ⚳26°06' ♒

10 FREITAG

0:00 ☾ ↕ ♎
10:06 ☾ ☍ ♀
12:00 ☾ △ ♂
18:47 ☾ △ ⚳

☉19°36' ♓ • ☾23°04' ♎ • ☿13°17' ♓ • ♀22°10' ♈ • ♂23°04' ♊ • ♃14°01' ♈ ♄ 0°20' ♓
⚷14°21' ♈ • ♅15°51' ♉ • ♆24°54' ♓ • ♇29°44' ♑ • ☊R 4°42' ♉ • ⚸2°23' ♌ • ⚳26°32' ♒

11 SAMSTAG

0:00 ☾ ↕ ♎
0:36 ☾ □ ♇ v/c
1:06 ☾ → ♏
1:51 ☾ △ ♄
5:48 ☾ □ ⚸
9:53 ☾ ☍ ☊
16:05 ♀ ⚹ ♂
22:04 ☿ ⚹ ♅

☉20°36' ♓ • ☾5°50' ♏ • ☿15°08' ♓ • ♀23°22' ♈ • ♂23°30' ♊ • ♃14°15' ♈ • ♄ 0°27' ♓
⚷14°24' ♈ • ♅15°53' ♉ • ♆24°57' ♓ • ♇29°45' ♑ • ☊ 4°42' ♉ • ⚸2°33' ♌ • ⚳26°57' ♒

12 SONNTAG

0:00 ☾ ↕ ♏
6:42 ☾ ☍ ♅
7:53 ♃ ☌ ⚷
8:07 ☾ △ ☿
17:32 ☉ △ ☾
23:18 ☾ △ ♆

☉21°36' ♓ • ☾18°48' ♏ • ☿17°00' ♓ • ♀24°35' ♈ • ♂23°57' ♊ • ♃14°29' ♈ • ♄0°34' ♓
⚷14°27' ♈ • ♅15°56' ♉ • ♆24°59' ♓ • ♇29°46' ♑ • ☊ 4°42' ♉ • ⚸2°43' ♌ • ⚳27°21' ♒

Das Verhängnis des Achilles war seine verletzliche Ferse. Sie zu leugnen, machte ihn umso verwundbarer. 2023 wird sich zeigen, inwieweit wir inzwischen klüger geworden sind als er. Dass auch wir immer wieder scheitern, ist Teil unserer menschlichen Existenz. Was lernen wir daraus? Wo finden wir die Kraft, einen neuen Anlauf zu wagen? Was ermutigt uns, wodurch und worin bestärken wir andere? Woran scheitern wir?

Der Grat zwischen Heldentum und leichtsinnigem Draufgängertum ist schmal und gefährlich. Einem Dasein als Einzelkämpfer ist kein langfristiger Erfolg beschieden. Es gilt, unsere Willenskraft zu schulen und sie auf Ziele zu lenken, die unserem Handeln Sinn verleihen. Wie und warum wir kämpfen, ist genauso wichtig wie das Wofür. Und manchmal müssen die Waffen ruhen, weil wir des Kämpfens müde und unsere Anstrengungen vergeblich sind.

Vergebliche Kämpfe

Jupiter Konjunktion Chiron

12. März 2023 auf 14°27′ Widder

Für Diskussionsstoff ist weiterhin reichlich gesorgt, doch mit dem **Wechsel** von **Merkur** in **Widder** (19.3) kann es laut zugehen. Statt zu bitten, stellen wir Forderungen und fühlen uns schnell provoziert, sobald etwas nicht so läuft, wie es unseren Vorstellungen entspricht. An Streitfragen herrscht gewiss kein Mangel, an kühlen Köpfen dagegen schon.

Stier-Venus bildet ein **Quadrat** zum **Lilith-Pol** in **Löwe** (20.3.). Es sind unsere Vereinnahmungsgelüste, die verstärkt Fluchtreflexe auslösen. Wer jetzt vor wem oder was davonläuft, ist unwesentlich. Hauptsache, wir lassen uns weder kaufen noch als Dessert vernaschen.

Pluto wechselt in **Wassermann** (23.3.). Ein neues Zeitalter beginnt. Allerdings nicht von heute auf morgen. Was daraus werden wird, darüber herrscht Uneinigkeit. (LESETIPP S. 52 UND S. 122)

20
MONTAG

Frühlingsanfang

0:00 ☾ ↕ ♓
10:19 ♀ □ ⚸
15:31 ♀ ☌ ☊
18:33 ☾ ⚹ ♅
21:12 ☉ ⚹ ♇
22:24 ☉ → ♈

☉29°34'♓ • ☾12°14'♓ • ☿2°33'♈ • ♀4°14'♉ • ♂27°36'♊ • ♃16°22'♈ • ♄1°29'♓
⚷14°54'♈ • ♅16°16'♉ • ♆25°17'♓ • ♇29°57'♑ • ☊R 4°25'♉ • ⚸4°10'♌ • ⯓0°17'♓

21
DIENSTAG
● 18:23

0:00 ☾ ↕ ♓
9:19 ☾ ☌ ♆
9:27 ☿ △ ⚸
11:09 ☊ □ ⚸
13:54 ☾ □ ♂
16:58 ☾ ⚹ ♇ v/c
17:01 ☾ → ♈
18:23 ☉ ☌ ☾

☉0°34'♈ • ☾26°57'♓ • ☿4°33'♈ • ♀5°26'♉ • ♂28°04'♊ • ♃16°36'♈ • ♄1°36'♓
⚷14°58'♈ • ♅16°18'♉ • ♆25°19'♓ • ♇29°58'♑ • ☊R 4°21'♉ • ⚸4°21'♌ • ⯓0°36'♓

22
MITTWOCH

0:00 ☾ ↕ ♈
0:23 ☾ △ ⚸
2:34 ☾ ☌ ☿
18:05 ☾ ☌ ⚷
21:17 ☾ ☌ ♃

☉1°33'♈ • ☾11°25'♈ • ☿6°34'♈ • ♀6°38'♉ • ♂28°33'♊ • ♃16°50'♈ • ♄1°42'♓
⚷15°01'♈ • ♅16°21'♉ • ♆25°22'♓ • ♇29°59'♑ • ☊R 4°17'♉ • ⚸4°33'♌ • ⯓0°54'♓

NEUMOND IN WIDDER

(21.3.) im Quadrat zu Mars:

Wer den Startschuss überhört, wundert sich, warum alle schneller sind.

23 DONNERSTAG

0:00 ☾ ↕ ♈
13:15 ⚵ → ♒
18:13 ☾ ⚹ ♂ v/c
19:42 ☾ → ♉
19:42 ☾ □ ⚵
21:59 ☾ ⚹ ⚳
22:57 ☾ ⚹ ♄

☉2°33'♈ • ☾25°33'♈ • ☿8°35'♈ • ♀7°50'♉ • ♂29°01'♊ • ♃17°05'♈ • ♄1°49'♓
⚷15°05'♈ • ♅16°24'♉ • ♆25°24'♓ • ⚵30°00'♑ • ☊R 4°16'♉ • ⚸4°44'♌ • ⚳1°12'♓

24 FREITAG

0:00 ☾ ↕ ♉
3:08 ☾ ☌ ☊
4:12 ☾ □ ⚸
11:31 ☾ ☌ ♀

☉3°33'♈ • ☾9°17'♉ • ☿10°35'♈ • ♀9°02'♉ • ♂29°30'♊ • ♃17°19'♈ • ♄1°55'♓
⚷15°08'♈ • ♅16°26'♉ • ♆25°26'♓ • ⚵0°01'♒ • ☊4°15'♉ • ⚸4°56'♌ • ⚳1°29'♓

25 SAMSTAG

0:00 ☾ ↕ ♉
0:51 ☾ ☌ ♅
12:45 ♂ → ♋
17:19 ☾ ⚹ ♆ v/c

☉4°32'♈ • ☾22°35'♉ • ☿12°36'♈ • ♀10°14'♉ • ♂29°59'♊ • ♃17°33'♈ • ♄2°02'♓
⚷15°12'♈ • ♅16°29'♉ • ♆25°28'♓ • ⚵0°02'♒ • ☊4°16'♉ • ⚸5°08'♌ • ⚳1°45'♓

26 SONNTAG

Beginn der Sommerzeit (+1 Stunde)

0:00 ☾ ↕ ♉
1:41 ☾ → ♊
1:46 ☾ △ ⚵
6:17 ☾ □ ⚳
6:38 ☾ □ ♄
6:57 ☉ △ ⚸
12:40 ☾ ⚹ ⚸
13:03 ☉ ⚹ ☾
20:58 ☿ ☌ ⚷

☉5°29'♈ • ☾4°58'♊ • ☿14°31'♈ • ♀11°22'♉ • ♂0°27'♋ • ♃17°47'♈ • ♄2°08'♓
⚷15°15'♈ • ♅16°32'♉ • ♆25°31'♓ • ⚵0°03'♒ • ☊4°18'♉ • ⚸5°19'♌ • ⚳1°59'♓

Utopie oder Dystopie?

Pluto in Wassermann

vom 23. März bis 11. Juni 2023,
vom 21. Januar bis 2. September 2024
sowie 19. November 2024 bis 9. März 2043

Die Zukunft muss sich nicht zwangsläufig als besser erweisen als die Vergangenheit. Im Gegenteil, die Revolution frisst gerne ihre Kinder. Und dennoch müssen wir an manchen Punkten einen Umsturz wagen. Zumindest Veränderungen zulassen und Mutationen ermöglichen. So, wie es über lange Zeit hinweg war, kann es nicht weitergehen.

Was ist es, das wir fürchten müssen? Den Konformismus, die Gleichschaltung, den Verlust unserer Individualität? Die Unterdrückung unserer individuellen Freiheit? Worüber bestimmen wir noch selbst, was bestimmt über uns? Wird uns der Bruch mit der Vergangenheit bessere Zeiten bescheren? An Fragen wie diesen wird sich unsere Zukunft entscheiden. Das viel gepriesene Wassermann-Zeitalter, was wird es uns bringen und ermöglichen? Wir werden schnell sein müssen, um das Ruder noch herumzureißen.

Unser Handeln wird zunehmend von Emotionen bestimmt. **Mars wechselt** in **Krebs** (25.3.): Wir müssen uns Samthandschuhe überziehen, da hilft kein Schmollen. Dabei würden wir lieber unsere Fäuste ballen. Mit **Widder-Merkur** in **Konjunktion** zu **Chiron** (26.3.) und **Jupiter** (28.3.) müssen wir jedoch lernen, dass jede Form von Rechthaberei und Aggression gegen andere uns selbst am meisten verletzt. Nur Masochisten hauen weiter feste drauf, alle anderen fahren einen Schmusekurs, um ihre Ziele zu behaupten.

Fische-Saturn steht am **Priapus-Pol** (27.3.) und **Krebs-Mars** im **Trigon** dazu (30.3./31.3.). Wer jetzt nein sagt, meint eigentlich ja. Dies ist auf keinen Fall als Freifahrschein für übergriffiges Verhalten zu verstehen. M **Stier-Venus** in **Konjunktion** zu **Uranus** (31.3.) wandeln sich unsere We te. Falls nicht, drohen Überraschungen, die nicht schmecken werden.

27
MONTAG

0:00 ☾ ↕ ♊
7:41 ☾ ⚹ ⚷
9:39 ☾ ⚹ ☿
12:57 ☾ ⚹ ♃
15:46 ♄ ☌ ⚳

☉6°28'♈ • ☾17°32'♊ • ☿16°31'♈ • ♀12°34'♉ • ♂0°56'♋ • ♃18°01'♈ • ♄2°15'♓
⚷15°18'♈ • ♅16°35'♉ • ♆25°33'♓ • ♇0°04'♒ • ☊4°20'♉ • ⚸5°31'♌ • ⚳2°13'♓

28
DIENSTAG

0:00 ☾ ↕ ♊
3:39 ☾ □ ♆ v/c
8:50 ☿ ☌ ♃
12:22 ☾ → ♋
15:19 ☾ ☌ ♂
17:03 ☾ △ ♄
17:18 ☾ △ ⚳
20:59 ☾ ⚹ ☊

☉7°28'♈ • ☾29°49'♊ • ☿18°29'♈ • ♀13°45'♉ • ♂1°26'♋ • ♃18°16'♈ • ♄2°21'♓
⚷15°22'♈ • ♅16°37'♉ • ♆25°35'♓ • ♇0°05'♒ • ☊4°21'♉ • ⚸5°43'♌ • ⚳2°27'♓

29
MITTWOCH
◐ 4:32

0:00 ☾ ↕ ♋
4:32 ☉ □ ☾
18:50 ☾ ⚹ ♀
19:09 ☾ □ ⚷
21:40 ☾ ⚹ ♅

☉8°27'♈ • ☾11°53'♋ • ☿20°26'♈ • ♀14°57'♉ • ♂1°55'♋ • ♃18°30'♈ • ♄2°27'♓
⚷15°25'♈ • ♅16°40'♉ • ♆25°37'♓ • ♇0°06'♒ • ☊R 4°21'♉ • ⚸5°55'♌ • ⚳2°39'♓

ZUNEHMENDER HALBMOND IN KREBS

(29.3.) im Quadrat zur Widder-Sonne:

Die Achillesferse unserer Tatkraft sind unsere wechselnden Launen und Befindlichkeiten.

30 DONNERSTAG

0:00 ☾ ↕ ♋
1:34 ☾ □ ♃
8:30 ☾ □ ☿
15:45 ☾ △ ♆ v/c
21:03 ♂ △ ♄

☉9°27' ♈ • ☾23°48' ♋ • ☿22°21' ♈ • ♀16°08' ♉ • ♂2°25' ♋ • ♃18°44' ♈ ♄2°34' ♓
⚷15°29' ♈ • ♅16°43' ♉ • ♆25°40' ♓ • ♇0°07' ♒ • ☊R 4°20' ♉ • ⚸6°07' ♌ • ⚳2°50' ♓

31 FREITAG

0:00 ☾ ↕ ♋
0:26 ♀ ☌ ♅
0:31 ☾ → ♌
0:46 ☾ ☍ ♇
9:13 ☾ □ ☊
13:18 ☾ ☌ ⚸
18:38 ♂ △ ⚳
22:29 ☉ △ ☾

☉10°26' ♈ • ☾ 5°41' ♌ • ☿24°13' ♈ • ♀17°19' ♉ • ♂2°55' ♋ • ♃18°59' ♈ • ♄2°40' ♓
⚷15°32' ♈ • ♅16°46' ♉ • ♆25°42' ♓ • ♇0°08' ♒ • ☊R 4°18' ♉ • ⚸6°19' ♌ • ⚳3°00' ♓

APRIL

1 SAMSTAG

0:00 ☾ ↕ ♌
8:02 ☾ △ ⚷
10:30 ☾ □ ♅
14:06 ☾ □ ♀
15:25 ☾ △ ♃

☉11°25' ♈ • ☾17°34' ♌ • ☿26°03' ♈ • ♀18°30' ♉ • ♂3°25' ♋ • ♃19°13' ♈ • ♄2°46' ♓
⚷15°36' ♈ • ♅16°49' ♉ • ♆25°44' ♓ • ♇0°09' ♒ • ☊R 4°15' ♉ • ⚸6°31' ♌ • ⚳3°09' ♓

2 SONNTAG

0:00 ☾ ↕ ♌
8:03 ☾ △ ☿ v/c
12:57 ☾ → ♍
18:44 ☾ ☍ ♄
19:34 ☾ ☍ ⚳
21:07 ☾ ⚹ ♂
21:15 ☾ △ ☊
23:59 ♂ ⚹ ☊

☉12°24' ♈ • ☾29°31' ♌ • ☿27°50' ♈ • ♀19°41' ♉ • ♂3°55' ♋ • ♃19°28' ♈ • ♄2°52' ♓
⚷15°40' ♈ • ♅16°52' ♉ • ♆25°46' ♓ • ♇0°10' ♒ • ☊R 4°11' ♉ • ⚸6°43' ♌ • ⚳3°17' ♓

Unser Besitzdenken gerät in Konflikt mit unserem Stolz und unseren Autonomieansprüchen. Es stellt mit **Stier-Merkur** im **Quadrat** zum **Lilith-Pol** in **Löwe** (9.4.) eine Herausforderung dar, unsere Sicherheitsinteressen zu wahren, ohne uns dadurch bestechlich und unfrei zu machen.

Die Geschmäcker sind bekanntlich verschieden. **Venus** wechselt in **Zwillinge**, bildet ein Trigon zu **Wassermann-Pluto** (11.4.) und **Quadrate** zum **Priapus-Pol** in **Fische** (13.4.) und **Fische-Saturn** (14.4.). Unsere Vorliebe an Grenzen oder auf Ablehnung zu stoßen, kann uns helfen, uns aus fixen Vorstellungen zu lösen und flexibler zu werden.

Unsere Erfolgsaussichten sind umso größer, je mehr wir mit **Widder-Sonne** in **Konjunktion** zu **Jupiter** (12.4.) von anderen genauso überzeugt sind wie von uns selbst. Mut und Entschlossenheit ermöglichen es uns, große Fortschritte zu erzielen.

10 MONTAG

Ostermontag

0:00 ☾ ↕ ♐
5:39 ☾ △ ⚸
19:28 ☾ △ ⚷

☉20°17'♈ • ☾11°54'♐ • ☿9°30'♉ • ♀29°05'♉ • ♂8°00'♋ • ♃21°23'♈ • ♄3°40'♓
⚷16°08'♈ • ♅17°17'♉ • ♆26°04'♓ • ♇0°15'♒ • ☊4°02'♉ • ⚸8°21'♌ • ⯓R 3°23'♓

11 DIENSTAG

0:00 ☾ ↕ ♐
3:48 ☉ △ ☾
4:55 ☾ △ ♃
6:47 ♀ → ♊
12:14 ♀ △ ♇
12:48 ☾ □ ♆ v/c
19:33 ☾ → ♑

☉21°16'♈ • ☾25°38'♐ • ☿10°34'♉ • ♀0°15'♊ • ♂8°31'♋ • ♃21°38'♈ • ♄3°46'♓
⚷16°11'♈ • ♅17°20'♉ • ♆26°06'♓ • ♇0°16'♒ • ☊4°03'♉ • ⚸8°33'♌ • ⯓R 3°15'♓

12 MITTWOCH

0:00 ☾ ↕ ♑
0:07 ☉ ☌ ♃
1:00 ☾ ⚹ ⯓
2:07 ☾ ⚹ ♄
2:33 ☾ △ ☊
11:03 ☾ ☍ ♂
15:35 ☾ △ ☿
23:27 ☾ □ ⚷

☉22°14'♈ • ☾9°34'♑ • ☿11°32'♉ • ♀1°25'♊ • ♂9°02'♋ • ♃21°52'♈ • ♄3°51'♓
⚷16°15'♈ • ♅17°23'♉ • ♆26°08'♓ • ♇0°16'♒ • ☊4°04'♉ • ⚸8°45'♌ • ⯓R 3°05'♓

ABNEHMENDER HALBMOND IN STEINBOCK

(13.4.) im Quadrat zur Widder-Sonne:

Im richtigen Moment Verzicht zu üben, macht uns stark. Im falschen Moment macht er uns feige.

13 DONNERSTAG

◑ 11:11

0:00 ☾ ↕ ♑
1:24 ☾ △ ♅
9:19 ☾ □ ♃
11:11 ☉ □ ☾
16:14 ☾ ⚹ ♆ v/c
16:57 ♀ □ ⯓
22:42 ☾ → ♒
23:11 ☾ ☌ ♇

☉23°13' ♈ • ☾23°40' ♑ • ☿12°24' ♉ • ♀ 2°35' ♊ • ♂9°33' ♋ • ♃22°07' ♈ • ♄3°57' ♓
⚷16°18' ♈ • ♅17°26' ♉ • ♆26°10' ♓ • ♇0°17' ♒ • ☊R 4°04' ♉ • ⚸8°58' ♌ • ⯓R 2°52' ♓

14 FREITAG

0:00 ☾ ↕ ♒
4:23 ☾ △ ♀
5:33 ☾ □ ☊
14:09 ☾ ☍ ⚸
18:38 ♀ □ ♄
19:30 ♄ ⚹ ☊
21:16 ☾ □ ☿

☉24°12' ♈ • ☾7°54' ♒ • ☿13°10' ♉ • ♀3°45' ♊ • ♂10°05' ♋ • ♃22°21' ♈ • ♄4°02' ♓
⚷16°22' ♈ • ♅17°30' ♉ • ♆26°12' ♓ • ♇0°18' ♒ • ☊R 4°04' ♉ • ⚸9°10' ♌ • ⯓R 2°37' ♓

15 SAMSTAG

0:00 ☾ ↕ ♒
2:14 ☾ ⚹ ⚷
4:07 ☾ □ ♅
12:36 ☾ ⚹ ♃ v/c
17:16 ☉ ⚹ ☾

☉25°11' ♈ • ☾22°15' ♒ • ☿13°49' ♉ • ♀4°54' ♊ • ♂10°36' ♋ • ♃22°36' ♈ • ♄4°08' ♓
⚷16°25' ♈ • ♅17°33' ♉ • ♆26°14' ♓ • ♇0°18' ♒ • ☊R 4°04' ♉ • ⚸9°23' ♌ • ⯓R 2°18' ♓

16 SONNTAG

0:00 ☾ ↕ ♒
0:57 ☾ → ♓
4:24 ☾ ☌ ⯓
7:42 ☾ ⚹ ☊
7:57 ☾ ☌ ♄
10:58 ☾ □ ♀
19:48 ☾ △ ♂

☉26°10' ♈ • ☾6°38' ♓ • ☿14°23' ♉ • ♀6°04' ♊ • ♂11°08' ♋ • ♃22°50' ♈ • ♄4°13' ♓
⚷16°29' ♈ • ♅17°36' ♉ • ♆26°16' ♓ • ♇0°18' ♒ • ☊R 4°03' ♉ • ⚸9°35' ♌ • ⯓R 1°57' ♓

Unsere Freiheitsbedürfnisse sind dringender und drängender denn je. Der **Priapus-Pol wechselt rückläufig** zurück in **Wassermann** (20.4.). Wo sind die Freunde und Gleichgesinnten, denen es ähnlich ergeht?

Die Machtverhältnisse ändern und verschieben sich derzeit enorm. Dies aus Bequemlichkeit zu leugnen, ist mit **Stier-Sonne** im **Quadrat** zu **Wassermann-Pluto** (20.4.) zwar verständlich, jedoch wenig aussichtsreich. (LESETIPP S. 122)

Ein Perspektivwechsel ist angesagt. Damit dieser möglich wird, müssen wir erst eine Weile darüber nachdenken. **Stier-Merkur** wird **rückläufig** in **Beinahe-Konjunktion** mit **Uranus** (21.4.). Es ist mit Überraschungen zu rechnen, die unser Sicherheitsdenken durcheinanderbringen. Das Unbekannte willkommen zu heißen, macht sich für uns bezahlt.

17
MONTAG

0:00 ☾ ↕ ♓
1:24 ☾ ✶ ☿
6:25 ☾ ✶ ⛢
20:57 ☾ ☌ ♆ v/c

☉27°08‘♈ • ☾20°59‘♓ • ☿14°50‘♉ • ♀7°13‘♊ • ♂11°40‘♋ • ♃23°05‘♈ • ♄ 4°19‘♓
⚷16°32‘♈ • ⛢17°40‘♉ • ♆26°18‘♓ • ♇0°19‘♒ • ☊R 4°02‘♉ • ⚸9°47‘♌ • ⚳R 1°32‘♓

18
DIENSTAG

0:00 ☾ ↕ ♓
3:09 ☾ → ♈
3:41 ☾ ✶ ♇
17:46 ☾ ✶ ♀
20:11 ☾ △ ⚸

☉28°07‘♈ • ☾5°14‘♈ • ☿15°11‘♉ • ♀8°22‘♊ • ♂12°11‘♋ • ♃23°19‘♈ • ♄4°24‘♓
⚷16°36‘♈ • ⛢17°43‘♉ • ♆26°20‘♓ • ♇0°19‘♒ • ☊R 4°01‘♉ • ⚸10°00‘♌ • ⚳R 1°04‘♓

19
MITTWOCH

0:00 ☾ ↕ ♈
0:16 ☾ □ ♂
7:25 ☾ ☌ ⚷
19:27 ☾ ☌ ♃

☉29°06‘♈ • ☾19°19‘♈ • ☿15°26‘♉ • ♀9°31‘♊ • ♂12°43‘♋ • ♃23°34‘♈ • ♄4°29‘♓
⚷16°39‘♈ • ⛢17°46‘♉ • ♆26°22‘♓ • ♇0°20‘♒ • ☊R 4°01‘♉ • ⚸10°12‘♌ • ⚳R 0°31‘♓

NEUMOND IN WIDDER

(20.4.) im Quadrat zu Steinbock-Pluto:

Es gibt immer eine zweite Chance, um neu durchzustarten. Sie zu erzwingen, hat Fehlstarts zur Folge.

20 DONNERSTAG

●6:12

totale Sonnenfinsternis

0:00 ☾ ↕ ♈
5:23 ♀ ⚹ ⚸
6:12 ☉ ☌ ☾ v/c
6:29 ☾ → ♉
6:35 ☾ ⚹ ⚳
7:04 ☾ □ ♀
8:26 ⚳ → ♒
9:31 ☉ ⚹ ⚳
10:13 ☉ → ♉
13:30 ☾ ☌ ☊
14:30 ☾ ⚹ ♄
18:27 ☉ □ ♀

☉0°04'♉ • ☾3°09'♉ • ☿15°35'♉ • ♀10°40'♊ • ♂13°15'♋ • ♃23°48'♈ • ♄4°34'♓
⚷16°43'♈ • ⛢17°50'♉ • ♆26°24'♓ • ♇0°20'♒ • ☊R 4°01'♉ • ⚸10°24'♌ • ⚳R 29°54'♒

21 FREITAG

0:00 ☾ ↕ ♉
1:00 ☾ □ ⚸
6:36 ☾ ⚹ ♂
10:05 ☾ ☌ ☿
10:36 ☿SR
14:09 ☾ ☌ ⛢

☉1°03'♉ • ☾16°41'♉ • ☿R 15°37'♉ • ♀11°49'♊ • ♂13°48'♋ • ♃24°03'♈ • ♄4°39'♓
⚷16°46'♈ • ⛢17°53'♉ • ♆26°26'♓ • ♇0°20'♒ • ☊4°01'♉ • ⚸10°37'♌ • ⚳R 29°13'♒

22 SAMSTAG

0:00 ☾ ↕ ♉
5:41 ☾ ⚹ ♆ v/c
9:28 ☾ □ ⚳
12:11 ☾ → ♊
12:49 ☾ △ ♀
20:59 ☾ □ ♄

☉2°02'♉ • ☾29°54'♉ • ☿R 15°34'♉ • ♀12°57'♊ • ♂14°20'♋ • ♃24°17'♈ • ♄4°44'♓
⚷16°50'♈ • ⛢17°56'♉ • ♆26°28'♓ • ♇0°21'♒ • ☊4°01'♉ • ⚸10°49'♌ • ⚳R 28°26'♒

23 SONNTAG

0:00 ☾ ↕ ♊
8:37 ☾ ⚹ ⚸
14:43 ☾ ☌ ♀
19:47 ☾ ⚹ ⚷

☉3°00'♉ • ☾12°47'♊ • ☿R 15°25'♉ • ♀14°06'♊ • ♂14°52'♋ • ♃24°31'♈ • ♄4°49'♓
⚷16°53'♈ • ⛢18°00'♉ • ♆26°30'♓ • ♇0°21'♒ • ☊4°01'♉ • ⚸11°01'♌ • ⚳R 27°35'♒

Zu leugnen oder zu verdrängen, dass wir unter Druck stehen, würde die Lage nur noch mehr zuspitzen. **Wassermann-Pluto** wird **rückläufig** (1.5.), und was unsere Zukunft anbetrifft, geht es anscheinend um alles oder nichts. Wie dramatisch die Lage wirklich ist, darüber gehen die Meinungen auseinander. Mit **rückläufigem Stier-Merkur** in **Konjunktion** zur **Sonne** (2.5.) macht Nachdenklichkeit sich bezahlt. Es gibt immer einen Weg zurück, egal, wie sehr wir uns verrannt haben.

Was uns guttut und was nicht, hängt stark von unserem Begehren ab. **Stier-Sonne** und **-Merkur** stehen im **Quadrat** zum **Priapus-Pol** in **Wassermann** und zum **Lilith-Pol** in **Löwe** (30.4./3.5./6.5.). Zwischen gierigerVereinnahmung und distanzierter Unverfügbarkeit verläuft der Pfad gelingender Selbstfürsorge. Das klingt wenig romantisch, was mit **Zwillinge-Venus** im **Quadrat** zu **Fische-Neptun** (4.5.) kein Wunder ist.

MAI

Internationaler Tag der Arbeit

1
MONTAG

0:00 ☽ ↕ ♍
7:49 ⚷ ⚹ Priapus
9:38 ☽ △ ♅
11:08 ☽ ⚹ ♂
19:06 ♇ SR
19:31 ☽ □ ♀

☉ 10°47' ♉ • ☽ 19°39' ♍ • ☿R 11°41' ♉ • ♀ 23°08' ♊ • ♂ 19°14' ♋ • ♃ 26°26' ♈ • ♄ 5°26' ♓
⚷ 17°20' ♈ • ♅ 18°27' ♉ • ♆ 26°45' ♓ • ♇ 0°22' ♒ • ☊ 4°02' ♉ • ⚸ 12°38' ♌ • PriapusR 17°02' ♒

2
DIENSTAG

0:00 ☽ ↕ ♍
1:27 ☉ ☌ ☿
1:53 ☽ ☍ ♆ v/c
8:09 ☽ → ♎
8:51 ☽ △ ♇

☉ 11°45' ♉ • ☽ 2°00' ♎ • ☿R 11°03' ♉ • ♀ 24°15' ♊ • ♂ 19°47' ♋ • ♃ 26°40' ♈ • ♄ 5°30' ♓
⚷ 17°23' ♈ • ♅ 18°30' ♉ • ♆ 26°46' ♓ • ♇R 0°22' ♒ • ☊ 4°03' ♉ • ⚸ 12°50' ♌ • PriapusR 15°19' ♒

3
MITTWOCH

0:00 ☽ ↕ ♎
8:59 ☽ ⚹ ⚸
10:16 ☽ △ Priapus
17:19 ☽ ☍ ⚷
18:31 ⚸ ☍ Priapus
19:26 ☉ □ Priapus
21:44 ☉ □ ⚸
23:10 ☽ □ ♂

☉ 12°44' ♉ • ☽ 14°37' ♎ • ☿R 10°24' ♉ • ♀ 25°22' ♊ • ♂ 20°20' ♋ • ♃ 26°54' ♈ • ♄ 5°35' ♓
⚷ 17°26' ♈ • ♅ 18°34' ♉ • ♆ 26°48' ♓ • ♇R 0°22' ♒ • ☊ 4°03' ♉ • ⚸ 13°02' ♌ • PriapusR 13°34' ♒

VOLLMOND IN SKORPION

(5.5.) in Opposition zu Stier-Uranus:

Unsere wahren Gefühle zu zeigen, kann sowohl schmerzhaft als auch befreiend sein, nicht nur für uns selbst

0:00 ☾ ↕ ♎
9:54 ☾ △ ♀
11:17 ☾ ☍ ♃ v/c
16:32 ☾ → ♏
17:12 ☾ □ ♇
19:40 ♀ □ ♆
23:57 ☾ ☍ ☊

Europatag

4
DONNERSTAG

☉13°42'♉ • ☾27°32'♎ • ☿R 9°46'♉ • ♀26°29'♊ • ♂20°53'♋ • ♃27°08'♈ • ♄5°39'♓
⚷17°30'♈ • ♅18°37'♉ • ♆26°50'♓ • ♇R 0°22'♒ • ☊4°04'♉ • ⚸13°14'♌ • ⚳R 11°49'♒

0:00 ☾ ↕ ♏
2:53 ☾ △ ♄
6:03 ♀ ⚹ ♃
9:15 ☾ ☍ ☿
10:59 ☾ □ ⚳
16:54 ☾ □ ⚸
19:34 ☉ ☍ ☾

5
FREITAG
○ 19:34
Halbschatten-Mondfinsternis

☉14°40'♉ • ☾10°45'♏ • ☿R 9°09'♉ • ♀27°36'♊ • ♂21°26'♋ • ♃27°23'♈ • ♄5°43'♓
⚷17°33'♈ • ♅18°41'♉ • ♆26°51'♓ • ♇R 0°22'♒ • ☊R 4°04'♉ • ⚸13°26'♌ • ⚳R 10°06'♒

0:00 ☾ ↕ ♏
2:13 ☾ ☍ ♅
7:51 ☾ △ ♂
9:30 ☿ □ ⚳
16:38 ☾ △ ♆ v/c
22:04 ☾ → ♐
22:41 ☾ ⚹ ♇

6
SAMSTAG

☉15°38'♉ • ☾24°15'♏ • ☿R 8°33'♉ • ♀28°42'♊ • ♂21°59'♋ • ♃27°37'♈ • ♄5°47'♓
⚷17°36'♈ • ♅18°44'♉ • ♆26°53'♓ • ♇R 0°22'♒ • ☊R 4°03'♉ • ⚸13°38'♌ • ⚳R 8°27'♒

0:00 ☾ ↕ ♐
8:12 ☾ □ ♄
10:11 ☾ ⚹ ⚳
16:25 ♀ → ♋
22:08 ☾ △ ⚸

7
SONNTAG

☉16°36'♉ • ☾8°02'♐ • ☿R 8°01'♉ • ♀29°48'♊ • ♂22°33'♋ • ♃27°51'♈ • ♄5°51'♓
⚷17°39'♈ • ♅18°48'♉ • ♆26°55'♓ • ♇R 0°21'♒ • ☊R 4°02'♉ • ⚸13°50'♌ • ⚳R 6°52'♒

Wo sind sie, die blühenden Landschaften, an denen wir uns laben können? Rasch welkt das Glück dahin, wenn wir es mit unseren Vorstellungen zu erzwingen suchen. Es liegt nicht in unserer Macht, darüber zu bestimmen, wo und wie das Paradies zu finden ist. Wir können es weder erschaffen noch beherrschen. Die Hoffnung stirbt zuletzt, das sagt sich so leicht und ist doch nur schwer zu verkraften. Wir werden der Schätze nicht habhaft, von denen wir uns Glück und Fülle versprechen.

Viel wäre schon gewonnen, wenn es uns gelänge, die Moral aufrechtzuerhalten und unseren Prinzipien treu zu sein. Erfolge sind schnell verspielt, wenn wir unsere Seele dafür verkaufen. Worin unser wahrer Reichtum besteht, das zeigt sich 2023 in aller Macht und Deutlichkeit. Was wir verlieren, war unseren Ängsten nicht wert. Uns wird gegeben, uns wird genommen. Dem gilt es, in Demut zu begegnen, alles andere wäre Hybris und Größenwahn.

Die Taschen voll, die Seelen ruiniert

Jupiter in Stier

vom 16. Mai 2023 bis 25. Mai 2024
Jupiter Quadrat Pluto am 18. Mai 2023

Gefühle stehen in unserer Gunst weit oben. Mit dem **Wechsel** von **Venus** in **Krebs** (7.5.) finden wir Gefallen daran, verwöhnt und versorgt zu werden. Noch lieber kümmern wir uns um diejenigen, die uns nahe sind. Schmusekurs und Regression sind derzeit ein attraktives Duo.

Wir könnten gewiss auch anders und auf unsere Unabhängigkeit pochen. Mit **Stier-Sonne** in **Konjunktion** zu **Uranus** (9.5.) lösen Vereinnahmungstendenzen und Besitzansprüche Fluchtreflexe aus. Wer in welcher Weise über uns verfügen und bestimmen darf, ist nicht zuletzt eine Machtfrage. **Wassermann-Pluto** steht am **Priapus-Pol** (12.5.): Unsere Freiheit zu spüren und zu verinnerlichen, macht Lust auf mehr. Erzwingen lässt sie sich jedoch nicht, es sei denn, es sind höhere Mächte am Wirken.

8 MONTAG

Tag der Befreiung vom Nationalsozialismus

0:00 ☽ ↕ ♐
4:36 ☽ △ ⚷
20:22 ☽ □ ♆
22:28 ☽ △ ♃ v/c

☉17°34'♉ • ☽22°02'♐ • ☿R 7°31'♉ • ♀0°54'♋ • ♂23°06'♋ • ♃28°05'♈ • ♄5°54'♓
⚷17°43'♈ • ♅18°51'♉ • ♆26°56'♓ • ♇R 0°21'♒ • ☊R 4°01'♉ • ⚸14°02'♌ • ⯓R 5°23'♒

9 DIENSTAG

0:00 ☽ ↕ ♐
1:33 ☽ → ♑
4:20 ☽ ☍ ♀
8:17 ☽ △ ☊
11:38 ☽ ✶ ♄
12:25 ☊ □ ⯓
13:28 ☽ △ ☿
21:56 ☉ ☌ ♅

☉18°32'♉ • ☽6°11'♑ • ☿R 7°04'♉ • ♀1°59'♋ • ♂23°40'♋ • ♃28°19'♈ ♄5°58'♓
⚷17°46'♈ • ♅18°55'♉ • ♆26°58'♓ • ♇R 0°21'♒ • ☊R 3°59'♉ • ⚸14°14'♌ • ⯓R 4°00'♒

10 MITTWOCH

0:00 ☽ ↕ ♑
7:35 ☽ □ ⚷
9:32 ☽ △ ♅
10:20 ☉ △ ☽
18:38 ☽ ☍ ♂
23:03 ☽ ✶ ♆

☉19°30'♉ • ☽20°26'♑ • ☿R 6°41'♉ • ♀3°05'♋ • ♂24°13'♋ • ♃28°33'♈ • ♄6°02'♓
⚷17°49'♈ • ♅18°58'♉ • ♆26°59'♓ • ♇R 0°21'♒ • ☊R 3°57'♉ • ⚸14°25'♌ • ⯓R 2°44'♒

ABNEHMENDER HALBMOND IN WASSERMANN

(12.5.) im Quadrat zur Stier-Sonne:

Cool zu bleiben setzt voraus, dass wir uns unserer Sache sicher sind.

11 DONNERSTAG

0:00 ☾ ↕ ♑
1:52 ☾ □ ♃ v/c
4:05 ☾ → ♒
4:40 ☾ ☌ ⚵
6:51 ♀ ⚹ ☊
7:06 ☾ ☌ ⯓
10:42 ☾ □ ☊
14:45 ☾ □ ☿

☉20°28'♉ • ☾4°43'♒ • ☿R 6°23'♉ • ♀4°10'♋ • ♂24°47'♋ • ♃28°47'♈ • ♄6°05'♓
⚷17°52'♈ • ♅19°02'♉ • ♆27°01'♓ • ♇R 0°21'♒ • ☊R 3°56'♉ • ⚸14°37'♌ • ⯓R 1°34'♒

12 FREITAG

◑ 16:28

0:00 ☾ ↕ ♒
4:55 ☾ ☍ ⚸
10:13 ☾ ⚹ ⚷
10:42 ☿ ⚹ ♄
12:12 ☾ □ ♅
16:11 ⚵ ☌ ⯓
16:28 ☉ □ ☾

☉21°26'♉ • ☾18°58'♒ • ☿R 6°08'♉ • ♀5°15'♋ • ♂25°20'♋ • ♃29°01'♈ • ♄6°09'♓
⚷17°55'♈ • ♅19°05'♉ • ♆27°03'♓ • ♇R 0°20'♒ • ☊R 3°55'♉ • ⚸14°49'♌ • ⯓R 0°31'♒

13 SAMSTAG

0:00 ☾ ↕ ♒
0:31 ⯓ → ♑
4:44 ☿ ⚹ ♀
5:15 ☾ ⚹ ♃ v/c
6:39 ☾ → ♓
8:57 ♀ △ ♄
13:18 ☾ ⚹ ☊
16:43 ☾ ⚹ ☿
17:12 ☾ ☌ ♄
17:50 ☾ △ ♀
18:41 ♃ □ ⯓

☉22°24'♉ • ☾3°09'♓ • ☿R 5°58'♉ • ♀6°20'♋ • ♂25°54'♋ • ♃ • 29°14'♈ • ♄6°12'♓
⚷17°58'♈ • ♅19°09'♉ • ♆27°04'♓ • ♇R 0°20'♒ • ☊3°56'♉ • ⚸15°01'♌ • ⯓R 29°33'♑

14 SONNTAG

Muttertag

0:00 ☾ ↕ ♓
15:22 ☾ ⚹ ♅
23:17 ☉ ⚹ ☾

☉23°22'♉ • ☾17°15'♓ • ☿R 5°52'♉ • ♀7°25'♋ • ♂26°28'♋ • ♃29°28'♈ • ♄6°16'♓
⚷18°01'♈ • ♅19°12'♉ • ♆27°06'♓ • ♇R 0°20'♒ • ☊3°57'♉ • ⚸15°12'♌ • ⯓R 28°42'♑

Mit dem **direktläufigen Stier-Merkur** (ab 15.5.) dürfte eigentlich nichts mehr schiefgehen. Falls doch, haben wir in der falschen Währung gerechnet oder zu lange auf stur geschaltet.

Im Vertrauen auf unsere Intuition können wir wahre Wunder vollbringen. Dank **Krebs-Mars** im **Trigon** zu **Fische-Neptun** (15.5.) fügt sich vieles ohne unser aktives Zutun. Die spannende Frage dabei ist, welcher Wille sich dadurch vollzieht. Es sollte nicht nur unser eigener sein.

Es werden uns saftige Wiesen versprochen, doch der dafür notwendige Dünger hat seinen Preis. **Jupiter wechselt** in **Stier** (16.5.) und bildet ein **Quadrat** zu **Wassermann-Pluto** (18.5.).
Klug wäre es, zu teilen, was wir haben, statt mit Revierkämpfen unsere Erträge zu gefährden.

15
MONTAG

0:00 ☾ ↕ ♓
4:30 ☾ △ ♂
4:56 ☾ ☌ ♆ v/c
5:18 ☿ SD
6:37 ☾ ⚹ ⚳
9:56 ☾ → ♈
10:29 ☾ ⚹ ♇
15:44 ♂ △ ♆

☉24°20'♉ • ☾1°12'♈ • ☿5°51'♉ • ♀8°29'♋ • ♂27°02'♋ • ♃29°42'♈ • ♄6°19'♓
⚷18°04'♈ • ♅19°16'♉ • ♆27°07'♓ • ♇R 0°19'♒ • ☊3°58'♉ • ⚸15°24'♌ • ⚳R 27°55'♑

16
DIENSTAG

0:00 ☾ ↕ ♈
1:41 ☾ □ ♀
4:50 ♂ ☍ ⚳
13:03 ☾ △ ⚸
15:16 ♆ ⚹ ⚳
17:29 ☾ ☌ ⚷
19:20 ♃ → ♉

☉25°18'♉ • ☾15°00'♈ • ☿5°55'♉ • ♀9°33'♋ • ♂27°36'♋ • ♃29°56'♈ • ♄6°22'♓
⚷18°07'♈ • ♅19°19'♉ • ♆27°08'♓ • ♇R 0°19'♒ • ☊ 3°59'♉ • ⚸ • 15°36'♌ • ⚳R 27°14'♑

17
MITTWOCH

0:00 ☾ ↕ ♈
8:36 ☾ □ ⚳
11:10 ☾ □ ♂ v/c
14:27 ☾ → ♉
14:47 ☾ ☌ ♃
15:00 ☾ □ ♇
17:35 ☉ △ ⚳
21:35 ☾ ☌ ☊

☉26°16'♉ • ☾28°37'♈ • ☿6°03'♉ • ♀10°37'♋ • ♂28°10'♋ • ♃0°10'♉ • ♄6°25'♓
⚷18°10'♈ • ♅19°22'♉ • ♆27°10'♓ • ♇R 0°18'♒ • ☊4°00'♉ • ⚸15°47'♌ • ⚳R 26°37'♑

♉

NEUMOND IN STIER

(19.5.) im Trigon zu Pluto:

Gemütlichkeit lässt sich nicht erzwingen.

18 DONNERSTAG

Christi Himmelfahrt
Vatertag

0:00 ☽ ↕ ♉
1:27 ☽ ☌ ☿
1:57 ☽ ⚹ ♄
3:11 ♃ □ ♇
10:59 ☉ ⚹ ♆
11:18 ☽ ⚹ ♀
19:14 ☽ □ ⚸

☉27°13'♉ • ☽12°02'♉ • ☿6°16'♉ • ♀11°40'♋ • ♂28°44'♋ • ♃0°23'♉ • ♄6°28'♓
⚷18°13'♈ • ⛢19°26'♉ • ♆27°11'♓ • ♇R 0°18'♒ • ☊R 4°00'♉ • ⚸15°59'♌ • ⚳R 26°04'♑

19 FREITAG

● 17:53

0:00 ☽ ↕ ♉
1:28 ☽ ☌ ⛢
8:39 ☿ ⚹ ♄
12:40 ☽ △ ⚳
15:39 ☽ ⚹ ♆
17:53 ☉ ☌ ☽
19:51 ☽ ⚹ ♂ v/c
20:48 ☽ → ♊
21:20 ☽ △ ♇

☉28°11'♉ • ☽25°14'♉ • ☿6°33'♉ • ♀12°44'♋ • ♂29°18'♋ • ♃0°37'♉ • ♄6°31'♓
⚷18°16'♈ • ⛢19°29'♉ • ♆27°12'♓ • ♇R 0°18'♒ • ☊R 3°59'♉ • ⚸16°10'♌ • ⚳R 25°36'♑

20 SAMSTAG

0:00 ☽ ↕ ♊
8:57 ☽ □ ♄
17:31 ♂ → ♌

☉29°09'♉ • ☽8°11'♊ • ☿6°55'♉ • ♀13°47'♋ • ♂29°52'♋ • ♃0°50'♉ • ♄6°33'♓
⚷18°19'♈ • ⛢19°33'♉ • ♆27°14'♓ • ♇R 0°17'♒ • ☊R 3°56'♉ • ⚸16°22'♌ • ⚳R 25°11'♑

21 SONNTAG

0:00 ☽ ↕ ♊
3:37 ☽ ⚹ ⚸
5:12 ♂ ☍ ♇
7:09 ☽ ⚹ ⚷
9:09 ☉ → ♊
15:58 ☉ △ ♇

☉0°07'♊ • ☽20°54'♊ • ☿7°21'♉ • ♀14°50'♋ • ♂0°26'♌ • ♃1°04'♉ • ♄6°36'♓
⚷18°21'♈ • ⛢19°36'♉ • ♆27°15'♓ • ♇R 0°17'♒ • ☊R 3°52'♉ • ⚸16°33'♌ • ⚳R 24°49'♑

Wo ein Wille ist, sind neben guten Hoffnungen auch innere Zwänge am Wirken. Mit **Mars** in **Löwe** (ab 20.5.) in **Opposition** zu **Wassermann-Pluto** (21.5.) und im **Quadrat** zu **Stier-Jupiter** (23.5.) hat beherztes Handeln nur dann Erfolg, wenn es nicht auf fixen Vorstellungen und missionarischem Eifer beruht. Um einen Durchbruch zu erzielen, müssen wir den Machtverhältnissen Rechnung tragen und Gut von Böse unterscheiden.

Unser geliebtes Rudel zu verlassen, ist schmerzhaft, aus ihm verstoßen zu werden, umso mehr. **Krebs-Venus** bildet ein **Quadrat** zu **Widder-Chiron** (25.5.) und ein **Sextil** zu **Stier-Uranus** (26.5.). Woanders heimisch zu werden, setzt innere Geborgenheit voraus.

Falls wider Erwarten doch Meister vom Himmel fallen, dann geht es nicht mit rechten Dingen zu. **Zwillinge-Sonne** bildet ein **Quadrat** zu **Fische-Saturn** (28.5.). Die Grenzen, an die wir stoßen, sollten elastisch sein.

22
MONTAG

0:00 ☾ ↕ ♊
0:12 ☾ □ ♆ v/c
5:28 ☾ → ♋
7:53 ☾ ⚹ ♃
7:57 ☉ ⚹ ♂
12:50 ☾ ⚹ ☊
18:24 ☾ △ ♄
21:07 ☾ ⚹ ☿

☉ 1°05' ♊ • ☾ 3°22' ♋ • ☿ 7°51' ♉ • ♀ 15°52' ♋ • ♂ 1°01' ♌ • ♃ 1°17' ♉ • ♄ 6°39' ♓
⚷ 18°24' ♈ • ♅ 19°40' ♉ • ♆ 27°16' ♓ • ♇R 0°16' ♒ • ☊R 3°48' ♉ • ⚸ 16°44' ♌ • ⚳R 24°31' ♑

23
DIENSTAG

0:00 ☾ ↕ ♋
7:12 ♂ □ ♃
14:45 ☾ ☌ ♀
17:36 ☾ □ ⚷
20:07 ☾ ⚹ ♅

☉ 2°02' ♊ • ☾ 15°38' ♋ • ☿ 8°25' ♉ • ♀ 16°54' ♋ • ♂ 1°35' ♌ • ♃ 1°31' ♉ • ♄ 6°41' ♓
⚷ 18°27' ♈ • ♅ 19°43' ♉ • ♆ 27°17' ♓ • ♇R 0°15' ♒ • ☊R 3°43' ♉ • ⚸ 16°55' ♌ • ⚳R 24°15' ♑

24
MITTWOCH

0:00 ☾ ↕ ♋
4:46 ☾ ☍ ⚳
11:12 ☾ △ ♆ v/c
16:35 ☾ → ♌
17:04 ☾ ☍ ♇
20:13 ☾ □ ♃
21:21 ☾ ☌ ♂
23:31 ☉ ⚹ ☾
23:50 ☾ □ ☊

☉ 3°00' ♊ • ☾ 27°43' ♋ • ☿ 9°03' ♉ • ♀ 17°56' ♋ • ♂ 2°09' ♌ • ♃ 1°44' ♉ • ♄ 6°44' ♓
⚷ 18°30' ♈ • ♅ 19°47' ♉ • ♆ 27°19' ♓ • ♇R 0°15' ♒ • ☊R 3°39' ♉ • ⚸ 17°06' ♌ • ⚳R 24°02' ♑

ZUNEHMENDER HALBMOND IN JUNGFRAU

(27.5.) im Quadrat zur Zwillinge-Sonne:

Die Stimme der Vernunft kommt manchmal aus dem Bauch, was nicht leicht zu verstehen ist.

25 DONNERSTAG

0:00 ☾ ↕ ♌
1:39 ♀ □ ⚷
12:11 ☾ □ ☿

☉3°58' ♊ • ☾9°40' ♌ • ☿9°45' ♉ • ♀18°58' ♋ • ♂2°44' ♌ • ♃1°57' ♉ • ♄6°46' ♓
⚷18°33' ♈ • ♅19°50' ♉ • ♆27°20' ♓ • ♇R 0°14' ♒ • ☊R 3°36' ♉ • ⚸17°18' ♌ • ⚳R 23°51' ♑

26 FREITAG

0:00 ☾ ↕ ♌
3:39 ☾ ☌ ⚸
6:00 ☾ △ ⚷
8:38 ☾ □ ♅ v/c
9:37 ♀ ⚹ ♅
22:05 ♂ □ ☊

☉4°55' ♊ • ☾21°33' ♌ • ☿10°31' ♉ • ♀19°59' ♋ • ♂3°18' ♌ • ♃2°11' ♉ • ♄6°48' ♓
⚷18°35' ♈ • ♅19°53' ♉ • ♆27°21' ♓ • ♇R 0°14' ♒ • ☊R 3°33' ♉ • ⚸17°29' ♌ • ⚳R 23°43' ♑

27 SAMSTAG

◐ 17:22

0:00 ☾ ↕ ♌
5:05 ☾ → ♍
9:53 ☾ △ ♃
12:13 ☾ △ ☊
17:22 ☉ □ ☾
18:53 ☾ ☍ ♄

☉5°53' ♊ • ☾3°26' ♍ • ☿11°20' ♉ • ♀21°00' ♋ • ♂3°53' ♌ • ♃2°24' ♉ • ♄6°50' ♓
⚷18°38' ♈ • ♅19°57' ♉ • ♆27°22' ♓ • ♇R 0°13' ♒ • ☊R 3°32' ♉ • ⚸17°40' ♌ • ⚳R 23°37' ♑

28 SONNTAG

Pfingstsonntag

0:00 ☾ ↕ ♍
5:07 ☾ △ ☿
12:46 ☉ □ ♄
21:12 ☾ △ ♅

☉6°51' ♊ • ☾15°24' ♍ • ☿12°13' ♉ • ♀22°01' ♋ • ♂4°27' ♌ • ♃2°37' ♉ • ♄6°52' ♓
⚷18°40' ♈ • ♅20°00' ♉ • ♆27°23' ♓ • ♇R 0°12' ♒ • ☊3°33' ♉ • ⚸17°50' ♌ • ⚳R 23°32' ♑

Macht sich unser Streben nach materiellem Glück auch in spiritueller Hinsicht bezahlt? Mit **Stier-Jupiter** am **aufsteigenden Mondknoten** (2.6.) besteht zumindest die Möglichkeit, dass sich aus der Fülle unseres Daseins ein Sinn ergibt, der über prall gefüllte Taschen hinausweist. **Stier-Merkur** bildet eine **Konjunktion** mit **Uranus** (4.6.). Wir werden umdenken müssen, um auch innerlich zur Erfüllung zu finden. Was uns als Schnäppchen angeboten wird, könnte tatsächlich eines sein.

Für romantisch veranlagte Gemüter gibt es mit **Krebs-Venus** im **Trigon** zu **Fische-Neptun** (3.6.) kein Halten mehr. Die Gefühle sind am Überfließen, und mit etwas Glück sind auch Freudentränen mit dabei. Was uns jetzt nicht anrührt, wird uns wohl auf ewig kaltlassen.

29 MONTAG

Pfingstmontag

0:00 ☾ ↕ ♍
2:19 ☾ ⚹ ♀
4:06 ☾ △ ⚳
11:46 ☾ ☍ ♆ v/c
16:50 ☾ → ♎
17:12 ☾ △ ⚴
23:25 ♀ ☍ ⚳

☉7°48'♊ • ☾27°32'♍ • ☿13°09'♉ • ♀23°01'♋ • ♂5°02'♌ • ♃2°50'♉ • ♄6°54'♓
⛢18°43'♈ • ⚷20°03'♉ • ♆27°24'♓ • ⚴R0°11'♒ • ☊3°34'♉ • ⚵18°01'♌ • ⚳R23°30'♑

30 DIENSTAG

Internationaler Kindertag

0:00 ☾ ↕ ♎
3:21 ☾ ⚹ ♂
9:38 ☉ △ ☾

☉8°46'♊ • ☾9°54'♎ • ☿14°08'♉ • ♀24°01'♋ • ♂5°37'♌ • ♃3°03'♉ • ♄6°56'♓
⛢18°45'♈ • ⚷20°07'♉ • ♆27°25'♓ • ⚴R0°11'♒ • ☊3°36'♉ • ⚵18°12'♌ • ⚳23°29'♑

31 MITTWOCH

0:00 ☾ ↕ ♎
4:01 ☾ ⚹ ⚵
4:54 ☾ ☍ ⛢
13:44 ☾ □ ⚳
16:53 ☾ □ ♀ v/c

☉9°43'♊ • ☾22°35'♎ • ☿15°11'♉ • ♀25°00'♋ • ♂6°12'♌ • ♃3°16'♉ • ♄6°58'♓
⛢18°48'♈ • ⚷20°10'♉ • ♆27°26'♓ • ⚴R0°10'♒ • ☊3°37'♉ • ⚵18°23'♌ • ⚳23°30'♑

VOLLMOND IN SCHÜTZE
(4.6.):
Unser Zweifel muss in Gewissheiten münden, sonst verzweifeln wir.

JUNI

1 DONNERSTAG

0:00 ☽ ↕ ♎
1:45 ☽ → ♏
2:02 ☽ □ ♇
8:04 ☽ ☍ ♃
8:23 ☽ ☍ ☊
14:11 ☽ □ ♂
14:29 ☽ △ ♄

☉10°41'♊ • ☽5°37'♏ • ☿16°17'♉ • ♀25°59'♋ • ♂6°46'♌ • ♃3°29'♉ • ♄7°00'♓
⚷18°50'♈ • ♅20°13'♉ • ♆27°27'♓ • ♇R 0°09'♒ • ☊R 3°37'♉ • ⚸18°34'♌ • ⚳23°32'♑

2 FREITAG

0:00 ☽ ↕ ♏
2:43 ♃ ☌ ☊
8:53 ☽ ☍ ☿
11:26 ☽ □ ⚸
14:10 ☽ ☍ ♅
20:01 ☽ ✶ ⚳

☉11°38'♊ • ☽19°03'♏ • ☿17°26'♉ • ♀26°58'♋ • ♂7°21'♌ • ♃3°42'♉ • ♄7°01'♓
⚷18°53'♈ • ♅20°17'♉ • ♆27°28'♓ • ♇R 0°08'♒ • ☊R 3°36'♉ • ⚸18°44'♌ • ⚳23°36'♑

3 SAMSTAG

0:00 ☽ ↕ ♏
0:42 ♀ △ ♆
2:42 ☽ △ ♆
2:51 ☽ △ ♀ v/c
7:03 ☽ → ♐
7:16 ☽ ✶ ♇
13:17 ⚷ △ ⚸
18:20 ☿ □ ⚸
19:07 ☽ □ ♄
20:59 ☽ △ ♂

☉12°36'♊ • ☽2°53'♐ • ☿18°38'♉ • ♀27°56'♋ • ♂7°56'♌ • ♃3°55'♉ • ♄7°03'♓
⚷18°55'♈ • ♅20°20'♉ • ♆27°29'♓ • ♇R 0°07'♒ • ☊R 3°34'♉ • ⚸18°55'♌ • ⚳23°41'♑

Tag der Umwelt

4 SONNTAG
○ 5:42

0:00 ☽ ↕ ♐
5:42 ☉ ☍ ☽
15:12 ☽ △ ⚷
15:27 ☽ △ ⚸
21:49 ☿ ☌ ♅

☉13°33'♊ • ☽17°03'♐ • ☿19°53'♉ • ♀28°54'♋ • ♂8°31'♌ • ♃4°07'♉ • ♄7°04'♓
⚷18°58'♈ • ♅20°23'♉ • ♆27°30'♓ • ♇R 0°07'♒ • ☊R 3°29'♉ • ⚸19°05'♌ • ⚳23°47'♑

Sympathie und Zuneigung können sich schnell in ihr Gegenteil verkehren. Nach ihrem Wechsel in **Löwe** bildet **Venus** eine **Opposition** zu **Wassermann-Pluto** (5.6.). Damit aus Freunden keine Feinde werden, sollten wir unser Misstrauen zügeln und unser Herz öffnen.

Es ist nicht nur eine Frage der Vernunft, inwieweit wir in der richtigen Währung rechnen. Wichtig ist auch, dass unsere Geschäfte unseren Werten entsprechen. **Pluto** wechselt **rückläufig** in **Steinbock** zurück und **Merkur** wechselt von **Stier** in **Zwillinge** im **Trigon** dazu (11.6.). Solange Geld die Welt regiert, diktiert es unser Leben. Doch was dürfen und können wir uns noch leisten? Die Antwort darauf darf mit **Löwe-Venus** im **Quadrat** zu **Stier-Jupiter** (11.6.) gerne außergewöhnlich und besonders ausfallen.

5
MONTAG

0:00 ☽ ↕ ♐
5:24 ☽ □ ♆ v/c
9:31 ☽ → ♑
15:05 ☽ △ ☊
15:46 ♀ → ♌
16:44 ☽ △ ♃
18:05 ♀ ☍ ♇
21:11 ☽ ⚹ ♄

☉14°31‘♊ • ☽1°30‘♑ • ☿21°11‘♉ • ♀29°51‘♋ • ♂9°06‘♌ • ♃4°20‘♉ • ♄7°05‘♓
⚷19°00‘♈ • ♅20°27‘♉ • ♆27°31‘♓ • ♇R0°06‘♒ • ☊R3°24‘♉ • ⚸19°16‘♌ • ⚳23°55‘♑

6
DIENSTAG

0:00 ☽ ↕ ♑
16:46 ☽ □ ⚷
19:10 ☽ △ ♅
23:34 ☽ △ ☿

☉15°28‘♊ • ☽16°08‘♑ • ☿22°32‘♉ • ♀0°48‘♌ • ♂9°41‘♌ • ♃4°33‘♉ • ♄7°06‘♓
⚷19°02‘♈ • ♅20°30‘♉ • ♆27°32‘♓ • ♇R0°05‘♒ • ☊R3°17‘♉ • ⚸19°26‘♌ • ⚳24°04‘♑

7
MITTWOCH

0:00 ☽ ↕ ♑
1:07 ☽ ☌ ⚳
6:39 ☽ ⚹ ♆ v/c
10:41 ☽ → ♒
10:48 ☽ ☌ ♇
13:38 ☽ ☍ ♀
15:53 ☽ □ ☊
17:38 ☿ △ ⚳
18:34 ☽ □ ♃

☉16°25‘♊ • ☽0°48‘♒ • ☿23°56‘♉ • ♀1°44‘♌ • ♂10°16‘♌ • ♃4°45‘♉ • ♄7°07‘♓
⚷19°04‘♈ • ♅20°33‘♉ • ♆27°32‘♓ • ♇R0°04‘♒ • ☊R3°11‘♉ • ⚸19°37‘♌ • ⚳24°13‘♑

ABNEHMENDER HALBMOND IN FISCHE

(10.6.) im Quadrat zur Zwillinge-Sonne:

Ein wacher Geist versinkt nicht gerne in Träumen.

Fronleichnam

8 DONNERSTAG

0:00 ☾ ↕ ♒
4:11 ☾ ☍ ♂
15:29 ☉ △ ☾
18:08 ☾ ⚹ ⚷
19:19 ☾ ☍ ⚸
20:37 ☾ □ ♅
22:37 ♀ □ ☊

☉17°23‘♊ • ☾15°25‘♒ • ☿25°22‘♉ • ♀2°40‘♌ • ♂10°51‘♌ • ♃4°58‘♉ • ♄7°08‘♓
⚷19°07‘♈ • ♅20°36‘♉ • ♆27°33‘♓ • ♇R 0°03‘♒ ☊R 3°06‘♉ • ⚸19°47‘♌ • ⚳24°24‘♑

9 FREITAG

0:00 ☾ ↕ ♒
6:24 ☾ □ ☿ v/c
12:14 ☾ → ♓
17:20 ☾ ⚹ ☊
21:02 ☾ ⚹ ♃
23:14 ☿ ⚹ ♆

☉18°20‘♊ • ☾29°52‘♒ • ☿26°51‘♉ • ♀3°36‘♌ • ♂11°26‘♌ • ♃5°10‘♉ • ♄7°09‘♓
⚷19°09‘♈ • ♅20°39‘♉ • ♆27°34‘♓ • ♇R 0°02‘♒ • ☊R 3°03‘♉ • ⚸19°57‘♌ • ⚳24°35‘♑

10 SAMSTAG

◑ 21:31

0:00 ☾ ↕ ♓
0:15 ☾ ☌ ♄
9:07 ☉ ⚹ ⚷
21:31 ☉ □ ☾
23:20 ☾ ⚹ ♅

☉19°18‘♊ • ☾14°06‘♓ • ☿28°23‘♉ • ♀4°30‘♌ • ♂12°01‘♌ • ♃5°22‘♉ • ♄7°10‘♓
⚷19°11‘♈ • ♅20°43‘♉ • ♆27°34‘♓ • ♇R 0°01‘♒ • ☊R 3°02‘♉ • ⚸20°07‘♌ • ⚳24°48‘♑

11 SONNTAG

0:00 ☾ ↕ ♓
6:38 ☾ ⚹ ⚳
11:09 ☾ ☌ ♆
11:44 ♇ → ♑
12:26 ☿ △ ♇
12:26 ☿ → ♊
13:11 ☉ ⚹ ⚸
15:20 ☾ ⚹ ♇ v/c
15:20 ☾ → ♈
15:43 ☾ ⚹ ☿
17:39 ♀ □ ♃

☉20°15‘♊ • ☾28°05‘♓ • ☿29°58‘♉ • ♀5°25‘♌ • ♂12°37‘♌ • ♃5°35‘♉ • ♄7°11‘♓
⚷19°13‘♈ • ♅20°46‘♉ • ♆27°35‘♓ • ♇r30°00‘♑ • ☊3°02‘♉ • ⚸20°17‘♌ • ⚳25°01‘♑

Es gibt Tatsachen, an denen führen nur krumme Wege vorbei. Mit **Zwillinge-Merkur** im **Quadrat** zu **Fische-Saturn** (15.6.) wäre es keine kluge Idee, uns mit trickreichen Finten aus der Verantwortung zu stehlen. **Saturn** wird **rückläufig** (ab 17.6.): Wir stoßen an Grenzen, die nicht zu leugnen sind. Wort zu halten und andere beim Wort zu nehmen, könnte sich als cleverer Schachzug erweisen.

Die Freiheiten, die wir uns nehmen, haben ihren Preis. **Stier-Uranus** bildet ein **Quadrat** zum **Lilith-Pol** in Löwe (15.6.). Unsere Autonomieansprüche sind nicht verhandelbar. Der Grat zwischen befreiender Distanz und vorzeitigen Kontaktabbrüchen ist schmal. Nun zeigt sich, welche Provokationen wir uns leisten können und welche nicht.

12
MONTAG

0:00 ☾ ↕ ♈
1:40 ☾ △ ♀
14:35 ☾ △ ♂

☉21°12'♊ • ☾11°48'♈ • ☿1°36'♊ • ♀6°19'♌ • ♂13°12'♌ • ♃5°47'♉ • ♄7°11'♓
⚷19°15'♈ • ⛢20°49'♉ • ♆27°36'♓ • ♇r 29°59'♑ • ☊3°03'♉ • ⚸20°27'♌ • ⚳25°15'♑

13
DIENSTAG

0:00 ☾ ↕ ♈
1:15 ☾ ☌ ⚷
3:33 ☾ △ ⚸
5:59 ☉ ⚹ ☾
12:25 ☾ □ ⚳
20:27 ☾ □ ♇ v/c
20:31 ☾ → ♉

☉22°10'♊ • ☾25°16'♈ • ☿3°16'♊ • ♀7°12'♌ • ♂13°47'♌ • ♃5°59'♉ • ♄7°12'♓
⚷19°17'♈ • ⛢20°52'♉♆27°36'♓ • ♇r 29°58'♑ • ☊3°04'♉ • ⚸20°37'♌ • ⚳25°30'♑

14
MITTWOCH

0:00 ☾ ↕ ♉
2:04 ☾ ☌ ☊
7:40 ☾ ☌ ♃
9:36 ☾ ⚹ ♄
11:08 ☾ □ ♀
23:15 ☾ □ ♂

☉23°07'♊ • ☾8°31'♉ • ☿4°59'♊ • ♀8°04'♌ • ♂14°23'♌ • ♃6°11'♉ • ♄7°12'♓
⚷19°19'♈ • ⛢20°55'♉ • ♆27°37'♓ • ♇r 29°57'♑ • ☊R 3°04'♉ • ⚸20°47'♌ • ⚳25°46'♑

♊

NEUMOND IN ZWILLINGE

(18.6.)

Was uns zu denken gibt, geht manchmal über unseren Verstand.

15 DONNERSTAG

0:00 ☽ ↕ ♉
10:51 ☽ □ ⚸
10:55 ☽ ☌ ⛢
17:37 ⛢ □ ⚸
18:09 ☿ □ ♄
20:32 ☽ △ ⚳
23:19 ☽ ⚹ ♆

☉24°04'♊ • ☽21°33'♉ • ☿6°45'♊ • ♀8°56'♌ • ♂14°58'♌ • ♃6°23'♉ • ♄7°12'♓
⚷19°21'♈ • ⛢20°58'♉ • ♆27°37'♓ • ♇r 29°56'♑ • ☊R 3°02'♉ • ⚸20°56'♌ • ⚳26°02'♑

16 FREITAG

0:00 ☽ ↕ ♉
3:36 ☽ △ ♇ v/c
3:45 ☽ → ♊
17:20 ☽ □ ♄
21:12 ☽ ☌ ☿
22:57 ☽ ⚹ ♀

☉25°02'♊ • ☽4°23'♊ • ☿8°33'♊ • ♀9°48'♌ • ♂15°34'♌ • ♃6°35'♉ • ♄7°13'♓
⚷19°23'♈ • ⛢21°01'♉ • ♆27°38'♓ • ♇r 29°55'♑ • ☊R 2°58'♉ • ⚸21°06'♌ • ⚳26°19'♑

17 SAMSTAG

0:00 ☽ ↕ ♊
10:14 ☽ ⚹ ♂
16:33 ☽ ⚹ ⚷
17:29 ☿ ⚹ ♀
19:29 ♄SR
20:11 ☽ ⚹ ⚸

☉25°59'♊ • ☽17°02'♊ • ☿10°24'♊ • ♀10°38'♌ • ♂16°09'♌ • ♃6°46'♉ • ♄7°13'♓
⚷19°25'♈ • ⛢21°04'♉ • ♆27°38'♓ • ♇R 29°54'♑ • ☊R 2°52'♉ • ⚸21°15'♌ • ⚳26°37'♑

18 SONNTAG

● 6:37

0:00 ☽ ↕ ♊
6:37 ☉ ☌ ☽
8:24 ☽ □ ♆ v/c
12:57 ☽ → ♋
18:11 ☽ ⚹ ☊

☉26°56'♊ • ☽29°30'♊ • ☿12°18'♊ • ♀11°28'♌ • ♂16°45'♌ • ♃6°58'♉ • ♄R 7°13'♓
⚷19°26'♈ • ⛢21°07'♉ • ♆27°39'♓ • ♇R 29°52'♑ • ☊R 2°44'♉ • ⚸21°25'♌ • ⚳26°55'♑

Greifbare Fortschritte

Stier-Jupiter Sextil Fische-Saturn

am 19. Juni 2023 auf 7°12′ Stier/Fische

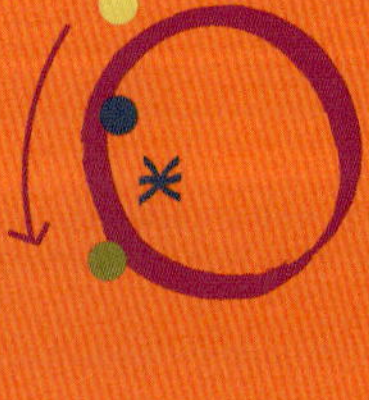

Mit der Jupiter-Saturn-Konjunktion am 21. Dez. 2020 auf 0° Wassermann wurde der Übergang in die sog. Luftzeichenepoche eingeläutet. Der damit einhergehende Paradigmen- und Thronwechsel gewinnt 2023 an Fahrt und nimmt konkrete Ausdrucksformen an. Diese sind geprägt durch wachstumsorientierte Reviererweiterungen und eine Aufweichung starrer Regeln und Prinzipien. So werden expansive Grenzverschiebungen möglich, die nur schwer zu sanktionieren sind. Die Versuchung ist groß, sich eigene Pfründe und Erträge zu sichern, ohne sich dabei an Regeln und Vereinbarungen zu halten. Was ist zu tun, wenn die jeweils Stärkeren sich einfach nehmen, was sie zu brauchen meinen? Vernetzung und Kooperation von Gleichgesinnten könnte ein wichtiges Korrektiv darstellen, um der Lust am Hamstern einen Riegel vorzuschieben. Die gemeinsame Nutzung von Besitzständen wäre eine andere, vielversprechende Zukunftsperspektive. Wer hat, der hat, ist kein zeitgemäßes Motto mehr. Was viele gemeinsam haben und nutzen, gewinnt dagegen immer mehr an Wert.

Was sind die moralischen Leitsätze, nach denen wir unser Handeln bemessen? Nach Immanuel Kants kategorischem Imperativ sollten wir uns daran orientieren, was gesellschaftlich wünschenswert ist. Mit **Stier-Jupiter** im **Sextil** zu **Fische-Saturn** (19.6.) könnte dies von Vorteil für uns sein, sofern unser Nutzen nicht auf Kosten anderer geht.
(LESETIPP S. 54 und S. 150)

Die Sehnsucht, die uns antreibt, verlangt uns Opfer ab. **Zwillinge-Sonne** bildet ein **Quadrat** zu **Fische-Neptun** (19.6.). Was logisch und rational erscheint, ist womöglich trügerisch, und Dinge, die über unseren Verstand gehen, können dennoch den Tatsachen entsprechen.

Mit **Zwillinge-Merkur** im **Sextil** zu **Löwe-Mars** (21.6.), **Löwe-Lilith** (23.6.) und **Widder-Chiron** (22.6.) gibt es viel zu bereden. Um zu erkennen, was davon wichtig ist, sollten wir wissen, worauf es ankommt.

19
MONTAG

Welthumanistentag

0:00 ☾ ↕ ♋
2:45 ☾ ⚹ ♃
3:00 ☾ △ ♄
5:54 ☉ □ ♆
17:53 ♃ ⚹ ♄

☉27°54'♊ • ☾11°48'♋ • ☿14°14'♊ • ♀12°18'♌ • ♂17°20'♌ • ♃7°10'♉ • ♄R 7°13'♓
⚷19°28'♈ • ♅21°10'♉ • ♆27°39'♓ • ♇R 29°51'♑ • ☊R 2°34'♉ • ⚸21°34'♌ • ⚳27°14'♑

20
DIENSTAG

0:00 ☾ ↕ ♋
3:09 ☾ □ ⚷
6:33 ☾ ⚹ ♅
19:11 ♆ ⚹ ⚳
19:24 ☾ △ ♆
19:24 ☾ ☍ ⚳
23:43 ☾ ☍ ♇ v/c

☉28°51'♊ • ☾23°57'♋ • ☿16°12'♊ • ♀13°06'♌ • ♂17°56'♌ • ♃7°21'♉ • ♄R 7°12'♓
⚷19°30'♈ • ♅21°13'♉ • ♆27°39'♓ • ♇R 29°50'♑ • ☊R 2°24'♉ • ⚸21°43'♌ • ⚳27°34'♑

21
MITTWOCH

Sommeranfang

0:00 ☾ ↕ ♋
0:04 ☾ → ♌
4:38 ☾ □ ☊
15:14 ☾ □ ♃
16:58 ☉ → ♋
17:23 ☿ ⚹ ♂

☉29°48'♊ • ☾5°57'♌ • ☿18°12'♊ • ♀13°54'♌ • ♂18°32'♌ • ♃7°33'♉ • ♄R 7°12'♓
⚷19°31'♈ • ♅21°16'♉ • ♆27°40'♓ • ♇R 29°49'♑ • ☊R 2°14'♉ • ⚸21°52'♌ • ⚳27°54'♑

Befindet sich der volle Mond in besonderer Erdnähe (Perigäum), ist von einem Supermond die Rede. Der Mond erscheint knapp 7 % größer und reflektiert 30 % mehr Sonnenlicht. Dies ist am 1. und 31. August 2023 der Fall.

22 DONNERSTAG

20:00 ☾ ↕ ♌
3:42 ☿ ⚹ ⚷
5:08 ☾ ☌ ♀
14:41 ☾ ☌ ♂
15:25 ☾ △ ⚷
17:51 ☾ ⚹ ☿
19:01 ☾ □ ♅ v/c
20:30 ☾ ☌ ⚸

☉0°45'♋ • ☾17°52'♌ • ☿20°15'♊ • ♀14°41'♌ • ♂19°07'♌ • ♃7°44'♉ • ♄R 7°12'♓
⚷19°33'♈ • ♅21°19'♉ • ♆27°40'♓ • ♇R 29°48'♑ • ☊R 2°05'♉ • ⚸22°01'♌ • ⯓28°14'♑

23 FREITAG

0:00 ☾ ↕ ♌
5:52 ♂ △ ⚷
9:58 ☿ ⚹ ⚸
12:35 ☾ → ♍
16:24 ☉ ⚹ ☾
16:32 ☾ △ ☊
17:55 ☉ ⚹ ☊

☉1°43'♋ • ☾29°43'♌ • ☿22°19'♊ • ♀15°27'♌ • ♂19°43'♌ • ♃7°55'♉ • ♄R 7°11'♓
⚷19°34'♈ • ♅21°22'♉ • ♆27°40'♓ • ♇R 29°47'♑ • ☊R 1°58'♉ • ⚸22°10'♌ • ⯓28°35'♑

24 SAMSTAG

Johannistag

0:00 ☾ ↕ ♍
3:07 ☾ ☍ ♄
4:53 ☾ △ ♃

☉2°40'♋ • ☾11°34'♍ • ☿24°26'♊ • ♀16°13'♌ • ♂20°19'♌ • ♃8°06'♉ • ♄R 7°10'♓
⚷19°36'♈ • ♅21°24'♉ • ♆27°41'♓ • ♇R 29°45'♑ • ☊R 1°54'♉ • ⚸22°18'♌ • ⯓28°57'♑

25 SONNTAG

0:00 ☾ ↕ ♍
7:53 ☾ △ ♅
19:25 ☾ □ ☿
20:20 ☾ ☍ ♆
23:56 ☾ △ ⯓

☉3°37'♋ • ☾23°30'♍ • ☿26°33'♊ • ♀16°57'♌ • ♂20°55'♌ • ♃8°17'♉ • ♄R 7°10'♓
⚷19°37'♈ • ♅21°27'♉ • ♆27°41'♓ • ♇R 29°44'♑ • ☊R 1°51'♉ • ⚸22°27'♌ • ⯓29°18'♑

Was unseren Geist verwirrt, verleiht unserer Seele Flügel. Mit **Zwillinge-Merkur** im **Quadrat** zur **Fische-Neptun** (26.6.) bekommen wir eine Ahnung von Dingen, die schwer zu erklären sind. Es wäre leichtsinnig, uns davon hinters Licht führen zu lassen.

Von Machtgelüsten überwältigt zu werden, kann Krisen heraufbeschwören, denen wir nicht gewachsen sind. **Steinbock-Pluto** befindet sich am **Priapus-Pol** (26.6.). Je mehr wir unter Zwang stehen, desto größer ist der Druck, einen Durchbruch zu erzielen. **Löwe-Mars** und **Löwe-Venus** bilden **Quadrate** zu **Stier-Uranus** (26.6./2.7.) und bewegen sich am **Lilith-Pol** (28.6./6.7.). Es ist unser Wunsch nach Selbstbestimmung, der uns unverfügbar macht und Befreiungsschläge ermöglicht.

Nichts ist, wie es scheint. **Fische-Neptun** wird **rückläufig** (30.6.). Wo uns das Leben wie ein Traum vorkommt, ist Aufwachen angesagt.

26
MONTAG
◐ 9:50

0:00 ☽ ↕ ♍
0:24 ☽ △ ♇ v/c
0:36 ☿ □ ♆
0:57 ☽ → ♎
9:50 ☉ □ ☽
11:23 ♂ □ ♅
14:05 ♇ ☌ ⯕

☉ 4°34‘ ♋ • ☽ 5°35‘ ♎ • ☿ 28°42‘ ♊ • ♀ 17°40‘ ♌ • ♂ 21°31‘ ♌ • ♃ 8°28‘ ♉ • ♄R 7°09‘ ♓
⚷ 19°39‘ ♈ • ♅ 21°30‘ ♉ • ♆ 27°41‘ ♓ • ♇R 29°43‘ ♑ • ☊ 1°51‘ ♉ • ⚸ 22°35‘ ♌ • ⯕ 29°41‘ ♑

27
DIENSTAG

0:00 ☽ ↕ ♎
2:24 ☿ → ♋
8:20 ⯕ → ♒
12:56 ☽ ⚹ ♀
15:22 ☽ ☍ ⚷
20:25 ☽ ⚹ ♂
21:16 ☽ ⚹ ⚸
22:56 ☿ ⚹ ☊

☉ 5°32‘ ♋ • ☽ 17°55‘ ♎ • ☿ 0°52‘ ♋ • ♀ 18°23‘ ♌ • ♂ 22°07‘ ♌ • ♃ 8°39‘ ♉ • ♄R 7°08‘ ♓
⚷ 19°40‘ ♈ • ♅ 21°33‘ ♉ • ♆ 27°41‘ ♓ • ♇R 29°42‘ ♑ • ☊ 1°51‘ ♉ • ⚸ 22°43‘ ♌ • ⯕ 0°03‘ ♒

28
MITTWOCH

0:00 ☽ ↕ ♎
10:19 ☽ □ ♇ v/c
10:55 ☽ → ♏
11:45 ☽ □ ⯕
14:24 ☽ ☍ ☊
17:32 ☽ △ ☿
19:03 ♂ ☌ ⚸
23:49 ☉ △ ☽

☉ 6°29‘ ♋ • ☽ 0°35‘ ♏ • ☿ 3°03‘ ♋ • ♀ 19°04‘ ♌ • ♂ 22°43‘ ♌ • ♃ 8°50‘ ♉ • ♄R 7°07‘ ♓
⚷ 19°41‘ ♈ • ♅ 21°35‘ ♉ • ♆ 27°41‘ ♓ • ♇R 29°40‘ ♑ • ☊ 1°52‘ ♉ • ⚸ 22°51‘ ♌ • ⯕ 0°27‘ ♒

ZUNEHMENDER HALBMOND IN WAAGE

(26.6.) im Quadrat zur Krebs-Sonne:

Es werden Erinnerungen wach, die uns innerlich aus dem Gleichgewicht bringen können. Sie wegzulächeln, ist keine Option.

29 DONNERSTAG

0:00 ☾ ↕ ♏
0:06 ☾ △ ♄
3:28 ☾ ☍ ♃
3:42 ☉ △ ♄
10:41 ♀ △ ⚷
23:32 ☾ □ ♀

☉7°26'♋ • ☾13°38'♏ • ☿5°14'♋ • ♀19°45'♌ • ♂23°19'♌ • ♃9°00'♉ • ♄R 7°06'♓
⚷19°43'♈ • ♅21°38'♉ • ♆27°41'♓ • ♇R 29°39'♑ • ☊R 1°51'♉ • ⚸22°59'♌ • ⚳0°50'♒

30 FREITAG

0:00 ☾ ↕ ♏
2:22 ☾ ☍ ♅
4:52 ☾ □ ⚸
6:05 ☾ □ ♂
8:23 ☿ △ ♄
12:58 ☾ △ ♆
16:20 ☾ ⚹ ♇ v/c
16:59 ☾ → ♐
19:20 ☾ ⚹ ⚳ 23:09 ♆ SR

☉8°23'♋ • ☾27°08'♏ • ☿7°25'♋ • ♀20°24'♌ • ♂23°55'♌ • ♃9°11'♉ • ♄R 7°05'♓
⚷19°44'♈ • ♅21°41'♉ • ♆27°41'♓ • ♇R 29°38'♑ • ☊R 1°49'♉ • ⚸23°06'♌ • ⚳1°14'♒

JULI

1 SAMSTAG

0:00 ☾ ↕ ♐
5:08 ☾ □ ♄
7:06 ☉ ☌ ☿
9:10 ☿ ⚹ ♃
12:26 ☉ ⚹ ♃
16:35 ☊ □ ⚳

☉9°20'♋ • ☾11°06'♐ • ☿9°35'♋ • ♀21°02'♌ • ♂24°31'♌ • ♃9°21'♉ • ♄R 7°03'♓
⚷19°45'♈ • ♅21°43'♉ • ♆R 27°41'♓ • ♇R 29°36'♑ • ☊R 1°44'♉ • ⚸23°14'♌ • ⚳1°38'♒

2 SONNTAG

0:00 ☾ ↕ ♐
2:30 ☾ △ ⚷
5:21 ☾ △ ♀
8:25 ☾ △ ⚸
11:19 ☾ △ ♂
15:33 ☾ □ ♆ v/c
16:33 ♀ □ ♅
19:20 ☾ → ♑
21:52 ☾ △ ☊

☉10°18'♋ • ☾25°31'♐ • ☿11°46'♋ • ♀21°39'♌ • ♂25°07'♌ • ♃9°32'♉ • ♄R 7°02'♓
⚷19°46'♈ • ♅21°46'♉ • ♆R 27°41'♓ • ♇R 29°35'♑ • ☊R 1°37'♉ • ⚸23°21'♌ • ⚳2°02'♒

Tägliche Ephemeride 12:00 mittags

Was unser Bauchgefühl uns sagt, rührt an wunde Punkte. **Krebs-Merkur** bildet ein **Quadrat** zu **Widder-Chiron** (6.7.) und ein **Sextil** zu **Stier-Uranus** (7.7.). Intuitiv spüren wir genau, was anzusprechen wäre. Doch ob es tröstlich ist, bleibt ein Risiko. Es könnten Dinge ans Licht kommen, die uns und andere verletzen.

Dass es in der Liebe knistert, war schon länger zu spüren. Nach **Mars** (28.6.) erreicht auch **Löwe-Venus** den **Lilith-Pol** (6.7.). Was unsere Beziehungen belebt, kann sie auch sprengen. Doch unsere Abenteuer- und Eroberungslust ist schwer zu zügeln. Wir haben alle unseren Stolz – manchmal auch zu viel davon. Damit er uns nicht im Wege steht, muss unser Herz am richtigen Fleck und anderen willkommen sein.

3

MONTAG

○ 13:39

0:00 ☾ ↕ ♑
6:43 ☾ ⚹ ♄
11:02 ☾ △ ♃
13:39 ☉ ☍ ☾
18:50 ☾ ☍ ☿

☉ 11°15' ♋ • ☾ 10°17' ♑ • ☿ 13°56' ♋ • ♀ 22°15' ♌ • ♂ 25°43' ♌ • ♃ 9°42' ♉ • ♄R 7°01' ♓
⚷ 19°47' ♈ • ♅ 21°48' ♉ • ♆R 27°41' ♓ • ♇R 29°34' ♑ • ☊R 1°28' ♉ • ⚸ 23°29' ♌ • ⚳ 2°27' ♒

4

DIENSTAG

0:00 ☾ ↕ ♑
3:14 ☾ □ ⚷
6:30 ☾ △ ♅
15:49 ☾ ⚹ ♆
18:45 ☾ ☌ ♇ v/c
19:30 ☾ → ♒
21:27 ☾ □ ☊

☉ 12°12' ♋ • ☾ 25°18' ♑ • ☿ 16°05' ♋ • ♀ 22°50' ♌ • ♂ 26°19' ♌ • ♃ 9°52' ♉ • ♄R 6°59' ♓
⚷ 19°48' ♈ • ♅ 21°51' ♉ • ♆R 27°41' ♓ • ♇R 29°32' ♑ • ☊R 1°18' ♉ • ⚸ 23°36' ♌ • ⚳ 2°52' ♒

5

MITTWOCH

0:00 ☾ ↕ ♒
0:25 ☾ ☌ ⚳
11:28 ☾ □ ♃

☉ 13°09' ♋ • ☾ 10°22' ♒ • ☿ 18°12' ♋ • ♀ 23°23' ♌ • ♂ 26°56' ♌ • ♃ 10°02' ♉ • ♄R 6°57' ♓
⚷ 19°49' ♈ • ♅ 21°53' ♉ • ♆R 27°41' ♓ • ♇R 29°31' ♑ • ☊R 1°08' ♉ • ⚸ 23°42' ♌ • ⚳ 3°18' ♒

♑

VOLLMOND IN STEINBOCK

(3.7.) in Opposition zu Krebs-Merkur:
Die familiäre Last kann auch eine Stütze sein. Darüber zu reden, hilft.

6 DONNERSTAG

0:00 ☾ ↕ ♒
3:08 ☾ ⚹ ⚷
6:26 ♀ ☌ ⚸
6:28 ☿ □ ⚷
6:30 ☾ □ ♅
9:32 ☾ ☍ ⚸
9:37 ☾ ☍ ♀
15:42 ☾ ☍ ♂ v/c
19:32 ☾ → ♓
21:05 ☾ ⚹ ☊

☉14°06'♋ • ☾25°20'♒ • ☿20°19'♋ • ♀23°55'♌ • ♂27°32'♌ • ♃10°12'♉ • ♄R 6°56'♓
⚷19°50'♈ • ♅21°56'♉ • ♆R 27°41'♓ • ♇R 29°30'♑ • ☊R 1°00'♉ • ⚸23°49'♌ • ⚳3°43'♒

7 FREITAG

0:00 ☾ ↕ ♓
6:47 ☾ ☌ ♄
6:54 ☿ ⚹ ♅
12:28 ☾ ⚹ ♃
20:48 ☉ △ ☾

☉15°04'♋ • ☾10°05'♓ • ☿22°24'♋ • ♀24°25'♌ • ♂28°08'♌ • ♃10°22'♉ • ♄R 6°54'♓
⚷19°51'♈ • ♅21°58'♉ • ♆R 27°41'♓ • ♇R 29°28'♑ • ☊R 0°53'♉ • ⚸23°56'♌ • ⚳4°09'♒

8 SAMSTAG

0:00 ☾ ↕ ♓
7:48 ☾ ⚹ ♅
11:55 ☾ △ ☿
17:21 ☾ ☌ ♆
20:22 ☾ ⚹ ♇ v/c
21:19 ☾ → ♈

☉16°01'♋ • ☾24°30'♓ • ☿24°28'♋ • ♀24°54'♌ • ♂28°45'♌ • ♃10°31'♉ • ♄R 6°52'♓
⚷19°52'♈ • ♅22°01'♉ • ♆R 27°40'♓ • ♇R 29°27'♑ • ☊R 0°50'♉ • ⚸24°02'♌ • ⚳4°36'♒

9 SONNTAG

0:00 ☾ ↕ ♈
5:44 ☾ ⚹ ⚳

☉16°58'♋ • ☾8°33'♈ • ☿26°30'♋ • ♀25°22'♌ • ♂29°21'♌ • ♃10°41'♉ • ♄R 6°50'♓
⚷19°53'♈ • ♅22°03'♉ • ♆R 27°40'♓ • ♇R 29°26'♑ • ☊R 0°48'♉ • ⚸24°08'♌ • ⚳5°02'♒

Der Teufel steckt nicht immer im Detail. Nach dem **Wechsel** von **Mars** in **Jungfrau** (10.7.) versteckt er sich gerne auch anderswo. Ihn aufzuspüren, könnte mit **Krebs-Sonne** im **Quadrat** zu **Widder-Chiron** (12.7.) zu schmerzhaften Einsichten führen.

Irgendetwas stimmt nicht. Um herauszufinden, was es ist, sind mit **Krebs-Merkur** in **Opposition** zu **Steinbock-Pluto** (10.7.) unser Instinkt und unser Scharfsinn gefragt. Gefühle trügen selten, es sei denn, der Kopf funkt ihnen dazwischen.

Zuhören ist nicht immer einfach. Richtig schwierig wird es, wenn wir am liebsten nur uns selbst reden hören. **Merkur wechselt** in **Löwe** (11.7.) und bildet eine **Opposition** zum **Priapus-Pol** (15.7.). Welche geistigen Ergüsse wichtig sind, hängt nicht nur von der Aufmerksamkeit ab, die wir damit erregen. Kluge Worte haben beides, Herz und Verstand.

10
MONTAG
◑ 3:48

0:00 ☽ ↕ ♈
1:57 ☿ △ ♆
3:48 ☉ □ ☽
7:51 ☽ ☌ ⚷
13:40 ♂ → ♍
15:35 ☽ △ ⚸
18:34 ☽ △ ♀
22:48 ☿ ☍ ⯓

☉17°55'♋ • ☽22°14'♈ • ☿28°30'♋ • ♀25°48'♌ • ♂29°57'♌ • ♃10°50'♉ • ♄R 6°48'♓
⚷19°53'♈ • ⛢22°05'♉ • ♆R 27°40'♓ • ⯓R 29°24'♑ • ☊0°48'♉ • ⚸24°14'♌ • ⚳5°29'♒

11
DIENSTAG

0:00 ☽ ↕ ♈
0:49 ☽ □ ⯓
1:11 ☽ □ ☿ v/c
1:55 ☽ → ♉
2:31 ☽ △ ♂
3:22 ☽ ☌ ☊
6:11 ☿ → ♌
12:42 ☽ □ ⚳
14:11 ☽ ⚹ ♄
16:00 ☿ □ ☊
21:14 ♂ △ ☊
22:04 ☽ ☌ ♃

☉18°52'♋ • ☽5°33'♉ • ☿0°29'♌ • ♀26°12'♌ • ♂0°34'♍ • ♃10°59'♉ • ♄R 6°46'♓
⚷19°54'♈ • ⛢22°07'♉ • ♆R 27°39'♓ • ⯓R 29°23'♑ • ☊R 0°48'♉ • ⚸24°19'♌ • ⚳5°56'♒

12
MITTWOCH

0:00 ☽ ↕ ♉
14:06 ☉ □ ⚷
14:30 ☉ ⚹ ☽
18:42 ☽ ☌ ⛢
22:58 ☽ □ ⚸

☉19°50'♋ • ☽18°35'♉ • ☿2°25'♌ • ♀26°35'♌ • ♂1°10'♍ • ♃11°09'♉ • ♄R 6°43'♓
⚷19°55'♈ • ⛢22°10'♉ • ♆R 27°39'♓ • ⯓R 29°21'♑ • ☊R 0°47'♉ • ⚸24°24'♌ • ⚳6°23'♒

ABNEHMENDER HALBMOND IN WIDDER

(10.7.) im Quadrat zur Krebs-Sonne:

Dampf abzulassen, ohne damit andere oder uns selbst zu verletzen, erfordert Sensibilität, die uns meist genau dann fehlt.

13 DONNERSTAG

0:00 ☾ ↕ ♉
3:24 ☾ □ ♀
4:59 ☾ ⚹ ♆
8:11 ☾ △ ♇ v/c
9:26 ☾ → ♊
12:51 ☾ □ ♂
18:40 ☾ ⚹ ☿
22:06 ☾ □ ♄
22:49 ☾ △ ⚴

☉20°47'♋ • ☾1°21'♊ • ☿4°20'♌ • ♀26°56'♌ • ♂1°47'♍ • ♃11°18'♉ • ♄R 6°41'♓
⚷19°55'♈ • ♅22°12'♉ • ♆R 27°39'♓ • ♇R 29°20'♑ • ☊R 0°44'♉ • ⚳24°30'♌ • ⚴6°50'♒

14 FREITAG

0:00 ☾ ↕ ♊
23:37 ☾ ⚹ ⚷

☉21°44'♋ • ☾13°55'♊ • ☿6°13'♌ • ♀27°15'♌ • ♂2°24'♍ • ♃11°27'♉ • ♄R 6°38'♓
⚷19°56'♈ • ♅22°14'♉ • ♆R 27°38'♓ • ♇R 29°19'♑ • ☊R 0°38'♉ • ⚳24°34'♌ • ⚴7°18'♒

15 SAMSTAG

0:00 ☾ ↕ ♊
1:02 ☉ ⚹ ♅
6:36 ☿ ☍ ⚴
8:45 ☾ ⚹ ⚳
14:27 ☾ ⚹ ♀
14:35 ☾ □ ♆ v/c
19:13 ☾ → ♋
20:05 ☾ ⚹ ☊

☉22°41'♋ • ☾26°18'♊ • ☿8°04'♌ • ♀27°32'♌ • ♂3°00'♍ • ♃11°35'♉ • ♄R 6°36'♓
⚷19°56'♈ • ♅22°16'♉ • ♆R 27°38'♓ • ♇R 29°17'♑ • ☊R 0°30'♉ • ⚳24°39'♌ • ⚴7°46'♒

16 SONNTAG

0:00 ☾ ↕ ♋
1:48 ☾ ⚹ ♂
8:06 ☾ △ ♄
18:22 ☾ ⚹ ♃

☉23°39'♋ • ☾8°33'♋ • ☿9°54'♌ • ♀27°47'♌ • ♂3°37'♍ • ♃11°44'♉ • ♄R 6°33'♓
⚷19°56'♈ • ♅22°18'♉ • ♆R 27°37'♓ • ♇R 29°16'♑ • ☊R 0°19'♉ • ⚳24°43'♌ • ⚴8°14'♒

Bühne frei

Venus ist rückläufig

vom 23. Juli bis 4. September von 28°36′ bis 12°12′ Löwe
Wie schon vor 8, 16, 24, 32, 40 Jahren

Zur selben Zeit, am selben Ort

Alle 8 Jahre dasselbe Theater: der Sommer der Liebe. Mit dem Herz am richtigen Fleck kann sich einmal mehr unsere (Rück-) Eroberungslust frei verwirklichen. Mag unser Werben auch leicht narzisstisch angehaucht und in Retro-Charme getaucht sein, was wir zu bieten haben, sollte sich sehen lassen können. Unsere Beziehungen spielen sich vor großer Kulisse ab und es mangelt gewiss nicht an Stoff für ergreifende Dramen und am Gespür für pompöse Inszenierungen. The show must go on. Womöglich mit altem und vertrautem Personal. Leichtsinnig, wie wir sind, werfen wir uns der Vergangenheit in die Arme und lassen nichts unversucht, ihr neues Leben einzuhauchen.

Wem oder was auch immer wir huldigen, es dürfte uns bekannt vorkommen und vertraut erscheinen. In Beziehungen, ob neu oder alt, dominiert das, was war und wieder so sein soll. Die guten alten Zeiten, sie leben hoch. Das könnte lustig, aber auch lästig werden. Wenn der Herbst einsetzt, ist die Party dann vorbei, und das Vergangene hoffentlich auch.

Große Klappe, viel dahinter, wäre mit **Löwe-Merkur** im **Quadrat** zu **Stier-Jupiter** (17.7.) und **Stier-Uranus** (23.7.) ein passender Kontrast zum weitverbreiteten Klischee des Großmauls. Was keiner großen Worte bedarf, verdient unsere besondere Aufmerksamkeit.

Es sind die Selbstverständlichkeiten, die mit **Jungfrau-Mars** in **Opposition** zu **Fische-Saturn** (20.7.) uns zu schaffen machen. Unsere Kraft aus Frust zu schöpfen, kann nützlich sein, noch besser wäre es innezuhalten.

Sobald das Schicksal anklopft, will keiner zu Hause sein. Was bleibt ihm anderes übrig, als vor unserer Tür auf unsere Heimkehr zu warten? Worin unser Los besteht und wohin der Schicksalsweg uns führt, zeigt sich mit **Krebs-Sonne** im **Trigon** zu **Fische-Neptun** (20.7.), in **Opposition** zu **Steinbock-Pluto** und im **Quadrat** zur **Mondknotenachse** (22.7.) auch bei geschlossener Tür in aller Deutlichkeit.

17
MONTAG
● 20:32

0:00 ☾ ↕ ♋
10:35 ☾ □ ⚷
14:49 ☿ □ ♃
15:21 ☾ ✶ ⛢
20:32 ☉ ☌ ☾
21:59 ☊ → ♈

☉24°36‘♋ • ☾20°39‘♋ • ☿11°41‘♌ • ♀28°01‘♌ • ♂4°14‘♍ • ♃11°53‘♉ • ♄R 6°31‘♓
⚷19°57‘♈ • ⛢22°20‘♉ • ♆R 27°37‘♓ • ♇R 29°14‘♑ • ☊R 0°06‘♉ • ⚸24°47‘♌ • ⚳8°42‘♒

18
DIENSTAG

0:00 ☾ ↕ ♋
1:52 ☾ △ ♆
5:06 ☾ ☍ ♇ v/c
6:29 ☾ □ ☊
6:39 ☾ → ♌

☉25°33‘♋ • ☾ 2°40‘♌ • ☿13°27‘♌ • ♀28°12‘♌ • ♂4°51‘♍ • ♃12°01‘♉ • ♄R 6°28‘♓
⚷19°57‘♈ • ⛢22°22‘♉ • ♆R 27°36‘♓ • ♇R 29°13‘♑ • ☊R 29°52‘♈ • ⚸24°51‘♌ • ⚳9°11‘♒

19
MITTWOCH

0:00 ☾ ↕ ♌
1:38 ☾ ☍ ⚳
7:02 ☾ □ ♃
13:23 ☾ ☌ ☿
22:51 ☾ △ ⚷

☉26°30‘♋ • ☾14°35‘♌ • ☿15°10‘♌ • ♀28°21‘♌ • ♂5°27‘♍ • ♃12°09‘♉ • ♄R 6°25‘♓
⚷19°57‘♈ • ⛢22°24‘♉ • ♆R 27°36‘♓ • ♇R 29°11‘♑ • ☊R 29°38‘♈ • ⚸24°54‘♌ • ⚳9°39‘♒

NEUMOND IN KREBS

(17.7.) in Opposition zu Steinbock-Pluto: Wir haften alle für unsere Sippe. Umso mehr, je weniger uns dies bewusst ist

20 DONNERSTAG

0:00 ☾ ↕ ♌
3:51 ☾ □ ♅
8:57 ☾ ☌ ⚸
15:06 ☉ △ ♆
16:08 ☾ ☌ ♀ v/c
17:59 ☾ △ ☊
19:12 ☾ → ♍
22:39 ♂ ☍ ♄

☉27°28'♋ • ☾26°27'♌ • ☿16°52'♌ • ♀28°28'♌ • ♂6°04'♍ • ♃12°17'♉ • ♄R 6°22'♓
⚷19°58'♈ • ♅22°26'♉ • ♆R 27°35'♓ • ♇R 29°10'♑ • ☊R 29°26'♈ • ⚸24°57'♌ • ⯓0°08'♒

21 FREITAG

0:00 ☾ ↕ ♍
8:02 ☾ ☍ ♄
8:36 ☾ ☌ ♂
20:30 ☾ △ ♃

☉28°25'♋ • ☾8°17'♍ • ☿18°32'♌ • ♀28°33'♌ • ♂6°41'♍ • ♃12°25'♉ • ♄R 6°19'♓
⚷19°58'♈ • ♅22°28'♉ • ♆R 27°34'♓ • ♇R 29°09'♑ • ☊R 29°17'♈ • ⚸25°00'♌ • ⯓10°37'♒

22 SAMSTAG

0:00 ☾ ↕ ♍
5:52 ☉ ☍ ♇
7:13 ☉ □ ☊
8:57 ☿ △ ⚷
16:48 ☾ △ ♅

☉29°22'♋ • ☾20°07'♍ • ☿20°10'♌ • ♀28°36'♌ • ♂7°18'♍ • ♃12°33'♉ • ♄R 6°16'♓
⚷19°58'♈ • ♅22°30'♉ • ♆R 27°34'♓ • ♇R 29°07'♑ • ☊R 29°10'♈ • ⚸25°02'♌ • ⯓11°06'♒

23 SONNTAG

0:00 ☾ ↕ ♍
2:59 ☾ ☍ ♆
3:34 ♀ SR
3:50 ☉ → ♌
6:06 ☾ △ ♇ v/c
6:35 ♇ □ ☊
7:54 ☾ → ♎
8:15 ☉ ✶ ☾
23:39 ☿ □ ♅

☉0°19'♌ • ☾2°03'♎ • ☿21°46'♌ • ♀R 28°36'♌ • ♂7°55'♍ • ♃12°41'♉ • ♄R 6°13'♓
⚷19°58'♈ • ♅22°31'♉ • ♆R 27°33'♓ • ♇R 29°06'♑ • ☊R 29°05'♈ • ⚸25°04'♌ • ⯓11°36'♒

In schönen Erinnerungen zu schwelgen, kann frühere Zuneigungen neu entflammen. Mit der **rückläufigen Löwe-Venus** (ab 23.7.) in **Konjunktion** zu **Löwe-Merkur** am **Lilith-Pol** (25./27.7.) werden Rückeroberungsgelüste wach, die nicht nur unseren Liebsten von einst gelten, sondern allem, woran wir bis heute Gefallen finden. Es dürfte sich allerdings rächen, uns etwas zu gönnen, das uns nicht zusteht.

Es sind die großen Schicksalsfragen, die derzeit die Themen bestimmen. **Steinbock-Pluto** steht im **Quadrat** zur **Widder/Waage-Mondknotenachse** (28.7.). Um gutes Karma zu säen, sollten wir wissen, was in unserer Macht liegt und was nicht.

Möglichst genau hinzusehen und auf Details zu achten, dürfte manchen Ärger ersparen. **Merkur wechselt** in **Jungfrau** (28.7.). Spannend bleibt, was jenseits von Kalkulationstabellen noch unsere Aufmerksamkeit erregt.

24
MONTAG

0:00 ☽ ↕ ♎
7:50 ☽ △ ⚳
23:29 ☽ ☍ ⚷

☉1°17' ♌ • ☽14°07' ♎ • ☿23°21' ♌ • ♀R 28°34' ♌ • ♂8°32' ♍ • ♃12°48' ♉ • ♄R 6°09' ♓
⚷R 19°58' ♈ • ♅22°33' ♉ • ♆R 27°32' ♓ • ♇R 29°04' ♑ • ☊R 29°03' ♈ • ⚸25°06' ♌ • ⚳12°05' ♒

25
DIENSTAG

0:00 ☽ ↕ ♎
8:39 ☽ ⚹ ☿
9:32 ☽ ⚹ ⚸
11:26 ♇ □ ☊
15:51 ☿ ☌ ⚸
16:00 ☽ ⚹ ♀
17:05 ☽ □ ♇ v/c
17:06 ☽ ☍ ☊
18:55 ☽ → ♏

☉2°14' ♌ • ☽26°24' ♎ • ☿24°53' ♌ • ♀R 28°30' ♌ • ♂9°09' ♍ • ♃12°56' ♉ • ♄R 6°06' ♓
⚷R 19°58' ♈ • ♅22°35' ♉ • ♆R 27°32' ♓ • ♇R 29°03' ♑ • ☊R 29°03' ♈ • ⚸25°08' ♌ • ⚳12°35' ♒

26
MITTWOCH
◐ 0:07

0:00 ☽ ↕ ♏
0:07 ☉ □ ☽
6:27 ☽ △ ♄
10:45 ♃ □ ⚳
13:31 ☽ ⚹ ♂
19:38 ☽ ☍ ♃
19:54 ☽ □ ⚳

☉3°11' ♌ • ☽9°00' ♏ • ☿26°24' ♌ • ♀R 28°23' ♌ • ♂9°46' ♍ • ♃13°03' ♉ • ♄R 6°03' ♓
⚷R 19°58' ♈ • ♅22°37' ♉ • ♆R 27°31' ♓ • ♇R 29°01' ♑ • ☊R 29°03' ♈ • ⚸25°09' ♌ • ⚳13°04' ♒

ZUNEHMENDER HALBMOND IN SKORPION

(26.7.) im Quadrat zur Löwe-Sonne:

Gemeinheiten, die von Herzen kommen, bereiten besondere Genugtuung. Das klingt widersprüchlicher, als es ist.

27 DONNERSTAG

0:00 ☽ ↕ ♏
13:10 ☽ ☍ ⛢
17:16 ☿ ☌ ♀
17:44 ☽ □ ⚸
21:56 ☽ △ ♆
23:05 ☽ □ ♀
23:53 ☽ □ ☿

☉4°09'♌ • ☽22°00'♏ • ☿27°52'♌ • ♀R 28°14'♌ • ♂10°23'♍ • ♃13°10'♉ • ♄R 5°59'♓
⚷R 19°57'♈ • ⛢22°38'♉ • ♆R 27°30'♓ • ♇R 29°00'♑ • ☊R 29°02'♈ • ⚸25°10'♌ • ⚳13°34'♒

28 FREITAG

0:00 ☽ ↕ ♏
0:36 ☽ ⚹ ♇ v/c
2:24 ☽ → ♐
6:46 ☿ △ ☊
11:22 ☉ △ ☽
12:51 ☽ □ ♄
20:34 ♇ □ ☊
22:09 ☽ □ ♂
23:31 ☿ → ♍

☉5°06'♌ • ☽5°26'♐ • ☿29°19'♌ • ♀R 28°02'♌ • ♂11°01'♍ • ♃13°17'♉ • ♄R 5°56'♓
⚷R 19°57'♈ • ⛢22°40'♉ • ♆R 27°29'♓ • ♇R 28°59'♑ • ☊R 29°00'♈ • ⚸25°10'♌ • ⚳14°04'♒

29 SAMSTAG

0:00 ☽ ↕ ♐
3:30 ☽ ⚹ ⚳
12:58 ☽ △ ⚷
21:43 ☽ △ ⚸

☉6°03'♌ • ☽19°23'♐ • ☿0°44'♍ • ♀R 27°48'♌ • ♂11°38'♍ • ♃13°24'♉ • ♄R 5°52'♓
⚷R 19°57'♈ • ⛢22°41'♉ • ♆R 27°28'♓ • ♇R 28°57'♑ • ☊R 28°55'♈ • ⚸25°10'♌ • ⚳14°34'♒

30 SONNTAG

0:00 ☽ ↕ ♐
1:32 ☽ □ ♆
1:51 ☽ △ ♀ v/c
3:49 ☽ △ ☊
5:44 ☽ → ♑
8:55 ☽ △ ☿
15:15 ☽ ⚹ ♄

☉7°01'♌ • ☽3°49'♑ • ☿2°07'♍ • ♀R 27°32'♌ • ♂12°15'♍ • ♃13°31'♉ • ♄R 5°49'♓
⚷R 19°57'♈ • ⛢22°43'♉ • ♆R 27°28'♓ • ♇R 28°56'♑ • ☊R 28°47'♈ • ⚸R 25°10'♌ • ⚳15°04'♒

Unser Fleiß macht sich endlich bezahlt. Unsere Bequemlichkeit womöglich auch. Mit **Jungfrau-Mars** im **Trigon** zu **Stier-Jupiter** (1.8.) kommt es bei der Kunst des Genießens auf unser Fingerspitzengefühl an – auch in erotischer Hinsicht.

Bloß keine Fehler machen, so lautet die Devise mit **Jungfrau-Merkur** in **Opposition** zu **Fische-Saturn** (2.8.). Vermutlich ist das der Grund, warum vermehrt Missgeschicke passieren. Die Schuld bei anderen zu suchen, würde nur noch mehr Irrtümer heraufbeschwören.

Unsere Herzen sehnen sich nach Romanzen. Mit der **rückläufigen Löwe-Venus** am **Lilith-Pol** (5.8) werden Liebesdramen aufgeführt. Wer dabei Regie führt, das steht nicht nur in unserer Macht.
Gut möglich, dass der Beifall, den wir ernten, von der falschen Seite kommt.

31
MONTAG

0:00 ☾ ↕ ♑
2:18 ☾ △ ♂
3:51 ☾ △ ♃
14:01 ☾ □ ⚷
18:29 ☾ △ ♅

☉7°58'♌ • ☾18°40'♑ • ☿3°28'♍ • ♀R 27°13'♌ • ♂12°52'♍ • ♃13°37'♉ • ♄R 5°45'♓
⚷R 19°56'♈ • ♅22°44'♉ • ♆R 27°27'♓ • ♇R 28°54'♑ • ☊R 28°38'♈ • ⚸R 25°10'♌ • ⚳15°34'♒

AUGUST

1
DIENSTAG
○ 20:31

0:00 ☾ ↕ ♑
1:55 ☾ ✶ ♆
3:37 ☾ □ ☊
4:13 ☾ ☌ ♇ v/c
5:58 ☾ → ♒
20:31 ☉ ☍ ☾
22:44 ♂ △ ♃

☉8°55'♌ • ☾3°50'♒ • ☿4°46'♍ • ♀R 26°52'♌ • ♂13°30'♍ • ♃13°44'♉ • ♄R 5°41'♓
⚷R 19°56'♈ • ♅22°46'♉ • ♆R 27°26'♓ • ♇R 28°53'♑ • ☊R 28°27'♈ • ⚸R 25°09'♌ • ⚳16°05'♒

2
MITTWOCH

0:00 ☾ ↕ ♒
3:38 ☾ □ ♃
4:18 ☿ ☍ ♄
7:52 ☾ ☌ ⚳
13:14 ☾ ✶ ⚷
17:44 ☾ □ ♅
21:24 ☾ ☍ ⚸
23:15 ☾ ☍ ♀ v/c

☉9°53'♌ • ☾19°08'♒ • ☿6°03'♍ • ♀R 26°29'♌ • ♂14°07'♍ • ♃13°50'♉ • ♄R 5°37'♓
⚷R 19°55'♈ • ♅22°47'♉ • ♆R 27°25'♓ • ♇R 28°52'♑ • ☊R 28°17'♈ • ⚸R 25°08'♌ • ⚳16°35'♒

VOLLMOND IN WASSERMANN

(1.8.) im Quadrat zu Stier-Jupiter:
Gelassenheit ist das Herz-As der Liebe. Damit es sticht, gilt es, cool zu bleiben.

3 DONNERSTAG

0:00 ☾ ↕ ♒
2:14 ☾ ⚹ ☊
5:05 ☾ → ♓
13:52 ☾ ☌ ♄
17:02 ☾ ☍ ☿

☉ 10°50' ♌ • ☾ 4°22' ♓ • ☿ 7°18' ♍ • ♀R 26°04' ♌ • ♂ 14°44' ♍ • ♃ 13°56' ♉ • ♄R 5°34' ♓
⚷R 19°55' ♈ • ♅ 22°48' ♉ • ♆R 27°24' ♓ • ♇R 28°50' ♑ • ☊R 28°08' ♈ • ⚸R 25°06' ♌ • ⚳ 17°05' ♒

4 FREITAG

0:00 ☾ ↕ ♓
3:19 ☾ ⚹ ♃
5:14 ☾ ☍ ♂
17:35 ☾ ⚹ ♅

☉ 11°48' ♌ • ☾ 19°23' ♓ • ☿ 8°30' ♍ • ♀R 25°37' ♌ • ♂ 15°22' ♍ • ♃ 14°02' ♉ • ♄R 5°30' ♓
⚷R 19°54' ♈ • ♅ 22°49' ♉ • ♆R 27°23' ♓ • ♇R 28°49' ♑ • ☊R 28°01' ♈ • ⚸R 25°05' ♌ • ⚳ 17°36' ♒

5 SAMSTAG

0:00 ☾ ↕ ♓
1:00 ☾ ☌ ♆
3:21 ☾ ⚹ ♇ v/c
5:19 ☾ → ♈
16:26 ♀ ☌ ⚸

☉ 12°45' ♌ • ☾ 4°02' ♈ • ☿ 9°40' ♍ • ♀R 25°08' ♌ • ♂ 15°59' ♍ • ♃ 14°07' ♉ • ♄R 5°26' ♓
⚷R 19°54' ♈ • ♅ 22°51' ♉ • ♆R 27°22' ♓ • ♇R 28°47' ♑ • ☊R 27°57' ♈ • ⚸R 25°03' ♌ • ⚳ 18°07' ♒

6 SONNTAG

0:00 ☾ ↕ ♈
3:40 ☉ △ ☾
12:39 ☾ ⚹ ⚳
14:47 ☾ ☌ ⚷
22:35 ☾ △ ♀
23:38 ☾ △ ⚸

☉ 13°42' ♌ • ☾ 18°16' ♈ • ☿ 10°48' ♍ • ♀R 24°37' ♌ • ♂ 16°37' ♍ • ♃ 14°13' ♉ • ♄R 5°22' ♓
⚷R 19°53' ♈ • ♅ 22°52' ♉ • ♆R 27°21' ♓ • ♇R 28°46' ♑ • ☊R 27°56' ♈ • ⚸R 25°01' ♌ • ⚳ 18°37' ♒

Das richtige Maß an Selbstüberschätzung könnte sich für uns bezahlt machen. Mit **Löwe-Sonne** im **Quadrat** zu **Stier-Jupiter** (7.8.) und im **Trigon** zu **Widder-Chiron** (12.8.) sind Alleingänge und Solo-Auftritte von Erfolg gekrönt. Wir dürfen sogar mehr versprechen, als wir halten müssen.

Zwischen Selbstverliebtheit und toxischem Narzissmus liegen Welten. Welche das sind, ist nicht länger zu übersehen. **Löwe-Venus** bildet ein **Quadrat** zu **Stier-Uranus** (9.8.), eine **Opposition** zum **Priapus-Pol** (11.8.) und eine **Konjunktion** zur **Sonne** (13.8.). Was unser Verlangen stillt, schmeckt nicht allen.

Dinge genau zu nehmen, verspricht uns Fülle und Genuss. Doch solange wir mit **Jungfrau-Merkur** im **Trigon** zu **Stier-Jupiter** (10.8.) nur Erbsen zählen, kommen wir auf keinen grünen Zweig. Unser Glück entscheidet sich vor dem Komma, nicht danach.

7
MONTAG

0:00 ☾ ↕ ♈
2:03 ☉ □ ♃
4:45 ☾ ☌ ☊
6:12 ☾ □ ⚴ v/c
8:24 ☾ → ♉
17:46 ☾ ⚹ ♄

☉ 14°40' ♌ • ☾ 2°02' ♉ • ☿ 11°53' ♍ • ♀R 24°05' ♌ • ♂ 17°14' ♍ • ♃ 14°18' ♉ • ♄R 5°18' ♓
⚷R 19°52' ♈ • ♅ 22°53' ♉ • ♆R 27°19' ♓ • ⚴R 28°45' ♑ • ☊ 27°55' ♈ • ⚸R 24°58' ♌ • ⚳ 19°08' ♒

8
DIENSTAG
◑ 12:28

Augsburger Friedensfest

0:00 ☾ ↕ ♉
7:09 ☾ △ ☿
10:11 ☾ ☌ ♃
12:28 ☉ □ ☾
16:46 ☾ △ ♂
20:09 ☾ □ ⚳
21:17 ⚷ ⚹ ⚳

☉ 15°37' ♌ • ☾ 15°23' ♉ • ☿ 12°56' ♍ • ♀R 23°31' ♌ • ♂ 17°52' ♍ • ♃ 14°24' ♉ • ♄R 5°13' ♓
⚷R 19°51' ♈ • ♅ 22°54' ♉ • ♆R 27°18' ♓ • ⚴R 28°43' ♑ • ☊ 27°56' ♈ • ⚸R 24°55' ♌ • ⚳ 19°39' ♒

9
MITTWOCH

0:00 ☾ ↕ ♉
1:50 ☾ ☌ ♅
2:20 ☾ □ ♀
5:30 ☾ □ ⚸
10:00 ☾ ⚹ ♆
12:38 ☾ △ ⚴ v/c
13:08 ♀ □ ♅
15:05 ☾ → ♊

☉ 16°35' ♌ • ☾ 28°22' ♉ • ☿ 13°56' ♍ • ♀R 22°57' ♌ • ♂ 18°30' ♍ • ♃ 14°29' ♉ • ♄R 5°09' ♓
⚷R 19°50' ♈ • ♅ 22°55' ♉ • ♆R 27°17' ♓ • ⚴R 28°42' ♑ • ☊R 27°55' ♈ • ⚸R 24°52' ♌ • ⚳ 20°10' ♒

ABNEHMENDER HALBMOND IN STIER

(8.8.) im Quadrat zur Löwe-Sonne:

Nicht alles, worauf wir Appetit haben, mag es, von uns vernascht zu werden.

10 DONNERSTAG

0:00 ☾ ↕ ♊
0:45 ☾ □ ♄
2:47 ☿ △ ♃
20:02 ☾ □ ☿

☉ 17°32' ♌ • ☾ 11°01' ♊ • ☿ 14°53' ♍ • ♀R 22°21' ♌ • ♂ 19°07' ♍ • ♃ 14°33' ♉ • ♄R 5°05' ♓
⚷R 19°50' ♈ • ♅ 22°56' ♉ • ♆R 27°16' ♓ • ♇R 28°41' ♑ • ☊R 27°53' ♈ • ⚸R 24°49' ♌ • ⚳ 20°41' ♒

11 FREITAG

0:00 ☾ ↕ ♊
1:37 ☉ ✶ ☾
4:28 ☾ □ ♂
4:58 ☾ ✶ ⚷
7:28 ☾ △ ⚳
8:52 ☾ ✶ ♀
14:34 ☾ ✶ ⚸
19:27 ☾ □ ♆ v/c
20:28 ☾ ✶ ☊
23:24 ♀ ☍ ⚳

☉ 18°30' ♌ • ☾ 23°26' ♊ • ☿ 15°48' ♍ • ♀R 21°44' ♌ • ♂ 19°45' ♍ • ♃ 14°38' ♉ • ♄R 5°01' ♓
⚷R 19°49' ♈ • ♅ 22°57' ♉ • ♆R 27°15' ♓ • ♇R 28°39' ♑ • ☊R 27°48' ♈ • ⚸R 24°45' ♌ • ⚳ 21°12' ♒

12 SAMSTAG

0:00 ☾ ↕ ♊
0:52 ☾ → ♋
10:37 ☾ △ ♄
20:12 ☉ △ ⚷

☉ 19°28' ♌ • ☾ 5°39' ♋ • ☿ 16°39' ♍ • ♀R 21°07' ♌ • ♂ 20°23' ♍ • ♃ 14°43' ♉ • ♄R 4°57' ♓
⚷R 19°48' ♈ • ♅ 22°58' ♉ • ♆R 27°14' ♓ • ♇R 28°38' ♑ • ☊R 27°41' ♈ • ⚸R 24°41' ♌ • ⚳ 21°43' ♒

13 SONNTAG

0:00 ☾ ↕ ♋
6:06 ☾ ✶ ♃
11:25 ☾ ✶ ☿
13:15 ☉ ☌ ♀
16:06 ☾ □ ⚷
18:56 ☾ ✶ ♂
22:30 ☾ ✶ ♅

☉ 20°25' ♌ • ☾ 17°44' ♋ • ☿ 17°27' ♍ • ♀R 20°30' ♌ • ♂ 21°01' ♍ • ♃ 14°47' ♉ • ♄R 4°52' ♓
⚷R 19°47' ♈ • ♅ 22°58' ♉ • ♆R 27°12' ♓ • ♇R 28°37' ♑ • ☊R 27°31' ♈ • ⚸R 24°37' ♌ • ⚳ 22°14' ♒

Mit Fische-Vollmond am Priapus-Pol in Konjunktion zu Saturn bedarf es besonderer Anstrengungen, damit unsere Wünsche in Erfüllung gehen. Schneller als uns lieb sein kann, sind unsere Sehnsüchte entzaubert und das Vertrauen dahin. Äußerlich scheint alles fein säuberlich, doch innerlich fehlt uns der Halt. Wir fühlen uns trunken und ausgenüchtert zugleich. Sind nah am Wasser gebaut und liegen dennoch auf dem Trockenen. Sind zu verschieden, um miteinander zu verschmelzen. Sind Versuchungen ausgesetzt, die uns verzehren und an denen wir uns dennoch laben. Sind verloren und geborgen zugleich. Fließende Grenzen überall. Ekstatisch verströmen wir uns. In Momenten wie diesen kommen wir den Göttern nahe und sind menschlicher als je zuvor.

Alles fließt in festgefügten Bahnen

Supermond

am 31. August 2023 um 03:35 MESZ auf 7°25' Jungfrau/Fische (Mond-Erde-Distanz 357.344 km)

Bei einem Supermond

ist unser Verlangen

nach sofortiger Bedürfniserfüllung

auf überwältigende Weise

lustvoll und stark

Was unser Herz begehrt, ist nicht leicht zu kriegen. Das macht manche Dinge besonders attraktiv. **Löwe-Sonne** befindet sich im **Quadrat** zu **Stier-Uranus** (16.8.), in **Konjunktion** zum **Lilith-Pol** und in **Opposition** zum **Priapus-Pol** (17.8.).
Was wir bekommen, bekommt uns womöglich nicht, und was wir nicht bekommen, danach verlangt es uns umso mehr.

Damit alles nach Plan läuft, sind kluge Strategien gefragt. Flexibilität und Achtsamkeit verschaffen uns mit **Jungfrau-Mars** im **Trigon** zu **Stier-Uranus** (16.8.) Vorteile, die sich bezahlt machen. Bei aller Anpassungsbereitschaft: ein Rest an Unverfügbarkeit muss sein. Sonst landen wir am Ende wieder im Hamsterrad und bilden uns ein, dass die ewig gleichen Runden zu drehen uns vorwärts brächte und auch noch nützlich sei.

14

0:00 ☽ ↕ ♋
6:57 ☽ △ ♆
7:18 ☽ □ ☊
9:46 ☽ ☍ ♇ v/c
12:36 ☽ → ♌
16:55 ♀ △ ⚷
22:35 ♅ □ ⚳

☉21°23' ♌ • ☽29°42' ♋ • ☿18°12' ♍ • ♀R 19°53' ♌ • ♂21°39' ♍ • ♃14°51' ♉ • ♄R 4°48' ♓
⚷R 19°46' ♈ • ♅22°59' ♉ • ♆R 27°11' ♓ • ♇R 28°35' ♑ • ☊R 27°19' ♈ • ⚸R 24°33' ♌ • ⚳22°46' ♒

15 DIENSTAG

Mariä Himmelfahrt

0:00 ☽ ↕ ♌
18:44 ☽ □ ♃

☉22°20' ♌ • ☽11°36' ♌ • ☿18°54' ♍ • ♀R 19°16' ♌ • ♂22°16' ♍ • ♃14°55' ♉ • ♄R 4°44' ♓
⚷R 19°44' ♈ • ♅23°00' ♉ • ♆R 27°10' ♓ • ♇R 28°34' ♑ • ☊R 27°07' ♈ • ⚸R 24°29' ♌ • ⚳23°17' ♒

16 MITTWOCH

● 11:38

0:00 ☽ ↕ ♌
2:44 ☽ ☌ ♀
4:25 ☽ △ ⚷
4:34 ☉ □ ♅
11:04 ☽ □ ♅
11:38 ☉ ☌ ☽ v/c
12:43 ☽ ☍ ⚳
13:54 ☽ ☌ ⚸
15:53 ♂ △ ♅
18:53 ☽ △ ☊

☉23°18' ♌ • ☽23°28' ♌ • ☿19°31' ♍ • ♀R 18°39' ♌ • ♂22°54' ♍ • ♃14°59' ♉ • ♄R 4°39' ♓
⚷R 19°43' ♈ • ♅23°00' ♉ • ♆R 27°09' ♓ • ♇R 28°33' ♑ • ☊R 26°55' ♈ • ⚸R 24°25' ♌ • ⚳23°48' ♒

NEUMOND IN LÖWE

(16.8.) in Konjunktion zur rückläufigen Venus und im Quadrat zu Stier-Uranus:
Es kommt selten auf diejenigen an, die sich wichtig nehmen oder für etwas Besonderes halten.

17 DONNERSTAG

0:00 ☾ ↕ ♌
1:14 ☾ → ♍
10:32 ☾ ☍ ♄
12:17 ⚸ ☍ ⚳
13:39 ☉ ☌ ⚸
15:30 ☉ ☍ ⚳

☉ 24°16' ♌ • ☾ 5°19' ♍ • ☿ 20°05' ♍ • ♀R 18°03' ♌ • ♂ 23°32' ♍ • ♃ 15°03' ♉ • ♄R 4°35' ♓
⚷R 19°42' ♈ • ♅ 23°01' ♉ • ♆R 27°07' ♓ • ♇R 28°32' ♑ • ☊R 26°45' ♈ • ⚸R 24°20' ♌ • ⚳ 24°20' ♒

18 FREITAG

0:00 ☾ ↕ ♍
7:48 ☾ △ ♃
19:09 ☾ ☌ ☿
23:51 ☾ △ ♅

☉ 25°14' ♌ • ☾ 17°10' ♍ • ☿ 20°34' ♍ • ♀R 17°28' ♌ • ♂ 24°10' ♍ • ♃ 15°06' ♉ • ♄R 4°30' ♓
⚷R 19°41' ♈ • ♅ 23°02' ♉ • ♆R 27°06' ♓ • ♇R 28°30' ♑ • ☊R 26°36' ♈ • ⚸R 24°16' ♌ • ⚳ 24°51' ♒

19 SAMSTAG

0:00 ☾ ↕ ♍
2:57 ☾ ☌ ♂
8:01 ☾ ☍ ♆
10:51 ☾ △ ♇ v/c
13:53 ☾ → ♎
19:13 ☉ △ ☊

☉ 26°11' ♌ • ☾ 29°04' ♍ • ☿ 20°59' ♍ • ♀R 16°54' ♌ • ♂ 24°49' ♍ • ♃ 15°09' ♉ • ♄R 4°26' ♓
⚷R 19°39' ♈ • ♅ 23°02' ♉ • ♆R 27°05' ♓ • ♇R 28°29' ♑ • ☊R 26°30' ♈ • ⚸R 24°11' ♌ • ⚳ 25°22' ♒

20 SONNTAG

0:00 ☾ ↕ ♎
22:07 ☾ ✶ ♀

☉ 27°09' ♌ • ☾ 11°03' ♎ • ☿ 21°20' ♍ • ♀R 16°22' ♌ • ♂ 25°27' ♍ • ♃ 15°12' ♉ • ♄R 4°21' ♓
⚷R 19°38' ♈ • ♅ 23°03' ♉ • ♆R 27°03' ♓ • ♇R 28°28' ♑ • ☊R 26°26' ♈ • ⚸R 24°07' ♌ • ⚳ 25°54' ♒

Zu viel des Guten bekommt uns nicht. Mit der rückläufigen **Löwe-Venus** im **Quadrat** zu **Stier-Jupiter** (22.8.) treten überzogene Glückserwartungen, die aus vergangenen Zeiten herrühren, offen zutage. Da helfen uns auch unsere Ausflüchte und Schleichwege nicht weiter. **Jungfrau-Mars** bildet eine **Opposition** zu **Fische-Neptun** (22.8.) und ein **Trigon** zu **Steinbock-Pluto** (25.8.). Mit etwas Glück können wir mit Fleiß und Achtsamkeit dem drohenden Chaos entgegenwirken.

Jungfrau-Merkur wird **rückläufig** (23.8.). Irgendwas geht immer schief. Falls nicht, dann haben wir es schlichtweg übersehen.
Es sind die Grenzen, an die wir mit **Jungfrau-Sonne** in **Opposition** zu **Fische-Saturn** (27.8.) stoßen, die uns unsere Engstirnigkeit vor Augen führen. Vertrauen ist gut, doch derzeit leider Mangelware.

21
MONTAG

0:00 ☾ ↕ ♎
5:01 ☾ ☍ ⚷
11:50 ☊ ⚹ ⚳
13:42 ☾ ⚹ ⚸
18:23 ☾ ☍ ☊
18:40 ☾ △ ⚳
22:19 ☾ □ ♇
22:31 ☉ ⚹ ☾ v/c

☉ 28°07' ♌ • ☾ 23°10' ♎ • ☿ 21°35' ♍ • ♀R 15°50' ♌ • ♂ 26°05' ♍ • ♃ 15°15' ♉ • ♄R 4°17' ♓
⚷R 19°37' ♈ • ♅ 23°03' ♉ • ♆R 27°02' ♓ • ♇R 28°27' ♑ • ☊R 26°25' ♈ • ⚸R 24°02' ♌ • ⚳ 26°25' ♒

22
DIENSTAG

0:00 ☾ ↕ ♎
1:22 ☾ → ♏
9:32 ☾ △ ♄
14:16 ♀ □ ♃
22:33 ♂ ☍ ♆

☉ 29°05' ♌ • ☾ 5°29' ♏ • ☿ 21°46' ♍ • ♀R 15°21' ♌ • ♂ 26°43' ♍ • ♃ 15°18' ♉ • ♄R 4°12' ♓
⚷R 19°35' ♈ • ♅ 23°03' ♉ • ♆R 27°00' ♓ • ♇R 28°26' ♑ • ☊ 26°25' ♈ • ⚸R 23°58' ♌ • ⚳ 26°57' ♒

23
MITTWOCH

0:00 ☾ ↕ ♏
6:10 ☾ □ ♀
6:48 ☾ ☍ ♃
11:01 ☉ → ♍
19:03 ☾ ⚹ ☿
21:19 ☾ ☍ ♅
22:01 ☿ SR
22:47 ☾ □ ⚸

☉ 0°02' ♍ • ☾ 18°05' ♏ • ☿ 21°51' ♍ • ♀R 14°53' ♌ • ♂ 27°21' ♍ • ♃ 15°20' ♉ • ♄R 4°08' ♓
⚷R 19°34' ♈ • ♅ 23°04' ♉ • ♆R 26°59' ♓ • ♇R 28°24' ♑ • ☊ 26°26' ♈ • ⚸R 23°53' ♌ • ⚳ 27°28' ♒

ZUNEHMENDER HALBMOND IN SCHÜTZE

(24.8.) im Quadrat zur Jungfrau-Sonne:

Je erhabener die Gefühle werden, desto weniger ist auf sie Verlass.

24 DONNERSTAG

◐ 11:57

0:00 ☽ ↕ ♏
4:33 ☽ △ ♆
6:09 ☽ ⚹ ♂
6:12 ☽ □ ⚳
7:10 ☽ ⚹ ♇ v/c
10:07 ☽ → ♐
11:57 ☉ □ ☽
17:29 ☽ □ ♄

☉ 1°00' ♍ • ☽ 1°02' ♐ • ☿R 21°50' ♍ • ♀R 14°27' ♌ • ♂ 28°00' ♍ • ♃ 15°23' ♉ • ♄R 4°03' ♓
⚷R 19°32' ♈ • ♅ 23°04' ♉ • ♆R 26°58' ♓ • ♇R 28°23' ♑ • ☊R 26°27' ♈ • ⚸R 23°49' ♌ • ⚳ 28°00' ♒

25 FREITAG

0:00 ☽ ↕ ♐
2:23 ♂ △ ♇
11:26 ☽ △ ♀
20:59 ☽ △ ⚷

☉ 1°58' ♍ • ☽ 14°23' ♐ • ☿R 21°44' ♍ • ♀R 14°03' ♌ • ♂ 28°38' ♍ • ♃ 15°25' ♉ • ♄R 3°59' ♓
⚷R 19°30' ♈ • ♅ 23°04' ♉ • ♆R 26°56' ♓ • ♇R 28°22' ♑ • ☊R 26°26' ♈ • ⚸R 23°45' ♌ • ⚳ 28°31' ♒

26 SAMSTAG

0:00 ☽ ↕ ♐
0:43 ☽ □ ☿
4:18 ☽ △ ⚸
8:56 ☽ △ ☊
9:49 ☽ □ ♆
13:30 ☽ ⚹ ⚳
13:56 ☽ □ ♂ v/c
15:05 ☽ → ♑
20:38 ☉ △ ☽
21:39 ☽ ⚹ ♄

☉ 2°56' ♍ • ☽ 28°11' ♐ • ☿R 21°32' ♍ • ♀R 13°42' ♌ • ♂ 29°16' ♍ • ♃ 15°27' ♉ • ♄R 3°54' ♓
⚷R 19°29' ♈ • ♅ 23°04' ♉ • ♆R 26°55' ♓ • ♇R 28°21' ♑ • ☊R 26°23' ♈ • ⚸R 23°41' ♌ • ⚳ 29°02' ♒

27 SONNTAG

0:00 ☽ ↕ ♑
10:28 ☉ ☍ ♄
15:20 ♂ → ♎
16:57 ☽ △ ♃
23:27 ☽ □ ⚷

☉ 3°54' ♍ • ☽ 12°28' ♑ • ☿R 21°14' ♍ • ♀R 13°22' ♌ • ♂ 29°55' ♍ • ♃ 15°28' ♉ • ♄R 3°50' ♓
⚷R 19°27' ♈ • ♅ 23°04' ♉ • ♆R 26°53' ♓ • ♇R 28°20' ♑ • ☊R 26°19' ♈ • ⚸R 23°38' ♌ • ⚳ 29°34' ♒

Merkur ist 2023 größtenteils in den drei Erdzeichen Steinbock, Stier und Jungfrau rückläufig. Es gibt in diesen Phasen viel Praktisches zu regeln. Pragmatismus ist gefragt, um alltägliche Dinge und Abläufe noch besser zu strukturieren und zu ordnen. Hilfreich sind Bedienungsanleitungen aller Art und konkrete Tipps, die es ermöglichen, die Unordnung möglichst effektiv in den Griff zu bekommen. Ausmisten ist angesagt und der gesamte Hausstand ist daraufhin zu überprüfen, was weiterhin von Nutzen ist und was endgültig weg kann.

Die Probleme und Herausforderungen sind meist handfester Natur und erfordern neben Realitätssinn auch ein Gespür für das Machbare. Lösungen sollten gründlich bedacht und von Dauer sein. Es gibt wenig Spielraum, um zu improvisieren und sich in theoretische Überlegungen zu flüchten. Lernen durch Tun, so lautet die Devise, und erst, wenn alles möglichst reibungslos funktioniert, ist unsere Arbeit getan.

Getane Arbeit

Merkur ist rückläufig

vom 29. Dezember 2022 bis 18. Januar 2023
von 24°21' bis 8°09' Steinbock,
vom 21. April bis zum 15. Mai
von 15°37' bis 5°51' Stier,
vom 23. August bis zum 15. September
von 21°51' bis 8°00' Jungfrau
und vom 13. Dezember bis zum 2. Januar 2024
von 8°29' Steinbock bis 22°11' Schütze.

Den anderen den Vortritt zu lassen, kann statt Höflichkeit auch Ausdruck von Unentschlossenheit oder Feigheit sein. Mit dem **Wechsel** von **Mars** in **Waage** (27.8.) gehen wir gerne bequeme Wege und reagieren auf das, was kommt, ohne selbst initiativ zu werden.
Was wir auf diese Weise erreichen, darüber bestimmen die anderen, nicht wir.

Wenn der berühmte Tropfen fällt, der das Fass zum Überlaufen bringt, dann ändern sich Dinge auf einen Schlag und wir reiben uns verwundert die Augen. **Uranus** wird **rückläufig** (29.8.). Wir sind nicht so brav und angepasst, wie wir uns bisweilen geben. Distanz tut uns gut.

Das Bedürfnis, uns abzugrenzen und nein zu sagen, kann uns mit **Fische-Saturn** am **Priapus-Pol** (3.9.) überwältigen. Es sind die Ausnahmen von den Regeln, die uns Lust und Freude bereiten.

28
MONTAG

0:00 ☽ ↕ ♑
2:00 ☽ △ ☿
5:22 ☽ △ ⛢
8:04 ⚳ → ♓
10:26 ☽ □ ☊
11:29 ☽ ✶ ♆
13:49 ☽ ☌ ♇ v/c
16:31 ☽ → ♒
17:39 ☽ △ ♂

☉4°52' ♍ • ☽27°11' ♑ • ☿R 20°50' ♍ • ♀R 13°05' ♌ • ♂0°33' ♎ • ♃15°30' ♉ • ♄R 3°45' ♓
⚷R 19°25' ♈ • ⛢23°05' ♉ • ♆R 26°52' ♓ • ♇R 28°19' ♑ • ☊R 26°12' ♈ • ⚸R 23°34' ♌ • ⚳0°05' ♓

29
DIENSTAG

0:00 ☽ ↕ ♒
4:39 ⛢ SR
12:56 ☽ ☍ ♀
17:11 ☽ □ ♃
23:16 ☽ ✶ ⚷

☉5°50' ♍ • ☽12°14' ♒ • ☿R 20°20' ♍ • ♀R 12°50' ♌ • ♂1°12' ♎ • ♃15°31' ♉ • ♄R 3°41' ♓
⚷R 19°24' ♈ • ⛢R 23°05' ♉ • ♆R 26°50' ♓ • ♇R 28°18' ♑ • ☊R 26°05' ♈ • ⚸R 23°31' ♌ • ⚳0°36' ♓

30
MITTWOCH

0:00 ☽ ↕ ♒
5:04 ☽ □ ⛢ v/c
5:42 ☽ ☍ ⚸
9:37 ☽ ✶ ☊
15:56 ☽ → ♓
17:55 ☽ ☌ ⚳
21:33 ☽ ☌ ♄

☉6°48' ♍ • ☽27°29' ♒ • ☿R 19°44' ♍ • ♀R 12°38' ♌ • ♂1°50' ♎ • ♃15°32' ♉ • ♄R 3°36' ♓
⚷R 19°22' ♈ • ⛢R 23°04' ♉ • ♆R 26°49' ♓ • ♇R 28°17' ♑ • ☊R 25°58' ♈ • ⚸R 23°28' ♌ • ⚳1°08' ♓

VOLLMOND IN FISCHE

(31.8.) in Konjunktion zu Saturn:

Was sich anscheinend wie von selbst fügt, wurde häufig von langer Hand vorbereitet.

0:00 ☾ ↕ ♓
3:35 ☉ ☍ ☾
16:25 ☾ ✱ ♃
21:28 ☾ ☍ ☿

Antikriegstag

31
DONNERSTAG
○ 3:35

☉ 7°46' ♍ • ☾ 12°46' ♓ • ☿R 19°03' ♍ • ♀R 12°28' ♌ • ♂ 2°29' ♎ • ♃ 15°33' ♉ • ♄R 3°32' ♓
⚷R 19°20' ♈ ♅R 23°04' ♉ • ♆R 26°47' ♓ • ♇R 28°16' ♑ • ☊R 25°51' ♈ • ⚸R 23°25' ♌ • ⚳ 1°39' ♓

SEPTEMBER

0:00 ☾ ↕ ♓
4:20 ☾ ✱ ♅
10:13 ☾ ☌ ♆
12:35 ☾ ✱ ♇ v/c
15:25 ☾ → ♈
20:49 ☾ ☍ ♂

1
FREITAG

☉ 8°44' ♍ • ☾ 27°52' ♓ • ☿R 18°17' ♍ • ♀R 12°21' ♌ • ♂ 3°07' ♎ • ♃ 15°34' ♉ • ♄R 3°27' ♓
⚷R 19°18' ♈ • ♅R 23°04' ♉ • ♆R 26°46' ♓ • ♇R 28°15' ♑ • ☊R 25°47' ♈ • ⚸R 23°23' ♌ • ⚳ 2°10' ♓

0:00 ☾ ↕ ♈
11:19 ☾ △ ♀
22:53 ☾ ☌ ⚷

2
SAMSTAG

☉ 9°42' ♍ • ☾ 12°41' ♈ • ☿R 17°27' ♍ • ♀R 12°15' ♌ • ♂ 3°46' ♎ • ♃ 15°34' ♉ • ♄R 3°23' ♓
⚷R 19°16' ♈ • ♅R 23°04' ♉ • ♆R 26°44' ♓ • ♇R 28°14' ♑ • ☊R 25°44' ♈ • ⚸R 23°21' ♌ • ⚳ 2°41' ♓

0:00 ☾ ↕ ♈
5:41 ☾ △ ⚸
9:44 ☾ ☌ ☊
13:57 ☾ □ ♇ v/c
16:00 ♄ ☌ ⚳
17:00 ☾ → ♉
22:36 ☾ ✱ ♄
22:53 ☾ ✱ ⚳

3
SONNTAG

☉ 10°40' ♍ • ☾ 27°04' ♈ • ☿R 16°33' ♍ • ♀R 12°13' ♌ • ♂ 4°25' ♎ • ♃ 15°35' ♉ • ♄R 3°18' ♓
⚷R 19°14' ♈ • ♅R 23°04' ♉ • ♆R 26°42' ♓ • ♇R 28°13' ♑ • ☊ 25°43' ♈ • ⚸R 23°19' ♌ • ⚳ 3°12' ♓

Nicht alles läuft derzeit nach Plan. Doch was wir gründlich überlegt und sorgfältig kalkuliert haben, verspricht uns einträgliche Geschäfte. **Rückläufiger Jungfrau-Merkur** und **Sonne** laufen in **Konjunktion** (6.9.) und bilden zum **rückläufig** werdenden **Stier-Jupiter** ein **Trigon** (4.9./8.9.).

Was sich gerade bezahlt macht, hat eine lange und komplizierte Vorgeschichte.

Die Herzen, die wir im zu Ende gehenden Sommer trotz heldenhaften Engagements nicht erobern oder zurückgewinnen konnten, werden außerhalb unserer Reichweite bleiben. **Löwe-Venus** läuft wieder **direkt** (4.9.). Uns selbst zu lieben, ist der Schlüssel zum Glück. Von anderen geliebt zu werden, ist das Paradies. Uns in der Liebe selbst im Wege zu stehen, ist tragisch.

4
MONTAG

0:00 ☾ ↕ ♉
3:21 ♀ SD
12:29 ☿ △ ♃
13:12 ☉ △ ☾
14:08 ☾ □ ♀
16:12 ♃ SR
19:35 ☾ △ ☿
20:05 ☾ ☌ ♃

☉ 11°38' ♍ • ☾ 10°59' ♉ • ☿R 15°36' ♍ • ♀ 12°12' ♌ • ♂ 5°03' ♎ • ♃ 15°35' ♉ • ♄R 3°14' ♓
⚷R 19°12' ♈ • ⛢R 23°04' ♉ • ♆R 26°41' ♓ • ♇R 28°12' ♑ • ☊ 25°44' ♈ • ⚸R 23°17' ♌ • ⚳ 3°43' ♓

5
DIENSTAG

0:00 ☾ ↕ ♉
9:28 ☾ ☌ ⛢
9:51 ☾ □ ⚸
15:59 ☾ ⚹ ♆
18:46 ☾ △ ♇ v/c
22:06 ☾ → ♊

☉ 12°36' ♍ • ☾ 24°28' ♉ • ☿R 14°38' ♍ • ♀ 12°14' ♌ • ♂ 5°42' ♎ • ♃R 15°35' ♉ • ♄R 3°09' ♓
⚷R 19°10' ♈ • ⛢R 23°03' ♉ • ♆R 26°39' ♓ • ♇R 28°11' ♑ • ☊ 25°45' ♈ • ⚸R 23°16' ♌ • ⚳ 4°14' ♓

6
MITTWOCH

0:00 ☾ ↕ ♊
3:50 ☾ □ ♄
6:40 ☾ □ ⚳
9:44 ☾ △ ♂
13:09 ☉ ☌ ☿
21:06 ☾ ⚹ ♀
22:46 ☾ □ ☿

☉ 13°34' ♍ • ☾ 7°30' ♊ • ☿R 13°40' ♍ • ♀ 12°19' ♌ • ♂ 6°21' ♎ • ♃R 15°35' ♉ • ♄R 3°05' ♓
⚷R 19°08' ♈ • ⛢R 23°03' ♉ • ♆R 26°38' ♓ • ♇R 28°10' ♑ • ☊ 25°46' ♈ • ⚸R 23°15' ♌ • ⚳ 4°45' ♓

ABNEHMENDER HALBMOND IN ZWILLINGE

(7.9.) im Quadrat zur Jungfrau-Sonne:

Was unsere Neugier befriedigt, muss uns nicht nützlich sein.

7 DONNERSTAG
◑ 0:21

0:00 ☽ ↕ ♊
0:21 ☉ □ ☽
9:56 ☽ ⚹ ⚷
17:53 ☽ ⚹ ⚸
22:46 ☽ ⚹ ☊

☉ 14°32' ♍ • ☽ 20°11' ♊ • ☿R 12°42' ♍ • ♀ 12°25' ♌ • ♂ 7°00' ♎ • ♃R 15°34' ♉ • ♄R 3°00' ♓
⚷R 19°06' ♈ • ♅R 23°02' ♉ • ♆R 26°36' ♓ • ♇R 28°09' ♑ • ☊R 25°46' ♈ • ⚸R 23°15' ♌ • ⚳ 5°16' ♓

8 FREITAG

0:00 ☽ ↕ ♊
0:21 ☽ □ ♆ v/c
7:00 ☽ → ♋
12:43 ☽ △ ♄
13:12 ☉ △ ♃
18:35 ☽ △ ⚳
22:33 ☽ □ ♂

☉ 15°30' ♍ • ☽ 2°34' ♋ • ☿R 11°47' ♍ • ♀ 12°34' ♌ • ♂ 7°39' ♎ • ♃R 15°33' ♉ • ♄R 2°56' ♓
⚷R 19°04' ♈ • ♅R 23°02' ♉ • ♆R 26°34' ♓ • ♇R 28°08' ♑ • ☊R 25°45' ♈ • ⚸R 23°14' ♌ • ⚳ 5°47' ♓

9 SAMSTAG

0:00 ☽ ↕ ♋
4:57 ☽ ⚹ ☿
13:38 ☽ ⚹ ♃
15:48 ☉ ⚹ ☽
20:34 ☽ □ ⚷

☉ 16°29' ♍ • ☽ 14°43' ♋ • ☿R 10°55' ♍ • ♀ 12°45' ♌ • ♂ 8°18' ♎ • ♃R 15°33' ♉ • ♄R 2°52' ♓
⚷R 19°02' ♈ • ♅R 23°01' ♉ • ♆R 26°33' ♓ • ♇R 28°07' ♑ • ☊R 25°42' ♈ • ⚸ 23°15' ♌ • ⚳ 6°17' ♓

10 SONNTAG

0:00 ☽ ↕ ♋
4:34 ☽ ⚹ ♅
9:47 ☽ □ ☊
11:36 ☽ △ ♆
14:47 ☽ ☍ ♇ v/c
18:36 ☽ → ♌

☉ 17°27' ♍ • ☽ 26°43' ♋ • ☿R 10°08' ♍ • ♀ 12°58' ♌ • ♂ 8°57' ♎ • ♃R 15°32' ♉ • ♄R 2°47' ♓
⚷R 19°00' ♈ • ♅R 23°01' ♉ • ♆R 26°31' ♓ • ♇R 28°06' ♑ • ☊R 25°37' ♈ • ⚸ 23°15' ♌ • ⚳ 6°48' ♓

Ordnung ist das halbe Leben, doch die andere Hälfte macht meist mehr Spaß. **Jungfrau-Merkur** wird **direktläufig** (15.9.). In Schubladen zu denken, führt selten zu neuen Einsichten. Unsere Vernunft ist gefragt, insbesondere bei Rechnungen, die am Ende nicht aufzugehen drohen. Mit **Jungfrau-Sonne** im **Trigon** zu **Stier-Uranus** (16.9.) wird deutlich, welche Anpassungen an den sich immer rascher vollziehenden Wertewandel von uns gefordert sind. Ohne ein pragmatisches Verwertungstalent stehen wir womöglich mit leeren Händen da.

Luxus ist meist das Gegenteil von Vernunft. Was wir uns mit **Löwe-Venus** im **Quadrat** zu **Stier-Jupiter** (17.9.) gerne gönnen würden, können wir uns nicht immer leisten. Doch ist das Leben nicht zu kurz, um gänzlich darauf zu verzichten?

11
MONTAG

0:00 ☾ ↕ ♌
14:06 ☾ ⚹ ♂
21:31 ☾ ☌ ♀

☉18°25' ♍ • ☾8°37' ♌ • ☿R 9°27' ♍ • ♀13°13' ♌ • ♂9°36' ♎ • ♃R 15°30' ♉ • ♄R 2°43' ♓
⚷R 18°57' ♈ • ♅R 23°00' ♉ • ♆R 26°30' ♓ • ♇R 28°06' ♑ • ☊R 25°30' ♈ • ⚸23°16' ♌ • ⚳7°19' ♓

12
DIENSTAG

0:00 ☾ ↕ ♌
1:54 ☾ □ ♃
8:51 ☾ △ ⚷
17:06 ☾ □ ♅ v/c
17:42 ☾ ☌ ⚸
21:53 ☾ △ ☊

☉19°24' ♍ • ☾20°28' ♌ • ☿R 8°54' ♍ • ♀13°30' ♌ • ♂10°15' ♎ • ♃R 15°29' ♉ • ♄R 2°39' ♓
⚷R 18°55' ♈ • ♅R 22°59' ♉ • ♆R 26°28' ♓ • ♇R 28°05' ♑ • ☊R 25°24' ♈ • ⚸23°17' ♌ • ⚳7°49' ♓

13
MITTWOCH

0:00 ☾ ↕ ♌
7:18 ☾ → ♍
12:30 ☾ ☍ ♄
15:38 ☿ ☍ ⚳

☉20°22' ♍ • ☾2°19' ♍ • ☿R 8°27' ♍ • ♀13°49' ♌ • ♂10°54' ♎ • ♃R 15°27' ♉ • ♄R 2°34' ♓
⚷R 18°53' ♈ • ♅R 22°59' ♉ • ♆R 26°26' ♓ • ♇R 28°04' ♑ • ☊R 25°17' ♈ • ⚸23°19' ♌ • ⚳8°20' ♓

NEUMOND IN JUNGFRAU

(15.9.) in Opposition zu Fische-Neptun: Vorsicht verdirbt uns den Spaß und bewahrt uns zugleich vor Dummheiten.

14 DONNERSTAG

0:00 ☾ ↕ ♍
0:04 ☾ ☌ ☿
0:41 ☾ ☍ ⚳
14:27 ☾ △ ♃

☉21°21' ♍ • ☾14°12' ♍ • ☿R 8°10' ♍ • ♀14°10' ♌ • ♂11°33' ♎ • ♃R 15°25' ♉ • ♄R 2°30' ♓
⚷R 18°50' ♈ • ♅R 22°58' ♉ • ♆R 26°25' ♓ • ♇R 28°03' ♑ • ☊R 25°11' ♈ • ⚸23°20' ♌ • ⚳8°50' ♓

15 FREITAG

● 3:40

0:00 ☾ ↕ ♍
3:40 ☉ ☌ ☾
5:37 ☾ △ ♅
12:30 ☾ ☍ ♆
15:49 ☾ △ ♇ v/c
19:44 ☾ → ♎
22:22 ☿ SD

☉22°19' ♍ • ☾26°08' ♍ • ☿R 8°01' ♍ • ♀14°33' ♌ • ♂12°13' ♎ • ♃R 15°23' ♉ • ♄R 2°26' ♓
⚷R 18°48' ♈ • ♅R 22°57' ♉ • ♆R 26°23' ♓ • ♇R 28°03' ♑ • ☊R 25°07' ♈ • ⚸23°23' ♌ • ⚳9°20' ♓

16 SAMSTAG

0:00 ☾ ↕ ♎
3:24 ☉ △ ♅
21:52 ☾ ☌ ♂

☉23°17' ♍ • ☾8°09' ♎ • ☿8°02' ♍ • ♀14°57' ♌ • ♂12°52' ♎ • ♃R 15°21' ♉ • ♄R 2°22' ♓
⚷R 18°46' ♈ • ♅R 22°56' ♉ • ♆R 26°21' ♓ • ♇R 28°02' ♑ • ☊R 25°04' ♈ • ⚸23°25' ♌ • ⚳9°50' ♓

17 SONNTAG

0:00 ☾ ↕ ♎
1:57 ☾ ⚹ ♀
8:09 ♀ □ ♃
8:55 ☾ ☍ ⚷
18:15 ☾ ⚹ ⚸
21:18 ☾ ☍ ☊

☉24°16' ♍ • ☾20°18' ♎ • ☿8°12' ♍ • ♀15°23' ♌ • ♂13°31' ♎ • ♃R 15°18' ♉ • ♄R 2°18' ♓
⚷R 18°43' ♈ • ♅R 22°55' ♉ • ♆R 26°20' ♓ • ♇R 28°01' ♑ • ☊R 25°03' ♈ • ⚸23°28' ♌ • ⚳10°20' ♓

Inwieweit halten unsere Sehnsüchte einer kritischen Überprüfung stand? **Jungfrau-Sonne** bildet eine **Opposition** zu **Fische-Neptun** (19.9.) und ein **Trigon** zu **Steinbock-Pluto** (21.9.). Genau zu analysieren, was uns beflügelt, unterstützt uns darin, falsche Vorstellungen loszulassen. Mit **Jungfrau-Merkur** in **Opposition** zum **Priapus-Pol** (24.9.) ist unser Mitteilungsdrang kaum zu bremsen. Um nicht durch unsere Skepsis vereinnahmt zu werden, bedarf es unserer besonderen Sorgfalt und Achtsamkeit.

Was wir begehren, rührt an wunde Punkte. **Löwe-Venus** bildet ein **Trigon** zu **Widder-Chiron** (23.9.) und **Waage-Mars** eine **Opposition** dazu (24.9.). Fair zu bleiben und gerecht zu handeln, bewahrt uns davor, auf verlorenem Posten zu kämpfen. Sobald wir unser Schwert gegen andere richten, verletzen und besiegen wir uns vorwiegend selbst.

18
MONTAG

0:00 ☾ ↕ ♎
3:06 ☾ □ ⯓ v/c
6:58 ☾ → ♏
11:18 ☾ △ ♄
23:52 ☾ ⚹ ☿

☉25°15'♍ • ☾2°36'♏ • ☿8°31'♍ • ♀15°51'♌ • ♂14°11'♎ • ♃R 15°16'♉ • ♄R 2°14'♓
⚷R 18°41'♈ • ♅R 22°54'♉ • ♆R 26°18'♓ • ⯓R 28°01'♑ • ☊25°03'♈ • ⚸23°31'♌ • ⯛10°50'♓

19
DIENSTAG

0:00 ☾ ↕ ♏
4:32 ☾ △ ⯛
12:15 ☾ ☍ ♃
13:17 ☉ ☍ ♆
14:29 ☾ □ ♀

☉26°13'♍ • ☾15°05'♏ • ☿9°00'♍ • ♀16°20'♌ • ♂14°50'♎ • ♃R 15°13'♉ • ♄R 2°10'♓
⚷R 18°38'♈ • ♅R 22°53'♉ • ♆R 26°16'♓ • ⯓R 28°00'♑ • ☊25°04'♈ • ⚸23°35'♌ • ⯛11°19'♓

20
MITTWOCH

Weltkindertag
Weltfriedenstag

0:00 ☾ ↕ ♏
2:46 ☾ ☍ ♅
4:11 ☾ □ ⚸
9:06 ☾ △ ♆
10:47 ☉ ⚹ ☾
12:21 ☾ ⚹ ⯓ v/c
16:06 ☾ → ♐
19:58 ☾ □ ♄

☉27°12'♍ • ☾27°48'♏ • ☿9°38'♍ • ♀16°51'♌ • ♂15°30'♎ • ♃R 15°10'♉ • ♄R 2°06'♓
⚷R 18°36'♈ • ♅R 22°52'♉ • ♆R 26°15'♓ • ⯓R 27°59'♑ • ☊25°05'♈ • ⚸23°39'♌ • ⯛11°49'♓

ZUNEHMENDER HALBMOND IN SCHÜTZE

(22.9.) im Quadrat zur Jungfrau-Sonne:

Unser Frohsinn verträgt keine Kritik.

0:00 ☽ ↕ ♐
7:21 ☉ △ ♇
11:13 ☽ □ ☿
14:49 ☽ □ ⚳

21
DONNERSTAG

☉28°10' ♍ • ☽10°49' ♐ • ☿10°24' ♍ • ♀17°23' ♌ • ♂16°09' ♎ • ♃R 15°07' ♉ • ♄R 2°02' ♓
⚷R 18°33' ♈ • ⛢R 22°51' ♉ • ♆R 26°13' ♓ • ♇R 27°59' ♑ • ☊25°07' ♈ • ⚸23°43' ♌ • ⚳12°18' ♓

0:00 ☽ ↕ ♐
0:25 ☽ △ ♀
1:59 ☽ △ ⚷
11:22 ☽ △ ⚸
13:45 ☽ △ ☊
15:37 ☽ □ ♆
21:32 ☉ □ ☽ v/c
22:20 ☽ → ♑

22
FREITAG
◐ 21:32

☉29°09' ♍ • ☽24°09' ♐ • ☿11°19' ♍ • ♀17°56' ♌ • ♂16°49' ♎ • ♃R 15°03' ♉ • ♄R 1°58' ♓
⚷R 18°31' ♈ • ⛢R 22°50' ♉ • ♆R 26°11' ♓ • ♇R 27°58' ♑ • ☊25°08' ♈ • ⚸23°48' ♌ • ⚳12°47' ♓

Herbstanfang

0:00 ☽ ↕ ♑
1:44 ☽ ✶ ♄
8:50 ☉ → ♎
10:17 ♀ △ ⚷
20:24 ☽ △ ☿
21:38 ☽ ✶ ⚳

23
SAMSTAG

☉0°08' ♎ • ☽7°51' ♑ • ☿12°20' ♍ • ♀18°31' ♌ • ♂17°28' ♎ • ♃R 14°59' ♉ • ♄R 1°55' ♓
⚷R 18°28' ♈ • ⛢R 22°49' ♉ • ♆R 26°10' ♓ • ♇R 27°58' ♑ • ☊R 25°08' ♈ • ⚸23°52' ♌ • ⚳13°16' ♓

0:00 ☽ ↕ ♑
0:12 ☽ △ ♃
5:17 ☽ □ ♂
6:07 ☽ □ ⚷
13:27 ☽ △ ⛢
17:20 ☽ □ ☊
19:02 ☽ ✶ ♆
20:13 ☿ ☍ ⚳
22:05 ☽ ☌ ♇ v/c 22:06 ♂ ☍ ⚷

24
SONNTAG

☉1°06' ♎ • ☽21°56' ♑ • ☿13°29' ♍ • ♀19°07' ♌ • ♂18°08' ♎ • ♃R 14°56' ♉ • ♄R 1°51' ♓
⚷R 18°26' ♈ • ⛢R 22°48' ♉ • ♆R 26°08' ♓ • ♇R 27°57' ♑ • ☊R 25°06' ♈ • ⚸23°58' ♌ • ⚳13°44' ♓

Genau Buch zu führen, ist mit **Jungfrau-Merkur** im **Trigon** zu **Stier-Jupiter** (25.9.) ein großer Segen. Je gründlicher wir in den zurückliegenden Wochen unsere Lage analysiert und uns selbst kritisch hinterfragt haben, umso reicher werden wir beschenkt. Auch Kleinvieh macht Mist, überraschend viel sogar.

Jungfrau-Merkur bildet ein **Trigon** zu **Stier-Uranus** (30.9.). Womit sollen wir unsere Konten füllen oder wäre es klüger, sie zu leeren? Unsere Antwort darauf hängt auch davon ab, in welcher Währung wir rechnen.

Mit **Löwe-Venus** im **Quadrat** zu **Stier-Uranus** (29.9.) finden wir ausgerechnet an solchen Dingen und Menschen gefallen, die nicht unserem Geschmack entsprechen. Unserer Eroberungslust tut dies keinen Abbruch, ganz im Gegenteil, es spornt sie zu Höchstleistungen an.

25
MONTAG

0:00 ☽ ↕ ♑
1:29 ☽ → ♒
4:26 ☉ △ ☽
14:10 ☿ △ ♃

☉2°05'♎ • ☽6°22'♒ • ☿14°44'♍ • ♀19°45'♌ • ♂18°48'♎ • ♃R 14°52'♉ • ♄R 1°47'♓
⚷R 18°23'♈ • ♅R 22°46'♉ • ♆R 26°06'♓ • ♇R 27°57'♑ • ☊R 25°04'♈ • ⚸24°03'♌ • ⚳14°13'♓

26
DIENSTAG

0:00 ☽ ↕ ♒
1:49 ☽ □ ♃
7:33 ☽ ✶ ⚷
9:12 ☽ △ ♂
10:47 ☽ ☍ ♀
14:38 ☽ □ ♅ v/c
16:43 ♃ ✶ ⚳
16:56 ☽ ☍ ⚸
18:17 ☽ ✶ ☊

☉3°04'♎ • ☽21°07'♒ • ☿16°05'♍ • ♀20°23'♌ • ♂19°28'♎ • ♃R 14°47'♉ • ♄R 1°44'♓
⚷R 18°21'♈ • ♅R 22°45'♉ • ♆R 26°05'♓ • ♇R 27°57'♑ • ☊R 25°01'♈ • ⚸24°09'♌ • ⚳14°41'♓

27
MITTWOCH

0:00 ☽ ↕ ♒
2:18 ☽ → ♓
5:01 ☽ ☌ ♄

☉4°03'♎ • ☽6°04'♓ • ☿17°30'♍ • ♀21°03'♌ • ♂20°07'♎ • ♃R 14°43'♉ • ♄R 1°40'♓
⚷R 18°18'♈ • ♅R 22°44'♉ • ♆R 26°03'♓ • ♇R 27°56'♑ • ☊R 24°59'♈ • ⚸24°15'♌ • ⚳15°09'♓

VOLLMOND IN WIDDER (29.9.): Es hängt von unserem Wollen ab, was an Gemeinsamkeit möglich ist.

28 DONNERSTAG

0:00 ☽ ↕ ♓
1:46 ☽ ✶ ♃
2:59 ☽ ☌ ⚳
8:18 ☽ ☍ ☿
14:35 ☽ ✶ ♅
19:54 ☽ ☌ ♆
22:57 ☽ ✶ ♇ v/c

☉5°02'♎ • ☽21°05'♓ • ☿19°00'♍ • ♀21°44'♌ • ♂20°47'♎ • ♃R 14°39'♉ • ♄R 1°37'♓
⚷R 18°15'♈ • ♅R 22°42'♉ • ♆R 26°02'♓ • ♇R 27°56'♑ • ☊R 24°56'♈ • ⚸24°21'♌ • ⚳15°37'♓

29 FREITAG

○ 11:57

0:00 ☽ ↕ ♓
2:17 ☽ → ♈
11:57 ☉ ☍ ☽
19:52 ♀ □ ♅

☉6°01'♎ • ☽6°02'♈ • ☿20°34'♍ • ♀22°26'♌ • ♂21°27'♎ • ♃R 14°34'♉ • ♄R 1°34'♓
⚷R 18°13'♈ • ♅R 22°41'♉ • ♆R 26°00'♓ • ♇R 27°55'♑ • ☊R 24°54'♈ • ⚸24°28'♌ • ⚳16°04'♓

30 SAMSTAG

0:00 ☽ ↕ ♈
7:44 ☽ ☌ ⚷
14:19 ☽ ☍ ♂
16:08 ☽ △ ♀
18:20 ☽ △ ⚸
18:48 ☽ ☌ ☊
18:55 ☿ △ ♅
23:49 ☽ □ ♇ v/c

☉6°59'♎ • ☽20°46'♈ • ☿22°10'♍ • ♀23°09'♌ • ♂22°07'♎ • ♃R 14°29'♉ • ♄R 1°30'♓
⚷R 18°10'♈ • ♅R 22°39'♉ • ♆R 25°58'♓ • ♇R 27°55'♑ • ☊R 24°54'♈ • ⚸24°35'♌ • ⚳16°31'♓

1 SONNTAG

OKTOBER
Erntedankfest

0:00 ☽ ↕ ♈
3:18 ☽ → ♉
5:45 ☽ ✶ ♄

☉7°58'♎ • ☽5°11'♉ • ☿23°50'♍ • ♀23°53'♌ • ♂22°47'♎ • ♃R 14°24'♉ • ♄R 1°27'♓
⚷R 18°07'♈ • ♅R 22°38'♉ • ♆R 25°57'♓ • ♇R 27°55'♑ • ☊24°54'♈ • ⚸24°42'♌ • ⚳16°58'♓

Jagen verboten! **Löwe-Venus** befindet sich am **Lilith-Pol** (2.10.). Es ist unser Stolz, der uns davor bewahrt, zur leichten Beute derer zu werden, die unserer Eitelkeit schmeicheln. Die meisten Themen, die uns derzeit beschäftigen, dürften uns bekannt vorkommen. **Jungfrau-Merkur** bildet eine **Opposition** zu **Fische-Neptun** (2.10.) und ein **Trigon** zu **Steinbock-Pluto** (3.10.). Um dem Chaos beizukommen, sind Ideen gefragt, die wir bestenfalls erahnen können.

Was wir aus Gewohnheit tun, bringt uns nicht weiter. Mit **Waage-Mars** am **absteigenden Mondknoten** (4.10.) ist die Versuchung groß, uns einfach bei anderen unterzuhaken. Das mag uns clever vorkommen, doch karmisch gesehen ist es eine Katastrophe. Solange alles ein Für und Wider hat und wir dennoch zu Entscheidungen kommen, liegen wir richtig. **Merkur wechselt** in **Waage** (5.10.).

2
MONTAG

0:00 ☾ ↕ ♉
3:37 ☾ ☌ ♃
8:49 ☾ ⚹ ⚳
17:34 ☿ ☍ ♆
17:57 ☾ ☌ ⛢
18:47 ♀ ☌ ⚸
20:45 ♀ △ ☊
21:57 ☾ □ ⚸
22:07 ☾ □ ♀
23:47 ☾ ⚹ ♆

☉ 8°57' ♎ • ☾ 19°11' ♉ • ☿ 25°31' ♍ • ♀ 24°38' ♌ • ♂ 23°27' ♎ • ♃R 14°19' ♉ • ♄R 1°24' ♓
⚷R 18°05' ♈ • ⛢R 22°36' ♉ • ♆R 25°55' ♓ • ♇R 27°55' ♑ • ☊ 24°55' ♈ • ⚸ 24°49' ♌ • ⚳ 17°25' ♓

3
DIENSTAG

Tag der Deutschen Einheit

0:00 ☾ ↕ ♉
0:41 ☾ △ ☿
3:19 ☾ △ ♇ v/c
7:03 ☾ → ♊
8:32 ☊ △ ⚸
9:28 ☾ □ ♄
21:20 ☿ △ ♇

☉ 9°56' ♎ • ☾ 2°46' ♊ • ☿ 27°14' ♍ • ♀ 25°25' ♌ • ♂ 24°07' ♎ • ♃R 14°13' ♉ • ♄R 1°21' ♓
⚷R 18°02' ♈ • ⛢R 22°34' ♉ • ♆R 25°53' ♓ • ♇R 27°54' ♑ • ☊ 24°56' ♈ • ⚸ 24°57' ♌ • ⚳ 17°51' ♓

4
MITTWOCH

0:00 ☾ ↕ ♊
2:03 ☉ △ ☾
15:51 ☾ ⚹ ⚷
16:34 ☾ □ ⚳
18:06 ♂ ☍ ☊

☉ 10°55' ♎ • ☾ 15°55' ♊ • ☿ 28°58' ♍ • ♀ 26°11' ♌ • ♂ 24°47' ♎ • ♃R 14°08' ♉ • ♄R 1°18' ♓
⚷R 17°59' ♈ • ⛢R 22°33' ♉ • ♆R 25°52' ♓ • ♇R 27°54' ♑ • ☊ 24°57' ♈ • ⚸ 25°05' ♌ • ⚳ 18°17' ♓

ABNEHMENDER HALBMOND IN KREBS

(6.10.) im Quadrat zur Waage-Sonne:

Gut für uns selbst zu sorgen, heißt manchmal auch, nicht für andere da zu sein.

5 DONNERSTAG

0:00 ☾ ↕ ♊
1:04 ♂ ✶ ⚸
2:08 ☿ → ♎
4:57 ☾ ✶ ☊
5:21 ☾ ✶ ⚸
5:32 ☾ △ ♂
6:37 ☾ □ ♆
8:34 ☾ ✶ ♀ v/c
14:32 ☾ → ♋
16:33 ☾ □ ☿
16:54 ☾ △ ♄

☉11°54'♎ • ☾28°41'♊ • ☿0°43'♎ • ♀26°59'♌ • ♂25°27'♎ • ♃R 14°02'♉ • ♄R 1°15'♓
⚷R 17°57'♈ • ♅R 22°31'♉ • ♆R 25°50'♓ • ♇R 27°54'♑ • ☊24°58'♈ • ⚸25°13'♌ • ⚳18°43'♓

6 FREITAG

◑ 15:48

0:00 ☾ ↕ ♋
15:48 ☉ □ ☾
17:29 ☾ ✶ ♃

☉12°54'♎ • ☾11°07'♋ • ☿2°29'♎ • ♀27°48'♌ • ♂26°08'♎ • ♃R 13°56'♉ • ♄R 1°12'♓
⚷R 17°54'♈ • ♅R 22°29'♉ • ♆R 25°49'♓ • ♇R 27°54'♑ • ☊24°58'♈ • ⚸25°21'♌ • ⚳19°09'♓

7 SAMSTAG

0:00 ☾ ↕ ♋
1:17 ☾ □ ⚷
4:21 ☾ △ ⚳
10:22 ☾ ✶ ♅
15:21 ☾ □ ☊
16:58 ☾ △ ♆
19:25 ☾ □ ♂
21:11 ☾ ☍ ♇ v/c

☉13°53'♎ • ☾23°17'♋ • ☿4°15'♎ • ♀28°38'♌ • ♂26°48'♎ • ♃R 13°50'♉ • ♄R 1°10'♓
⚷R 17°51'♈ • ♅R 22°28'♉ • ♆R 25°47'♓ • ♇R 27°54'♑ • ☊R 24°58'♈ • ⚸25°29'♌ • ⚳19°34'♓

8 SONNTAG

0:00 ☾ ↕ ♋
1:24 ☾ → ♌
13:47 ☾ ✶ ☿

☉14°52'♎ • ☾5°17'♌ • ☿6°02'♎ • ♀29°28'♌ • ♂27°28'♎ • ♃R 13°44'♉ • ♄R 1°07'♓
⚷R 17°49'♈ • ♅R 22°26'♉ • ♆R 25°46'♓ • ♇R 27°54'♑ • ☊R 24°58'♈ • ⚸25°38'♌ • ⚳19°58'♓

♅

Die geborgte Erde

Uranus in Stier

♉

seit 6. März 2019 bis 26. April 2026
Zu Jahresbeginn 2023 steht Uranus
auf 15°09' rückläufig in Stier.
Er wird am 22. Januar 2023 auf 14°56' Stier direktläufig
und am 29. August 2023 auf 23°05' Stier rückläufig.
Zum Jahresende steht er auf 19°24' rückläufig in Stier.

Was wir haben, das hat uns irgendwann. Dinge ergreifen von uns Besitz. Sie werden parasitär, benutzen uns als Wirt und laben sich an uns. Je länger etwas uns gehört, desto mehr Energie raubt es uns. Das kann und darf sich ändern. Alles eine Frage des Durchblicks und der richtigen Strategie. Letztlich bekommen wir die Dinge nur geliehen, auch das, was wir zu besitzen glauben. Das letzte Hemd hat keine Taschen. Wenn wir hinübergehen, lassen wir alles zurück.

Dies zu erkennen und zu akzeptieren, birgt sowohl Chancen als auch Risiken. Unser Besitzdenken ist nicht mehr zeitgemäß. Wir häufen im Laufe unseres Lebens viel zu viel an. Das schadet uns und dem Planeten, auf dem wir leben. Besitz neu zu denken, das hat Zukunft. Je weniger wir unser Eigen nennen, desto freier werden wir. Das könnte funktionieren. Am besten gemeinsam. Wir haben unseren Heimatplaneten nur geborgt. Er gehört uns nicht. Das ist der Stoff für kommende Revolutionen.

Was wir mit aller Macht erzwingen, fällt auf uns zurück. Mit **Waage-Mars** im **Quadrat** zum **stationär direktläufigen Steinbock-Pluto** (9./11.10.) muss es für alle Beteiligten gerecht zugehen, sonst droht ein Schlachtfeld, spätestens dann, wenn **Mars** in **Skorpion wechselt** (12.10.). Nach falschen Vorstellungen zu handeln, ist unser größter Feind. Solange wir uns mit **Waage-Sonne** und **-Merkur** in **Opposition** zu **Widder-Chiron** (11./15.10.) vor unangenehmen Entscheidungen drücken wollen, werden wir diesen Gegner kaum besiegen können, er uns dagegen schon.

Unsere Liebsten sind keine Bediensteten. **Venus** wechselt in **Jungfrau** (9.10.) und bildet eine **Opposition** zu **Fische-Saturn** (10.10.). Nur wenn wir uns selbst wertschätzen, werden es auch andere tun. Ein Nein aus Liebe ist ein Ja zu uns.

9
MONTAG

0:00 ☽ ↕ ♌
3:05 ♂ □ ♇
3:10 ♀ → ♍
4:55 ☽ □ ♃
9:07 ☉ ⚹ ☽
13:13 ☽ △ ⚷
22:36 ☽ □ ♅

☉ 15°51' ♎ • ☽ 17°09' ♌ • ☿ 7°48' ♎ • ♀ 0°19' ♍ • ♂ 28°09' ♎ • ♃R 13°38' ♉ • ♄R 1°04' ♓
⚷R 17°46' ♈ • ♅R 22°24' ♉ • ♆R 25°44' ♓ • ♇R 27°54' ♑ • ☊R 24°57' ♈ • ⚸ 25°47' ♌ • ⯝ 20°23' ♓

10
DIENSTAG

0:00 ☽ ↕ ♌
3:45 ☽ △ ☊
5:42 ☽ ☌ ⚸
8:10 ♀ ☍ ♄
11:36 ☽ ⚹ ♂ v/c
14:02 ☽ → ♍
16:06 ☽ ☍ ♄
16:46 ☽ ☌ ♀

☉ 16°50' ♎ • ☽ 29°00' ♌ • ☿ 9°35' ♎ • ♀ 1°11' ♍ • ♂ 28°49' ♎ • ♃R 13°31' ♉ • ♄R 1°02' ♓
⚷R 17°43' ♈ • ♅R 22°22' ♉ • ♆R 25°43' ♓ • ♇R 27°54' ♑ • ☊R 24°55' ♈ • ⚸ 25°56' ♌ • ⯝ 20°47' ♓

11
MITTWOCH

0:00 ☽ ↕ ♍
3:08 ♇ SD
8:21 ☉ ☍ ⚷
17:06 ☽ △ ♃

☉ 17°50' ♎ • ☽ 10°52' ♍ • ☿ 11°21' ♎ • ♀ 2°03' ♍ • ♂ 29°30' ♎ • ♃R 13°25' ♉ • ♄R 1°00' ♓
⚷R 17°40' ♈ • ♅R 22°20' ♉ • ♆R 25°41' ♓ • ♇ 27°54' ♑ • ☊R 24°54' ♈ • ⚸ 26°05' ♌ • ⯝ 21°10' ♓

NEUMOND IN WAAGE

(14.10.) in Opposition zu Widder-Chiron:

Sie liebt mich. Sie liebt mich nicht. Er liebt mich. Er liebt mich nicht. Wie lang soll das noch so weitergehen?

12 DONNERSTAG

0:00 ☾ ↕ ♍
6:04 ♂ → ♏
9:25 ☾ ☍ ⚳
11:01 ☾ △ ♅
17:42 ☾ ☍ ♆
22:10 ☾ △ ♇ v/c

☉ 18°49' ♎ • ☾ 22°48' ♍ • ☿ 13°06' ♎ ♀ 2°56' ♍ • ♂ 0°10' ♏ • ♃R 13°18' ♉ • ♄R 0°57' ♓
⚷R 17°38' ♈ • ♅R 22°18' ♉ • ♆R 25°40' ♓ • ♇ 27°54' ♑ • ☊R 24°53' ♈ • ⚸ 26°15' ♌ • ⚳ 21°33' ♓

13 FREITAG

0:00 ☾ ↕ ♍
2:22 ☾ → ♎
14:29 ♂ △ ♄

☉ 19°49' ♎ • ☾ 4°51' ♎ • ☿ 14°52' ♎ • ♀ 3°50' ♍ • ♂ 0°51' ♏ • ♃R 13°11' ♉ • ♄R 0°55' ♓
⚷R 17°35' ♈ • ♅R 22°16' ♉ • ♆R 25°38' ♓ • ♇ 27°54' ♑ • ☊R 24°53' ♈ • ⚸ 26°24' ♌ • ⚳ 21°55' ♓

14 SAMSTAG

● 19:55
ringförmige Sonnenfinsternis

0:00 ☾ ↕ ♎
8:52 ♅ ⚹ ⚳
10:58 ☾ ☌ ☿
12:55 ☾ ☍ ⚷
19:55 ☉ ☌ ☾

☉ 20°48' ♎ • ☾ 17°04' ♎ • ☿ 16°36' ♎ • ♀ 4°44' ♍ • ♂ 1°31' ♏ • ♃R 13°04' ♉ • ♄R 0°53' ♓
⚷R 17°32' ♈ • ♅R 22°14' ♉ • ♆R 25°37' ♓ ♇ 27°54' ♑ • ☊R 24°53' ♈ • ⚸ 26°34' ♌ • ⚳ 22°17' ♓

15 SONNTAG

0:00 ☾ ↕ ♎
0:31 ☿ ☍ ⚷
3:11 ☾ ☍ ☊
6:42 ☾ ⚹ ⚸
9:01 ☾ □ ♇ v/c
13:04 ☾ → ♏
14:41 ☾ △ ♄
17:35 ☾ ☌ ♂

☉ 21°47' ♎ • ☾ 29°27' ♎ • ☿ 18°21' ♎ • ♀ 5°40' ♍ • ♂ 2°12' ♏ • ♃R 12°57' ♉ • ♄R 0°51' ♓
⚷R 17°29' ♈ • ♅R 22°12' ♉ • ♆R 25°35' ♓ • ♇ 27°54' ♑ • ☊ 24°52' ♈ • ⚸ 26°44' ♌ • ⚳ 22°39' ♓

Wer die Regeln bestimmt, muss für die Folgen haften. Mit **Skorpion-Sonne** im **Trigon** zu **Fische-Saturn** (24.10.) wird deutlich, wo die Grenzen unserer Verantwortlichkeiten liegen. Auf Machtansprüche zu verzichten, kann uns nachhaltig entlasten.

In manchen Momenten scheint das Paradies zum Greifen nah. **Fische-Neptun** befindet sich am **Priapus-Pol** (24.10.). Träume und Sehnsüchte, die uns überwältigen, weisen uns den Weg zu seinem Tor. Wir könnten uns auch von Illusionen nähren. Fraglich ist, ob uns dies bekommt.

Es sind die verbotenen Früchte, die uns am meisten locken. Von ihnen zu kosten, hat seinen Preis. **Skorpion-Mars** und **-Merkur** bilden eine **Opposition** zu **Stier-Jupiter** (28./29.10.). Worüber wir uns streiten, das sollte es uns wert sein, sonst zahlen wir am Ende drauf.

23 MONTAG

0:00 ☽ ↕ ♒
4:27 ☽ □ ♃
13:05 ☽ ✶ ⚷
18:21 ☉ → ♏
21:04 ☽ □ ♅ v/c

☉29°44' ♎ • ☽16°29' ♒ • ☿1°53' ♏ • ♀13°20' ♍ • ♂7°39' ♏ • ♃R 11°57' ♉ • ♄R 0°38' ♓
⚷R 17°08' ♈ • ♅R 21°55' ♉ • ♆R 25°24' ♓ • ♇27°56' ♑ • ☊24°53' ♈ • ⚸28°10' ♌ • ⚳25°07' ♓

24 DIENSTAG

0:00 ☽ ↕ ♒
2:02 ☽ ✶ ☊
7:45 ☽ ☍ ⚸
9:13 ☉ △ ♄
10:33 ☽ → ♓
11:34 ☽ ☌ ♄
11:45 ☉ △ ☽
13:22 ♆ ☌ ⚳
16:57 ☽ △ ☿

☉0°44' ♏ • ☽0°53' ♓ • ☿3°31' ♏ • ♀14°19' ♍ • ♂8°20' ♏ • ♃R 11°49' ♉ • ♄R 0°37' ♓
⚷R 17°05' ♈ • ♅R 21°53' ♉ • ♆R 25°23' ♓ • ♇27°56' ♑ • ☊24°53' ♈ • ⚸28°21' ♌ • ⚳25°22' ♓

25 MITTWOCH

0:00 ☽ ↕ ♓
0:58 ☽ △ ♂
5:57 ☽ ✶ ♃
11:52 ☽ ☍ ♀
22:35 ☽ ✶ ♅

☉1°44' ♏ • ☽15°24' ♓ • ☿5°09' ♏ • ♀15°19' ♍ • ♂9°01' ♏ • ♃R 11°42' ♉ • ♄R 0°36' ♓
⚷R 17°03' ♈ • ♅R 21°51' ♉ • ♆R 25°22' ♓ • ♇27°57' ♑ • ☊24°54' ♈ • ⚸28°32' ♌ • ⚳25°36' ♓

VOLLMOND IN STIER

(28.10.):
Was von uns Besitz ergreift, das lässt sich nicht einfach abschütteln.

0:00 ☾ ↕ ♓
4:22 ☾ ☌ ♆
5:02 ☾ ☌ ⚳
8:39 ☾ ⚹ ⯓ v/c
12:01 ☾ → ♈

26
DONNERSTAG

☉2°43' ♏ • ☾29°59' ♓ • ☿6°47' ♏ • ♀16°20' ♍ • ♂9°43' ♏ • ♃R 11°34' ♉ • ♄R 0°35' ♓
⚷R 17°00' ♈ • ♅R 21°48' ♉ • ♆R 25°20' ♓ • ♇27°57' ♑ • ☊24°54' ♈ • ⚸28°44' ♌ • ⚳25°49' ♓

0:00 ☾ ↕ ♈
15:59 ☾ ☌ ⚷

27
FREITAG

☉3°43' ♏ • ☾14°32' ♈ • ☿8°24' ♏ • ♀17°21' ♍ • ♂10°24' ♏ • ♃R 11°26' ♉ • ♄R 0°34' ♓
⚷R 16°57' ♈ • ♅R 21°46' ♉ • ♆R 25°19' ♓ • ♇27°57' ♑ • ☊24°55' ♈ • ⚸28°56' ♌ • ⚳26°01' ♓

0:00 ☾ ↕ ♈
5:14 ☾ ☌ ☊
10:20 ☾ □ ⯓ v/c
12:16 ☾ △ ⚸
13:44 ☾ → ♉
14:40 ☾ ⚹ ♄
18:03 ♂ ☍ ♃
22:24 ☉ ☍ ☾

28
SAMSTAG
○ 22:24
partielle Mondfinsternis

☉4°43' ♏ • ☾28°58' ♈ • ☿10°01' ♏ • ♀18°22' ♍ • ♂11°05' ♏ • ♃R 11°18' ♉ • ♄R 0°33' ♓
⚷R 16°55' ♈ • ♅R 21°44' ♉ • ♆R 25°18' ♓ • ♇27°58' ♑ • ☊R 24°55' ♈ • ⚸29°07' ♌ • ⚳26°12' ♓

0:00 ☾ ↕ ♉
4:44 ☿ ☍ ♃
7:36 ☾ ☌ ♃
8:00 ☾ ☍ ☿
8:30 ☾ ☍ ♂
15:22 ☿ ☌ ♂
22:33 ☾ △ ♀

Ende der Sommerzeit (-1 Stunde)

29
SONNTAG

☉5°46' ♏ • ☾13°45' ♉ • ☿11°41' ♏ • ♀19°27' ♍ • ♂11°48' ♏ • ♃R 11°09' ♉ • ♄R 0°33' ♓
⚷R 16°52' ♈ • ♅R 21°41' ♉ • ♆R 25°17' ♓ • ♇27°58' ♑ • ☊R 24°54' ♈ • ⚸29°20' ♌ • ⚳26°22' ♓

Wonach es uns verlangt und gelüstet, bedarf einer sorgfältigen Analyse. **Jungfrau-Venus** bildet ein **Trigon** zu **Stier-Uranus** (31.10.) und **Oppositionen** zu **Fische-Neptun** (3.11.). und zum **Priapus-Pol** (5.11.). Das zu uns Passende beflügelt und berauscht uns jetzt wie von selbst. Wer kann da schon Nein sagen?

Ohne inneren Abstand zu unserem Begehren wird es uns kaum gelingen, uns in Verzicht zu üben. Mit dem **Wechsel** des **Lilith-Pols** in **Jungfrau** (1.11.) und dem **direktläufig** werdenden **Fische-Saturn** in **Opposition** dazu (4.11.) müssen wir uns selbst Einhalt gebieten, ehe andere es für uns tun. Nicht alle Lust will Ewigkeit. Sie vergeht uns schneller, als wir mit **Skorpion-Sonne** in **Opposition** zu **Stier-Jupiter** (3.11.) wahrhaben möchten. Wenn wir rechtzeitig umdenken, fällt uns das Loslassen leicht. **Skorpion-Merkur** läuft in **Opposition** zu **Stier-Uranus** (4.11.).

30
MONTAG

0:00 ☾ ↕ ♉
1:36 ☾ ☌ ♅
7:50 ☾ ⚹ ♆
9:59 ☾ ⚹ ⚳
12:35 ☾ △ ♇ v/c
15:21 ☾ □ ⚸
16:08 ☾ → ♊
17:04 ☾ □ ♄

☉6°45' ♏ • ☾27°39' ♉ • ☿13°16' ♏ • ♀20°29' ♍ • ♂12°30' ♏ • ♃R 11°01' ♉ • ♄R 0°32' ♓
⚷R 16°50' ♈ • ♅R 21°39' ♉ • ♆R 25°16' ♓ • ♇27°59' ♑ • ☊R 24°53' ♈ • ⚸29°32' ♌ • ⚳26°30' ♓

31
DIENSTAG

Reformationstag
Halloween

0:00 ☾ ↕ ♊
13:51 ♀ △ ♅
22:06 ☾ ⚹ ⚷

☉7°45' ♏ • ☾11°11' ♊ • ☿14°51' ♏ • ♀21°31' ♍ • ♂13°11' ♏ • ♃R 10°53' ♉ • ♄R 0°32' ♓
⚷R 16°47' ♈ • ♅R 21°36' ♉ • ♆R 25°14' ♓ • ♇28°00' ♑ • ☊R 24°52' ♈ • ⚸29°44' ♌ • ⚳26°37' ♓

1
MITTWOCH

NOVEMBER
Allerheiligen

0:00 ☾ ↕ ♊
8:25 ☾ □ ♀
12:53 ☾ ⚹ ☊
13:36 ☾ □ ♆ v/c
16:24 ☾ □ ⚳
19:11 ⚸ → ♍
22:30 ☾ → ♋
22:33 ☾ ⚹ ⚸
23:28 ☾ △ ♄

☉8°45' ♏ • ☾24°21' ♊ • ☿16°26' ♏ • ♀22°34' ♍ • ♂13°53' ♏ • ♃R 10°45' ♉ • ♄R 0°31' ♓
⚷R 16°45' ♈ • ♅R 21°34' ♉ • ♆R 25°13' ♓ • ♇28°00' ♑ • ☊R 24°50' ♈ • ⚸29°56' ♌ • ⚳26°43' ♓

ABNEHMENDER HALBMOND IN LÖWE

(5.11.) im Quadrat zur Skorpion-Sonne:

Was uns bindet, erfreut unser Herz nicht immer.

0:00 ☾ ↕ ♋
17:23 ☉ △ ☾
18:31 ☾ ⚹ ♃

Allerseelen

2 DONNERSTAG

☉ 9°45' ♏ • ☾ 7°10' ♋ • ☿ 18°00' ♏ • ♀ 23°38' ♍ • ♂ 14°34' ♏ • ♃R 10°37' ♉ • ♄R 0°31' ♓
⚷R 16°42' ♈ • ♅R 21°32' ♉ • ♆R 25°12' ♓ ♇ 28°01' ♑ • ☊R 24°48' ♈ • ⚳ 0°09' ♍ • ⚴ 26°47' ♓

0:00 ☾ ↕ ♋
3:01 ☾ △ ♂
6:02 ☉ ☍ ♃
6:15 ☾ □ ⚷
11:49 ☾ △ ☿
15:36 ☾ ⚹ ♅
22:01 ☾ □ ☊
22:49 ☾ ⚹ ♀
22:50 ☾ △ ♆
23:05 ♀ ☍ ♆

3 FREITAG

☉ 10°45' ♏ • ☾ 19°38' ♋ • ☿ 19°33' ♏ • ♀ 24°41' ♍ • ♂ 15°16' ♏ • ♃R 10°28' ♉ • ♄R 0°31' ♓
⚷R 16°40' ♈ • ♅R 21°29' ♉ • ♆R 25°11' ♓ • ♇ 28°02' ♑ • ☊R 24°46' ♈ ⚳ 0°21' ♍ • ⚴ 26°49' ♓

0:00 ☾ ↕ ♋
2:05 ☾ △ ⚴
4:28 ☾ ☍ ♇ v/c
6:52 ♄ ☍ ⚳
8:04 ♄ SD
8:21 ☾ → ♌
17:07 ☿ ☍ ♅

4 SAMSTAG

☉ 11°46' ♏ • ☾ 1°51' ♌ • ☿ 21°06' ♏ • ♀ 25°45' ♍ • ♂ 15°57' ♏ • ♃R 10°20' ♉ • ♄ 0°31' ♓
⚷R 16°37' ♈ • ♅R 21°27' ♉ • ♆R 25°10' ♓ • ♇ 28°02' ♑ • ☊R 24°45' ♈ • ⚳ 0°33' ♍ • ⚴R 26°49' ♓

0:00 ☾ ↕ ♌
4:46 ☾ □ ♃
9:37 ☉ □ ☾
11:31 ♀ ☍ ⚴
17:29 ☾ △ ⚷
18:00 ☾ □ ♂

5 SONNTAG

◑ 9:37

☉ 12°46' ♏ • ☾ 13°51' ♌ • ☿ 22°39' ♏ • ♀ 26°49' ♍ • ♂ 16°39' ♏ • ♃R 10°12' ♉ • ♄ 0°31' ♓
⚷R 16°35' ♈ • ♅R 21°24' ♉ • ♆R 25°09' ♓ • ♇ 28°03' ♑ • ☊ 24°45' ♈ • ⚳ 0°46' ♍ • ⚴R 26°48' ♓

Es ist ein Wunder geschehen. Ein neuer Kosmos ist entstanden. Unser Metaversum. Mark Zuckerberg, du bist ein Gott. Hast uns eine weitere Welt erschaffen. Einfach so. Aus dem Hut gezaubert. Endlich werden unsere kühnsten Träume und Visionen erfüllt. Wir erfinden uns neu und machen uns zu Avataren einer besseren Welt. In der alles vollkommen ist und perfekt. Eine schöne, verführerische digitale Datenwelt. Unser neues Paradies.

Oder täuschen wir uns? Werden uns womöglich Illusionen verkauft? Ist das alles nur schöner Schein? Krypto? Ein gigantischer Fake? Uns ist das schleierhaft. Dieser Datenstrom, der durch unsere Adern fließt. Woraus speist er sich? Wo führt er hin? Liest da etwa jemand heimlich mit? Nee, Mr. Zuckerberg. So nicht. Wir haben deinen Zuckerguss durchschaut. Ziehen dir den Stecker raus. Ein tolles Metaversum hast du da geschaffen. So richtig zappenduster.

Verführerische Scheinwelten

Neptun in Fische

seit 4. April 2011 bis zum 26. Januar 2026
Zu Jahresbeginn 2023 steht Neptun auf 22°52′ Fische. Er wird am 30. Juni auf 27°41′ Fische rückläufig und am 6. Dezember 2023 auf 24°53′ Fische direktläufig. Zum Jahresende steht er auf 25°04′ Fische.

Um mit unseren Schätzen zu glänzen, sollten wir sie vorher gut gepflegt und sortiert haben. **Jungfrau-Venus** bildet ein **Trigon** zu **Steinbock-Pluto** (6.11.), ehe sie in **Waage wechselt** (8.11.). Schönheit, erfreue und beglücke uns.

Mit **Skorpion-Merkur** im **Trigon** zu **Fische-Neptun** (7.11.) und zum **Priapus-Pol** (8.11.) geraten wir mit unseren Gedanken in Bahnen, die entweder verboten oder uferlos sind. Beides kann uns Erfüllung bringen und am Ende gut ausgehen.

Ohne die Einsicht, dass auch andere recht haben, kann es uns jetzt schnell die Sprache verschlagen. **Merkur wechselt** in **Schütze** und bildet ein **Quadrat** zu **Fische-Saturn** (10.11.) sowie ein **Quadrat** zum **Lilith-Pol** in **Jungfrau** (11.11.). Dinge, die wir über uns und andere verraten, werden langfristige Folgen haben. Vielleicht wäre es klüger, zu schweigen.

6
MONTAG

0:00 ☾ ↕ ♌
3:11 ☾ □ ♅
8:25 ☾ □ ☿ v/c
10:01 ☾ △ ☊
15:38 ♀ △ ♇
20:39 ☾ → ♍
21:42 ☾ ☍ ♄
22:49 ☾ ☌ ⚸

☉13°46'♏ • ☾25°44'♌ • ☿24°12'♏ • ♀27°54'♍ • ♂17°21'♏ • ♃R 10°04'♉ • ♄0°31'♓
⚷R 16°33'♈ • ♅R 21°22'♉ • ♆R 25°08'♓ • ♇28°04'♑ • ☊24°45'♈ • ⚸0°59'♍ • ⓅR 26°45'♓

7
DIENSTAG

0:00 ☾ ↕ ♍
2:37 ☿ △ ♆
16:43 ☾ △ ♃

☉14°46'♏ • ☾7°34'♍ • ☿25°44'♏ • ♀28°59'♍ • ♂18°03'♏ • ♃R 9°56'♉ • ♄0°31'♓
⚷R 16°30'♈ • ♅R 21°19'♉ • ♆R 25°07'♓ • ♇28°04'♑ • ☊24°46'♈ • ⚸1°11'♍ • ⓅR 26°39'♓

8
MITTWOCH

0:00 ☾ ↕ ♍
1:21 ☿ △ Ⓟ
3:54 ☉ ⚹ ☾
10:29 ☾ ⚹ ♂
10:30 ♀ → ♎
15:40 ☾ △ ♅
23:20 ☾ ☍ ♆

☉15°46'♏ • ☾19°27'♍ • ☿27°15'♏ • ♀0°04'♎ • ♂18°45'♏ • ♃R 9°48'♉ • ♄0°32'♓
⚷R 16°28'♈ • ♅R 21°17'♉ • ♆R 25°06'♓ • ♇28°05'♑ • ☊24°48'♈ • ⚸1°24'♍ • ⓅR 26°31'♓

Beim zunehmendem Halbmond (erstes Viertel) ist auf der Nordhalbkugel die rechte Hälfte der sichtbaren Mondoberfläche beleuchtet, beim abnehmendem Halbmond (letztes Viertel) die linke Hälfte.

9 DONNERSTAG

0:00 ☽ ↕ ♍
1:17 ☿ ⚹ ♇
1:58 ☽ ☍ ⚵
5:20 ☽ △ ♇
5:55 ☽ ⚹ ☿ v/c
9:08 ☽ → ♎
11:23 ☽ ☌ ♀

☉16°46' ♏ • ☽1°27' ♎ • ☿28°46' ♏ • ♀1°10' ♎ • ♂19°26' ♏ • ♃R 9°40' ♉ • ♄0°32' ♓
⚷R 16°26' ♈ • ♅R 21°14' ♉ • ♆R 25°05' ♓ • ♇28°06' ♑ • ☊24°50' ♈ • ⚸1°37' ♍ • ⚵R 26°20' ♓

10 FREITAG

0:00 ☽ ↕ ♎
7:25 ☿ → ♐
16:07 ☿ □ ♄
17:25 ☽ ☍ ⚷

☉17°47' ♏ • ☽13°36' ♎ • ☿0°17' ♐ • ♀2°15' ♎ • ♂20°08' ♏ • ♃R 9°32' ♉ • ♄0°33' ♓
⚷R 16°23' ♈ • ♅R 21°12' ♉ • ♆R 25°05' ♓ • ♇28°07' ♑ • ☊24°51' ♈ • ⚸1°50' ♍ • ⚵R 26°06' ♓

11 SAMSTAG

0:00 ☽ ↕ ♎
9:49 ☽ ☍ ☊
16:05 ☽ □ ♇ v/c
16:40 ☿ □ ⚸
19:39 ☽ → ♏
20:43 ☽ △ ♄
22:11 ♂ ☍ ♅
23:45 ☽ ⚹ ⚸

☉18°47' ♏ • ☽26°00' ♎ • ☿1°48' ♐ • ♀3°21' ♎ • ♂20°50' ♏ • ♃R 9°24' ♉ • ♄0°33' ♓
⚷R 16°21' ♈ • ♅R 21°09' ♉ • ♆R 25°04' ♓ • ♇28°08' ♑ • ☊R 24°51' ♈ • ⚸2°03' ♍ • ⚵R 25°49' ♓

12 SONNTAG

0:00 ☽ ↕ ♏
13:09 ☽ ☍ ♃

☉19°47' ♏ • ☽ 8°39' ♏ • ☿3°18' ♐ • ♀4°27' ♎ • ♂21°33' ♏ • ♃R 9°16' ♉ • ♄0°34' ♓
⚷R 16°19' ♈ • ♅R 21°07' ♉ • ♆R 25°03' ♓ • ♇28°09' ♑ • ☊R 24°51' ♈ • ⚸2°16' • ⚵R 25°29' ♓

Wo ein starker Wille vorhanden ist, müssen die Ziele glaubhaft und überzeugend sein, sonst verbeißen wir uns ins Falsche. **Skorpion-Mars** und **-Sonne** bilden **Oppositionen** zu **Stier-Uranus** (11./13.11.), **Trigone** zum **Priapus-Pol** (15./16.11.) und **Fische-Neptun** (17.11.) und gehen anschließend in **Konjunktion** (18.11.). Wovon wir uns Sicherheit versprechen, das rechnet sich nicht immer. Es sind unsere Fehlinvestitionen, die uns jetzt harte Einschnitte abverlangen. Mit Mut und Entschlossenheit können wir viel erreichen. Doch es könnte auch der Tropfen fallen, der das Fass zum Überlaufen bringt. Welches Fass es sein wird, darf uns nicht verborgen bleiben. Ansonsten ist mit Befreiungsschlägen zu rechnen, deren Schaden größer ist als der Nutzen, den wir uns davon versprechen. Wir könnten auch anders, die Frage ist nur, wie.

13
MONTAG
● 10:27

0:00 ☽ ↕ ♏
10:27 ☉ ☌ ☽
11:05 ☽ ☍ ♅
13:18 ☽ ☌ ♂
14:03 ♆ ☌ ⚳
18:12 ☽ △ ⚳
18:20 ☽ △ ♆
18:20 ☉ ☍ ♅

☉20°48' ♏ • ☽21°34' ♏ • ☿4°48' ♐ • ♀5°34' ♎ • ♂22°15' ♏ • ♃R 9°08' ♉ • ♄0°35' ♓
⚷R 16°17' ♈ • ♅R 21°04' ♉ • ♆R 25°02' ♓ • ♇28°10' ♑ • ☊R 24°49' ♈ • ⚸2°29' ♍ • ⚳R 25°04' ♓

14
DIENSTAG

0:00 ☽ ↕ ♏
0:03 ☽ ⚹ ♇ v/c
3:23 ☽ → ♐
4:28 ☽ □ ♄
8:12 ☽ □ ⚸
15:04 ☽ ☌ ☿
15:44 ☽ ⚹ ♀

☉21°48' ♏ • ☽4°46' ♐ • ☿6°17' ♐ • ♀6°41' ♎ • ♂22°57' ♏ • ♃R 9°00' ♉ • 0°36' ♓
⚷R 16°15' ♈ • ♅R 21°02' ♉ • ♆R 25°01' ♓ • ♇28°11' ♑ • ☊R 24°45' ♈ • ⚸2°42' ♍ • ⚳R 24°36' ♓

15
MITTWOCH

0:00 ☽ ↕ ♐
8:27 ☽ △ ⚷
13:49 ☿ ⚹ ♀
19:13 ♂ △ ⚳
21:49 ☽ □ ⚳
23:19 ☽ △ ☊
23:57 ☽ □ ♆ v/c

☉22°49' ♏ • ☽18°14' ♐ • ☿7°46' ♐ • ♀7°48' ♎ • ♂23°39' ♏ • ♃R 8°53' ♉ • ♄0°37' ♓
⚷R 16°13' ♈ • ♅R 20°59' ♉ • ♆R 25°01' ♓ • ♇28°12' ♑ • ☊R 24°41' ♈ • ⚸2°56' ♍ • ⚳R 24°03' ♓

NEUMOND IN SKORPION

(13.11.) in Konjunktion mit Mars und in Opposition zu Uranus:
Woran wir haften, dafür haften wir auch.
Jedes Risiko hat seinen Preis.

16 DONNERSTAG

0:00 ☽ ↕ ♐
6:08 ☉ △ ⚳
8:41 ☽ → ♑
9:48 ☽ ⚹ ♄
14:13 ☽ △ ⚸
23:48 ☽ △ ♃

☉23°49′♏ • ☽1°54′♑ • ☿9°15′♐ • ♀8°55′♎ • ♂24°21′♏ • ♃R 8°45′♉ • ♄0°39′♓
⚷R 16°11′♈ • ♅R 20°57′♉ • ♆R 25°00′♓ • ♇28°13′♑ • ☊R 24°36′♈ • ⚸3°09′♍ • ⚳R 23°24′♓

17 FREITAG

0:00 ☽ ↕ ♑
1:16 ☽ □ ♀
9:36 ♂ △ ♆
12:41 ☽ □ ⚷
15:51 ☉ △ ♆
20:51 ☽ △ ♅
23:16 ☽ ⚹ ⚳

☉24°50′♏ • ☽15°45′♑ • ☿10°43′♐ • ♀10°02′♎ • ♂25°04′♏ • ♃R 8°37′♉ • ♄0°40′♓
⚷R 16°09′♈ • ♅R 20°54′♉ • ♆R 24°59′♓ • ♇28°14′♑ • ☊R 24°32′♈ • ⚸3°22′♍ • ⚳R 22°41′♓

18 SAMSTAG

0:00 ☽ ↕ ♑
3:02 ☽ □ ☊
3:52 ☽ ⚹ ♆
4:49 ☉ ⚹ ☽
4:51 ☽ ⚹ ♂
6:42 ☉ ☌ ♂
9:27 ☽ ☌ ♇ v/c
12:27 ☽ → ♒

☉25°50′♏ • ☽29°44′♑ • ☿12°10′♐ • ♀11°10′♎ • ♂25°46′♏ • ♃R 8°30′♉ • ♄0°41′♓
⚷R 16°07′♈ • ♅R 20°52′♉ • ♆R 24°59′♓ • ♇28°15′♑ • ☊R 24°28′♈ • ⚸3°36′♍ • ⚳R 21°50′♓

19 SONNTAG

Volkstrauertag

0:00 ☽ ↕ ♒
2:50 ☽ □ ♃
9:12 ☽ △ ♀
11:39 ☽ ⚹ ☿
13:26 ♅ ⚹ ⚳
15:51 ☽ ⚹ ⚷
23:53 ☽ □ ♅

☉26°51′♏ • ☽13°49′♒ • ☿13°37′♐ • ♀12°18′♎ • ♂26°28′♏ • ♃R 8°23′♉ • ♄0°43′♓
⚷R 16°05′♈ • ♅R 20°49′♉ • ♆R 24°58′♓ • ♇28°16′♑ • ☊R 24°26′♈ • ⚸3°49′♍ • ⚳R 20°53′♓

Was auch immer wir uns erhoffen, mit **Schütze-Merkur** im **Quadrat** zu **Fische-Neptun** (27.11.) ist es entweder zu viel oder bloß ausgedacht. Kein Wunder, dass uns der Boden der Tatsachen hart wie Beton erscheint **Merkur** wechselt in **Steinbock** (1.12.) im **Sextil** zu **Fische-Saturn** (2.12.) am **Priapus-Pol** (30.11.). Die Lücke zwischen Wunsch und Wirklichkeit ist manchmal ein Abgrund. Uns in Verzicht zu üben und Opfer zu erbringen, könnte helfen.

Je leidenschaftlicher wir lieben, desto mehr haben wir zu verlieren. Mit **Waage-Venus** am absteigenden **Mondknoten** (29.11.) und im **Quadrat** zu **Steinbock-Pluto** (3.12.) ist nicht nur unsere Schokoladenseite gefragt. Sind Beten und Arbeiten ein Laster oder ein Liebesdienst? Die **Schütze-Sonne** steht im **Quadrat** zum **Lilith-Pol** in **Jungfrau** und zum **Priapus-Pol** in **Fische** (28.11.). Was wir begehren, das entzieht sich uns.

27
MONTAG
○ 10:16

0:00 ☽ ↕ ♉
1:40 ☽ → ♊
3:22 ☽ □ ♄
4:48 ☿ △ ☊
5:07 ☽ ☍ ♂
10:16 ☉ ☍ ☽
11:41 ☽ □ ⚸
14:27 ☿ □ ♆
15:22 ☽ □ ⚳
18:29 ♃ ✶ ⚳

☉ 4°56' ♐ • ☽ 5°50' ♊ • ☿ 24°47' ♐ • ♀ 21°27' ♎ • ♂ 2°10' ♐ • ♃R 7°28' ♉ • ♄ 0°59' ♓
⚷R 15°51' ♈ • ♅R 20°30' ♉ • ♆R 24°55' ♓ • ♇ 28°26' ♑ • ☊R 24°21' ♈ • ⚸ 5°39' ♍ • ⚳R 8°01' ♓

28
DIENSTAG

0:00 ☽ ↕ ♊
5:57 ☽ ✶ ⚷
10:10 ☉ □ ⚸
11:19 ☉ □ ⚳
11:41 ⚸ ☍ ⚳
18:54 ☽ △ ♀
21:11 ☽ ✶ ☊
22:30 ☽ □ ♆

☉ 5°56' ♐ • ☽ 19°10' ♊ • ☿ 26°05' ♐ • ♀ 22°37' ♎ • ♂ 2°52' ♐ • ♃R 7°22' ♉ • ♄ 1°01' ♓
⚷R 15°49' ♈ • ♅R 20°28' ♉ • ♆R 24°54' ♓ • ♇ 28°27' ♑ • ☊R 24°14' ♈ • ⚸ 5°53' ♍ • ⚳R 5°51' ♓

29
MITTWOCH

0:00 ☽ ↕ ♊
2:03 ☽ ☍ ☿ v/c
7:53 ☽ → ♋
9:51 ☽ △ ♄
12:39 ♂ □ ⚳
14:19 ☽ △ ⚳
18:16 ♀ ☍ ☊
19:24 ☽ ✶ ⚸
21:21 ☽ ✶ ♃

☉ 6°57' ♐ • ☽ 2°13' ♋ • ☿ 27°22' ♐ • ♀ 23°46' ♎ • ♂ 3°35' ♐ • ♃R 7°15' ♉ • ♄ 1°04' ♓
⚷R 15°48' ♈ • ♅R 20°25' ♉ • ♆R 24°54' ♓ • ♇ 28°28' ♑ • ☊R 24°07' ♈ • ⚸ 6°07' ♍ • ⚳R 3°40' ♓

VOLLMOND IN ZWILLINGE

(27.11.) in Opposition zu Mars:
Nichts ist langweiliger als Rätsel, die wir bereits gelöst haben.

0:00 ☾ ↕ ♋
13:32 ☾ □ ⚷
16:55 ♄ ☌ ⚸
22:20 ☾ ✶ ♅

30
DONNERSTAG

☉7°58'♐ • ☾14°58'♋ • ☿28°37'♐ • ♀24°56'♎ • ♂4°18'♐ • ♃R 7°09'♉ • ♄1°06'♓
⚷R 15°46'♈ • ♅R 20°23'♉ • ♆R 24°54'♓ • ♇28°30'♑ • ☊R 23°59'♈ • ⚳6°20'♍ • ⚸R 1°32'♓

DEZEMBER

0:00 ☾ ↕ ♋
5:07 ☾ □ ☊
6:03 ⚸ → ♒
7:04 ☾ △ ♆
9:09 ☾ □ ♀
9:36 ☿ ✶ ⚸
14:07 ☾ ☍ ♇ v/c
15:31 ☿ → ♑
17:00 ☾ → ♌

1
FREITAG

☉8°59'♐ • ☾27°26'♋ • ☿29°50'♐ • ♀26°06'♎ • ♂5°01'♐ • ♃R 7°04'♉ • ♄1°09'♓
⚷R 15°45'♈ • ♅R 20°21'♉ • ♆R 24°54'♓ • ♇28°31'♑ • ☊R 23°51'♈ • ⚳6°34'♍ • ⚸R 29°31'♒

0:00 ☾ ↕ ♌
3:48 ☾ △ ♂
6:44 ☾ □ ♃
12:44 ☉ △ ☾
14:45 ♀ △ ⚸
16:27 ☿ ✶ ♄

2
SAMSTAG

☉9°59'♐ • ☾9°39'♌ • ☿1°00'♑ • ♀27°16'♎ • ♂5°44'♐ • ♃R 6°58'♉ • ♄1°12'♓
⚷R 15°44'♈ • ♅R 20°18'♉ • ♆R 24°54'♓ • ♇28°32'♑ • ☊R 23°45'♈ • ⚳6°48'♍ • ⚸R 27°37'♒

1. Advent

0:00 ☾ ↕ ♌
0:05 ☾ △ ⚷
0:16 ♃ △ ⚳
9:13 ☾ □ ♅
14:29 ♀ □ ♇
16:03 ☾ △ ☊
19:28 ☾ ☍ ⚸

3
SONNTAG

☉11°00'♐ • ☾21°39'♌ • ☿2°07'♑ • ♀28°27'♎ • ♂6°28'♐ • ♃R 6°52'♉ • ♄1°15'♓
⚷R 15°42'♈ • ♅R 20°16'♉ • ♆R 24°53'♓ • ♇28°34'♑ • ☊R 23°41'♈ • ⚳7°02'♍ • ⚸R 25°52'♒

Was Leiden schafft, beruht nicht zwangsläufig auf Leidenschaft. **Venus wechselt** in **Skorpion** (4.12.) im **Trigon** zu **Fische-Saturn** (5.12.) und in **Opposition** zu **Stier-Jupiter** (10.12.). Durch Mäßigung und Verzicht können wir unsere Vorfreude steigern und unsere Genussmöglichkeiten noch intensiver auskosten. Selbst das Exzessive verfügt über einen nahezu unwiderstehlichen Reiz.

Unsere Seele breitet weit ihre Flügel aus. **Fische-Neptun** wird **direktläufig** (6.12.). An manchen Tagen ist das Leben ein Wunschkonzert. Auch durch erlittene Enttäuschungen können wir wachsen. Bleibt unser Glück ohne Segen, ist es wie ein Swimmingpool ohne Wasser.

Es gibt Tatsachen, die sich rechnen. Welche das sind, bedarf mit **Steinbock-Merkur** im **Trigon** zu **Stier-Jupiter** (8.12.) gründlicher Recherche und nüchterner Analyse. Versprechen einzulösen, lohnt sich jetzt.

4
MONTAG

0:00 ☾ ↕ ♌
3:11 ☾ ⚹ ♀ v/c
4:50 ☾ → ♍
7:26 ☾ ☍ ♄
11:12 ☾ △ ☿
16:08 ♂ □ ⚸
18:32 ☾ △ ♃
19:42 ☾ ☌ ⚸
19:51 ♀ → ♏
19:52 ☾ □ ♂
22:52 ☊ ⚹ ⚳

☉12°01'♐ • ☾3°32'♍ • ☿3°11'♑ • ♀29°37'♎ • ♂7°11'♐ • ♃R 6°47'♉ • ♄1°18'♓
⚷R 15°41'♈ • ♅R 20°14'♉ • ♆R 24°53'♓ • ♇28°35'♑ • ☊R 23°38'♈ • ⚸7°16'♍ • ⚳R 24°18'♒

5
DIENSTAG
◑ 6:49

0:00 ☾ ↕ ♍
6:49 ☉ □ ☾
21:45 ☾ △ ♅
23:51 ♀ △ ♄

☉13°02'♐ • ☾15°22'♍ • ☿4°10'♑ • ♀0°48'♏ • ♂7°54'♐ • ♃R 6°42'♉ • ♄1°21'♓
⚷R 15°40'♈ • ♅R 20°11'♉ • ♆R 24°53'♓ • ♇28°37'♑ • ☊23°38'♈ ⚸7°30'♍ • ⚳R 22°53'♒

6
MITTWOCH

Nikolaus

0:00 ☾ ↕ ♍
7:17 ☾ ☍ ♆
14:24 ♆ SD
14:50 ☾ △ ♇ v/c
17:34 ☾ → ♎

☉14°03'♐ • ☾27°14'♍ • ☿5°06'♑ • ♀1°58'♏ • ♂8°37'♐ • ♃R 6°37'♉ • ♄1°24'♓
⚷R 15°39'♈ • ♅R 20°09'♉ • ♆R 24°53'♓ • ♇28°38'♑ • ☊23°39'♈ • ⚸7°44'♍ • ⚳R 21°37'♒

ABNEHMENDER HALBMOND IN JUNGFRAU

(5.12.) im Quadrat zur Schütze-Sonne:

Was uns nützlich ist, dient nicht immer der Moral.

0:00 ☽ ↕ ♎
5:00 ☽ □ ☿
12:16 ☽ ✶ ♂
21:10 ♅ □ ⚳

7 DONNERSTAG

☉15°04' ♐ • ☽9°13' ♎ • ☿5°56' ♑ • ♀3°09' ♏ • ♂9°21' ♐ • ♃R 6°32' ♉ • ♄1°27' ♓
⚷R 15°38' ♈ • ♅R 20°07' ♉ • ♆24°53' ♓ • ♇28°40' ♑ • ☊23°40' ♈ • ⚸7°57' ♍ • ⚳R 20°30' ♒

0:00 ☽ ↕ ♎
0:37 ☉ ✶ ☽
0:40 ☽ ☍ ⚷
1:12 ☉ △ ⚷
5:09 ☿ △ ♃
8:32 ☽ △ ⚳
16:24 ☽ ☍ ☊

8 FREITAG

☉16°05' ♐ • ☽21°25' ♎ • ☿6°41' ♑ • ♀4°20' ♏ • ♂10°04' ♐ • ♃R 6°28' ♉ • ♄1°31' ♓
⚷R 15°37' ♈ • ♅R 20°05' ♉ • ♆24°53' ♓ • ♇28°41' ♑ • ☊23°41' ♈ • ⚸8°11' ♍ • ⚳R 19°30' ♒

0:00 ☽ ↕ ♎
2:05 ☽ □ ♀ v/c
4:35 ☽ → ♏
7:33 ☽ △ ♄
15:23 ☽ ☌ ♀
16:41 ☽ ☍ ♃
18:46 ☽ ✶ ☿
20:42 ☽ ✶ ⚸

9 SAMSTAG

☉17°06' ♐ • ☽3°54' ♏ • ☿7°19' ♑ • ♀5°31' ♏ • ♂10°47' ♐ • ♃R 6°23' ♉ • ♄1°34' ♓
⚷R 15°36' ♈ • ♅R 20°03' ♉ • ♆24°53' ♓ • ♇28°43' ♑ • ☊R 23°40' ♈ • ⚸8°25' ♍ • ⚳R 18°38' ♒

0:00 ☽ ↕ ♏
4:35 ♀ ☍ ♃
8:44 ☉ ✶ ⚳
14:02 ☽ □ ⚳
18:03 ☽ ☍ ♅

2. Advent

10 SONNTAG

☉18°07' ♐ • ☽16°43' ♏ • ☿7°50' ♑ • ♀6°42' ♏ • ♂11°31' ♐ • ♃R 6°19' ♉ • ♄1°38' ♓
⚷R 15°35' ♈ • ♅R 20°01' ♉ • ♆24°54' ♓ • ♇28°44' ♑ • ☊R 23°38' ♈ • ⚸8°39' ♍ • ⚳R 17°52' ♒

Ein Nachruf

Pluto in Steinbock

26. Januar 2008 bis 19. November 2024
Zu Jahresbeginn 2023 steht Pluto auf 27°39' Steinbock. Er wird am 1. Mai auf 0°22' Wassermann rückläufig und am 11. Oktober 2023 auf 27°54' Steinbock direktläufig. Zum Jahresende steht er auf 29°20' Steinbock.

Pluto, du Schuft, als du 2008 ins Steinbock-Zeichen wechseltest, hast du uns versprochen, wir würden aus Ruinen auferstehen. Wir wussten damals noch nicht, welche Ruinen du tatsächlich meintest. Zunächst waren keine zu sehen und uns ging es so weit ganz gut. Jetzt, wo du das Steinbock-Zeichen hinter dir hast und damit fertig bist, stehen viele von uns vor den Trümmern ihrer Existenz. War das notwendig, dieser Kahlschlag? Wozu?

Wir verstehen die Welt nicht mehr. Was ist noch real? In welcher Wirklichkeit leben wir? Wo bewegen wir uns noch auf dem Boden der Tatsachen? Auf wen und was ist noch Verlass? Pluto, du hast es verbockt. Du wurdest zu recht degradiert und hast es nicht länger verdient, einer unserer Planeten zu sein. Du bist ein Versager. Verschwinde aus unserem Sonnensystem. Dreh deine Runden woanders. Und komm uns jetzt nicht mit deinen Depressionen. Davon haben wir selbst genug.

Tacheles zu reden, kann durchaus Ausdruck unserer Zuneigung sein. **Steinbock-Merkur** bildet ein **Sextil** zu **Skorpion-Venus** (11.12.) und wird anschließend **rückläufig** (ab 13.12.). So manches freundliche Wort, das uns jetzt leicht über die Lippen geht, werden wir allerdings nochmals überdenken müssen.

In unserem Engagement für eine gute Sache werden wir als Einzelkämpfer nur wenig erreichen. Unser Elan ist stark genug, andere mitzureißen. Mit **Schütze-Mars** im **Trigon** zu **Widder-Chiron** (15.12.) können selbst unsere wunden Punkte unser Handeln noch beflügeln.

Manche unserer Hoffnungen erweisen sich als trügerisch. **Schütze-Sonne** bildet ein **Quadrat** zu **Fische-Neptun** (17.12.). Worüber wir uns verwundert die Augen reiben, muss nicht auf Wundern beruhen. Es kann sich auch um Enttäuschungen handeln.

11
MONTAG

0:00 ☾ ↕ ♏
2:58 ☾ △ ♆
9:57 ☾ ✶ ♇ v/c
12:11 ☾ → ♐
15:13 ☾ □ ♄
20:17 ☿ ✶ ♀

☉19°08' ♐ • ☾29°54' ♏ • ☿8°12' ♑ • ♀7°53' ♏ • ♂12°14' ♐ • ♃R 6°15' ♉ • ♄1°41' ♓
⚷R 15°34' ♈ • ♅R 19°58' ♉ • ♆24°54' ♓ • ♇28°46' ♑ • ☊R 23°33' ♈ • ⚳8°53' ♍ • ⚴R 17°12' ♒

12
DIENSTAG

0:00 ☾ ↕ ♐
4:14 ☾ □ ⚳
11:05 ☾ ☌ ♂
12:47 ♀ ✶ ⚳
15:39 ☾ △ ⚷
17:20 ☾ ✶ ⚴

☉20°09' ♐ • ☾13°27' ♐ • ☿8°26' ♑ • ♀9°05' ♏ • ♂12°58' ♐ • ♃R 6°11' ♉ • ♄1°45' ♓
⚷R 15°33' ♈ • ♅R 19°56' ♉ • ♆24°54' ♓ • ♇28°47' ♑ • ☊R 23°25' ♈ • ⚳9°07' ♍ • ⚴R 16°38' ♒

13
MITTWOCH
● 0:32

0:00 ☾ ↕ ♐
0:32 ☉ ☌ ☾
5:04 ☾ △ ☊
7:48 ☾ □ ♆ v/c
8:10 ☿ SR
16:31 ☾ → ♑
19:39 ☾ ✶ ♄

☉21°10' ♐ • ☾27°21' ♐ • ☿R 8°29' ♑ • ♀10°16' ♏ • ♂13°41' ♐ • ♃R 6°07' • ♉ ♄1°49' ♓
⚷R 15°32' ♈ • ♅R 19°54' ♉ • ♆24°54' ♓ • ♇28°49' ♑ • ☊R 23°16' ♈ • ⚳9°20' ♍ • ⚴R 16°08' ♒

NEUMOND IN SCHÜTZE

(13.12.) im Quadrat zu Neptun:

Es macht einen großen Unterschied, ob die Quelle unserer Zuversicht in uns selbst liegt oder außerhalb von uns.

14 DONNERSTAG

0:00 ☾ ↕ ♑
2:51 ☾ △ ♃
6:47 ☾ ☌ ☿
8:41 ☾ △ ⚸
11:55 ☾ ⚹ ♀
18:45 ☾ □ ⚷

☉ 22°11' ♐ • ☾ 11°31' ♑ • ☿R 8°22' ♑ • ♀ 11°28' ♏ • ♂ 14°25' ♐ • ♃R 6°04' ♉ • ♄ 1°53' ♓
⚷R 15°32' ♈ • ♅R 19°52' ♉ • ♆ 24°54' ♓ • ♇ 28°51' ♑ • ☊R 23°06' ♈ • ⚸ 9°34' ♍ • ⚳R 15°43' ♒

15 FREITAG

0:00 ☾ ↕ ♑
0:29 ⚷ ⚹ ⚳
2:00 ☾ △ ♅
6:35 ☉ △ ☊
7:11 ☾ □ ☊
10:27 ☾ ⚹ ♆
16:47 ♂ ⚹ ⚳
17:03 ☾ ☌ ♇ v/c
18:56 ☾ → ♒   23:55 ♂ △ ⚷

☉ 23°12' ♐ • ☾ 25°51' ♑ • ☿R 8°04' ♑ • ♀ 12°39' ♏ • ♂ 15°09' ♐ • ♃R 6°00' ♉ • ♄ 1°57' ♓
⚷R 15°31' ♈ • ♅R 19°50' ♉ • ♆ 24°55' ♓ • ♇ 28°52' ♑ • ☊R 22°56' ♈ • ⚸ 9°48' ♍ • ⚳R 15°21' ♒

16 SAMSTAG

0:00 ☾ ↕ ♒
4:52 ☾ □ ♃
18:33 ☾ □ ♀
19:52 ☾ ☌ ⚳
20:45 ☾ ⚹ ⚷
21:52 ☾ ⚹ ♂

☉ 24°13' ♐ • ☾ 10°15' ♒ • ☿R 7°34' ♑ • ♀ 13°51' ♏ • ♂ 15°53' ♐ • ♃R 5°57' ♉ • ♄ 2°01' ♓
⚷R 15°30' ♈ • ♅R 19°48' ♉ • ♆ 24°55' ♓ • ♇ 28°54' ♑ • ☊R 22°47' ♈ • ⚸ 10°02' ♍ • ⚳R 15°04' ♒

17 SONNTAG

3. Advent

0:00 ☾ ↕ ♒
3:53 ☾ □ ♅
4:43 ☉ □ ♆
8:05 ♀ □ ⚳
8:45 ☾ ⚹ ☊
13:03 ☉ ⚹ ☾ v/c
20:58 ☾ → ♓

☉ 25°14' ♐ • ☾ 24°39' ♒ • ☿R 6°52' ♑ • ♀ 15°03' ♏ • ♂ 16°36' ♐ • ♃R 5°54' ♉ • ♄ 2°05' ♓
⚷R 15°30' ♈ • ♅R 19°46' ♉ • ♆ 24°55' ♓ • ♇ 28°56' ♑ • ☊R 22°41' ♈ • ⚸ 10°16' ♍ • ⚳R 14°49' ♒

Was uns nachdenklich stimmt, hat mit uns selbst zu tun, mit unseren Selbstgefälligkeiten und unseren Schwächen. Der **rückläufige Steinbock-Merkur** bildet ein **Trigon** zu **Stier-Jupiter** (18.12.), ein **Sextil** zu **Fische-Saturn** (21.12.) und eine **Konjunktion** zu **Sonne** (22.12.). Es gibt auch von dort einen Weg zurück, wo wir uns gründlich verkalkuliert haben.

Solange unsere Gewinne und Verluste einander die Waage halten, können wir mit **Skorpion-Venus** in **Opposition** zu **Stier-Uranus** (21.12.) beruhigt sein. Es sind unsere Wertvorstellungen, die jetzt plötzlich durcheinandergeraten und uns einen Strich durch unsere Rechnung machen können.

Die meisten frohen Botschaften kommen uns gerade bekannt vor. Zur Weihnachtszeit ist das kein Wunder. **Merkur wechselt rückläufig** in **Schütze** zurück (23.12.). Was uns neue Einsichten vermittelt, muss nicht auf alten Rezepten beruhen.

18
MONTAG

0:00 ☽ ↕ ♓
0:32 ☽ ☌ ♄
6:49 ☽ ⚹ ♃
7:20 ☽ ⚹ ☿
14:39 ☽ ☍ ⚸
15:28 ☿ △ ♃

☉26°15'♐ • ☽8°57'♓ • ☿R 6°00'♑ • ♀16°15'♏ • ♂17°20'♐ • ♃R 5°51'♉ • ♄2°09'♓
⚷R 15°29'♈ • ⛢R 19°45'♉ • ♆24°56'♓ • ♇28°57'♑ • ☊R 22°38'♈ • ⚸10°29'♍ • ⚳R 14°38'♒

19
DIENSTAG
◐ 19:39

0:00 ☽ ↕ ♓
1:30 ☽ △ ♀
2:58 ☽ □ ♂
6:14 ☽ ⚹ ⛢
15:07 ☽ ☌ ♆
19:39 ☉ □ ☽
22:03 ☽ ⚹ ♇ v/c
23:47 ☽ → ♈

☉27°16'♐ • ☽23°06'♓ • ☿R 4°57'♑ • ♀17°27'♏ • ♂18°04'♐ • ♃R 5°49'♉ • ♄2°14'♓
⚷R 15°29'♈ • ⛢R 19°43'♉ • ♆24°56'♓ • ♇28°59'♑ • ☊R 22°36'♈ • ⚸10°43'♍ • ⚳R 14°29'♒

20
MITTWOCH

0:00 ☽ ↕ ♈
6:42 ☽ □ ☿

☉28°17'♐ • ☽7°07'♈ • ☿R 3°46'♑ • ♀18°39'♏ • ♂18°48'♐ • ♃R 5°47'♉ • ♄2°18'♓
⚷R 15°28'♈ • ⛢R 19°41'♉ • ♆24°57'♓ • ♇29°01'♑ • ☊22°36'♈ • ⚸10°57'♍ • ⚳R 14°23'♒

ZUNEHMENDER HALBMOND IN FISCHE

(19.12.) im Quadrat zur Schütze-Sonne:

Das Heilige ist nicht zwangsläufig spirituell.

0:00 ☽ ↕ ♈
0:31 ☽ ⚹ ⚳
2:27 ☽ ☌ ⚷
8:04 ♀ ☍ ⛢
9:23 ☽ △ ♂
13:33 ☿ ⚹ ♄
14:53 ☽ ☌ ☊

21 DONNERSTAG

☉29°18' ♐ • ☽20°57' ♈ • ☿R 2°28' ♑ • ♀19°51' ♏ • ♂19°32' ♐ • ♃R 5°45' ♉ • ♄ 2°23' ♓
⚷R 15°28' ♈ • ⛢R 19°39' ♉ • ♆24°57' ♓ • ♇29°02' ♑ • ☊22°37' ♈ • ⚸11°10' ♍ • ⚳R 14°20' ♒

0:00 ☽ ↕ ♈
2:11 ☽ □ ♇
3:47 ☉ △ ☽ v/c
3:50 ☽ → ♉
4:27 ☉ → ♑
6:21 ☽ △ ☿
8:08 ☽ ⚹ ♄
13:53 ☽ ☌ ♃
19:54 ☉ ☌ ☿

Winteranfang

22 FREITAG

☉0°19' ♑ • ☽4°38' ♉ • ☿R 1°07' ♑ • ♀21°04' ♏ • ♂20°16' ♐ • ♃R 5°43' ♉ • ♄2°27' ♓
⚷R 15°28' ♈ • ⛢R 19°37' ♉ • ♆24°58' ♓ • ♇29°04' ♑ • ☊R 22°36' ♈ • ⚸11°24' ♍ • ⚳R 14°18' ♒

0:00 ☽ ↕ ♉
0:10 ☽ △ ⚸
5:08 ☽ □ ⚳
7:17 ☿ → ♐
14:33 ☽ ☌ ⛢
20:04 ☽ ☍ ♀

23 SAMSTAG

☉1°20' ♑ • ☽18°10' ♉ • ☿R 29°44' ♐ • ♀22°16' ♏ • ♂21°00' ♐ • ♃R 5°41' ♉ • ♄2°32' ♓
⚷R 15°27' ♈ • ⛢R 19°36' ♉ • ♆24°58' ♓ • ♇29°06' ♑ • ☊R 22°34' ♈ • ⚸11°37' ♍ • ⚳14°19' ♒

0:00 ☽ ↕ ♉
0:12 ☽ ⚹ ♆
7:40 ☽ △ ♇ v/c
9:15 ☽ → ♊
13:58 ☽ □ ♄
18:28 ☉ ⚹ ♄

4. Advent
Heiligabend

24 SONNTAG

☉2°21' ♑ • ☽1°32' ♊ • ☿R 28°23' ♐ • ♀23°28' ♏ • ♂21°44' ♐ • ♃R 5°39' ♉ • ♄2°37' ♓
⚷R 15°27' ♈ • ⛢R 19°34' ♉ • ♆24°59' ♓ • ♇29°08' ♑ • ☊R 22°28' ♈ • ⚸11°51' ♍ • ⚳14°21' ♒

Wovon wir uns beschenkt und wodurch wir uns betrogen fühlen, hängt stark von unseren Wertvorstellungen ab. Mit **Skorpion-Venus** im **Trigon** zu **Fische-Neptun** (25.12.) und im **Sextil** zu **Steinbock-Pluto** (29.12.) können wir durch Neid und Eifersucht nur verlieren.

Worüber ärgern wir uns am meisten, wenn wir bemerken, dass wir falsche Hoffnungen hegten oder hintergangen wurden? **Schütze-Merkur** und **-Mars** bilden eine **Konjunktion** (28.12.) und stehen im **Quadrat** zu **Fische-Neptun** (27./28.12.). Irren ist menschlich. Sich darüber aufzuregen, auch.

Haltungen und Ziele, mit denen wir richtigliegen, machen sich mit **Steinbock-Sonne** im **Trigon** zum **direktläufigen Stier-Jupiter** (27./31.12.) bezahlt. Falls nicht, können wir von denen lernen, die noch richtiger liegen als wir.

25 MONTAG

1. Weihnachtsfeiertag

0:00 ☾ ↕ ♊
7:04 ☾ □ ⚸
8:01 ♂ △ ☊
11:28 ☾ △ ⚳
13:21 ☾ ✶ ⚷
18:15 ♀ △ ♆

☉3°23' ♑ • ☾14°43' ♊ • ☿R 27°06' ♐ • ♀24°41' ♏ • ♂22°28' ♐ • ♃R 5°38' ♉ • ♄2°41' ♓
⚷R 15°27' ♈ • ♅R 19°33' ♉ • ♆25°00' ♓ • ⯓29°09' ♑ • ☊R 22°20' ♈ • ⚸12°04' ♍ • ⚳14°26' ♒

26 DIENSTAG

2. Weihnachtsfeiertag

0:00 ☾ ↕ ♊
1:49 ☾ ✶ ☊
3:08 ☾ ☍ ♂
6:57 ☾ □ ♆
8:55 ☾ ☍ ☿ v/c
16:15 ☾ → ♋
21:29 ☾ △ ♄

☉4°24' ♑ • ☾27°43' ♊ • ☿R 25°55' ♐ • ♀25°53' ♏ • ♂23°13' ♐ • ♃R 5°37' ♉ • ♄2°46' ♓
⚷R 15°27' ♈ • ⚳♅R 19°31' ♉ • ♆25°00' ♓ • ⯓29°11' ♑ • ☊R 22°08' ♈ • ⚸12°17' ♍ • ⚳14°32' ♒

27 MITTWOCH

○ 1:33

0:00 ☾ ↕ ♋
1:33 ☉ ☍ ☾
2:45 ☾ ✶ ♃
8:42 ☿ □ ♆
15:51 ☾ ✶ ⚸
16:28 ☉ △ ♃
21:23 ☾ □ ⚷

☉5°25' ♑ • ☾10°31' ♋ • ☿R 24°53' ♐ • ♀27°06' ♏ • ♂23°57' ♐ • ♃R 5°36' ♉ • ♄2°51' ♓
⚷15°27' ♈ • ♅R 19°29' ♉ • ♆25°01' ♓ • ⯓29°13' ♑ • ☊R 21°55' ♈ • ⚸12°31' ♍ • ⚳14°39' ♒

VOLLMOND IN KREBS (27.12.): Wie unsere Erfolge sich für uns anfühlen, entscheidet über ihren wahren Wert.

0:00 ☾ ↕ ♋
1:31 ☿ ☌ ♂
5:04 ☾ ⚹ ⛢
9:23 ☾ □ ☊
15:45 ☾ △ ♆
23:12 ☾ △ ♀
23:15 ♂ □ ♆
23:57 ☾ ☍ ♇ v/c

28 DONNERSTAG

☉6°26' ♑ • ☾23°05' ♋ • ☿R 24°00' ♐ • ♀28°19' ♏ • ♂24°41' ♐ • ♃R 5°36' ♉ • ♄2°56' ♓
⚷15°27' ♈ • ⛢R 19°28' ♉ • ♆25°02' ♓ • ♇29°15' ♑ • ☊R 21°42' ♈ • ⚸12°44' ♍ • ⚳14°48' ♒

0:00 ☾ ↕ ♋
1:23 ☾ → ♌
7:01 ♀ ⚹ ♇
12:17 ☾ □ ♃
21:23 ♀ → ♐

29 FREITAG

☉7°27' ♑ • ☾5°26' ♌ • ☿R 23°18' ♐ • ♀29°32' ♏ • ♂25°26' ♐ • ♃R 5°35' ♉ • ♄3°01' ♓
⚷15°27' ♈ • ⛢R 19°27' ♉ • ♆25°02' ♓ • ♇29°17' ♑ • ☊R 21°29' ♈ • ⚸12°57' ♍ • ⚳14°59' ♒

0:00 ☾ ↕ ♌
7:08 ☾ ☍ ⚳
7:46 ☾ △ ⚷
15:39 ☾ □ ⛢
19:17 ☾ △ ☊
22:00 ☾ △ ☿

30 SAMSTAG

☉8°28' ♑ • ☾17°35' ♌ • ☿R 22°46' ♐ • ♀0°44' ♐ • ♂26°10' ♐ • ♃R 5°35' ♉ • ♄3°07' ♓
⚷15°27' ♈ • ⛢R 19°25' ♉ • ♆25°03' ♓ • ♇29°19' ♑ • ☊R 21°17' ♈ • ⚸13°10' ♍ • ⚳15°11' ♒

0:00 ☾ ↕ ♌
3:42 ♃ SD
6:18 ☾ △ ♂ v/c
12:53 ☾ → ♍
17:23 ☾ □ ♀
19:24 ☾ ☍ ♄
19:31 ⚷ ⚹ ⚳

Silvester

31 SONNTAG

☉9°29' ♑ • ☾29°34' ♌ • ☿R 22°24' ♐ • ♀1°57' ♐ • ♂26°54' ♐ • ♃5°35' ♉ • ♄3°12' ♓
⚷15°28' ♈ • ⛢R 19°24' ♉ • ♆25°04' ♓ • ♇29°20' ♑ • ☊R 21°08' ♈ • ⚸13°22' ♍ • ⚳15°23' ♒

DIE BERECHNUNG VON LILITH, PRIAPUS UND DEN MONDKNOTEN

⚸ *Lilith*

Darüber, was Lilith in astronomischer Hinsicht ist, herrscht in Astrologiekreisen keine Einigkeit. Mal bezeichnet Lilith den zweiten Brennpunkt der Ellipse des Mondes um die Erde, mal den erdfernsten Punkt der Mondbahn (Apogäum). Trotz unterschiedlicher Entfernung von der Erde befinden sich beide Punkte auf einer Linie und entsprechen dem selben Tierkreisgrad.

Die Bahn des Mondes um die Erde ist komplex. Sie hat nicht wirklich die Form einer Ellipse, denn der Mond bewegt sich mal kreisförmig, mal elliptisch, mal spiralig und mal epizyklisch um die Erde. Daraus ergeben sich die Schwierigkeiten bei der Berechnung einer exakten Lilith-Position.

Lilith (m)

Die Berechnung der mittleren Lilith entspricht der mittleren Erdferne (Apogäum). Für einen Umlauf benötigt dieses mittlere Apogäum etwa 8 Jahre und 310 Tage. Der Nachteil dieser Berechnungsmethode besteht darin, dass der Mond, sofern er am erdfernsten Punkt steht, bis zu 5 Grad von der mittleren Lilith entfernt sein kann.

Lilith (o)

Die oszillierende Lilith, die auch als wahre Lilith bezeichnet wird, beruht auf der Annahme, die Mondbahn sei eine reine Ellipse. Da dies nicht der Fall ist, geht die Berechnung der wahren Lilith von falschen Voraussetzungen aus. Die wahre Lilith ist enormen Schwankungen unterworfen, weshalb sie in der Sarastro-Software als oszillierende Lilith bezeichnet wird.

Lilith (n)
Die natürliche Lilith ist auch als interpolierte Lilith bekannt. Ihre Berechnung basiert auf Überlegungen von Dieter Koch, der dafür im Jahr 2000 einen astrologischen Forscherpreis erhalten hat. Bei der Berechnung kommt ein Interpolationsverfahren zur Anwendung, das auf den tatsächlichen Apsidendurchgängen des Mondes beruht. Dadurch entspricht die natürliche bzw. interpolierte Lilith dem tatsächlichen Apogäum bis auf wenige Bogenminuten genau. In den Tagesephemeriden ist jeweils die Position der natürlichen (interpolierten) Lilith aufgeführt.

⚳ *Priapus*
Priapus bezeichnet den erdnächsten Punkt der Mondbahn, auch Perigäum genannt. Das Perigäum schwankt sehr viel stärker als das Apogäum. Priapus rast bisweilen binnen kurzer Zeit durch mehrere Tierkreiszeichen vor und zurück. Alle 3½ Monate stehen sich Priapus und Lilith exakt gegenüber.

☊ *Mondknoten*
Die Mondknoten sind keine Himmelskörper, sondern die Schnittpunkte zwischen der (scheinbaren) Bahn der Sonne (Ekliptik) und der Bahn des Mondes um die Erde. Diese Schnittpunkte ergeben sich, da die Mondbahnebene um 5 Grad und 9 Minuten gegenüber der Sonnenbahnebene geneigt ist. Die Mondknoten bewegen sich rückwärts durch den Tierkreis und benötigen für einen Umlauf 18 Jahre, 7 Monate und 9 Tage.
In den Ephemeriden sind Werte für den sogenannten mittleren Mondknoten (m) und den wahren Mondknoten (w) angegeben. Ersterer stellt einen Mittelwert dar und ist immer rückläufig. Der wahre Mondknoten hingegen ändert seine Laufrichtung ständig, bewegt sich aber alles in allem auch rückläufig.

Quelle: Sarastro © by Sarastro Software (erstellt von Peter Fraiss)

Tag		Sonne	Mond	Merkur	Venus	Mars	Jupiter	Saturn	Chiron	Uranus	Neptun	Pluto	Mondkn.(w)
01	So	10°14'30" ♑	3°07'09" ♉	23°43' ♑ r	27°20' ♑	9°04' ♊ r	1°11' ♈	22°25' ♒	11°58' ♈	15°09' ♉ r	22°52' ♓	27°39' ♑	11°45' ♉
02	Mo	11°15'38" ♑	15°43'06" ♉	23°08' ♑ r	28°35' ♑	8°55' ♊ r	1°19' ♈	22°31' ♒	11°59' ♈	15°08' ♉ r	22°53' ♓	27°41' ♑	11°45' ♉ r
03	Di	12°16'46" ♑	28°05'31" ♉	22°20' ♑ r	29°50' ♑	8°47' ♊ r	1°26' ♈	22°37' ♒	11°59' ♈	15°07' ♉ r	22°54' ♓	27°43' ♑	11°44' ♉ r
04	Mi	13°17'55" ♑	10°17'45" ♊	21°23' ♑ r	1°05' ♒	8°39' ♊ r	1°34' ♈	22°43' ♒	12°00' ♈	15°06' ♉ r	22°55' ♓	27°45' ♑	11°40' ♉ r
05	Do	14°19'03" ♑	22°22'33" ♊	20°16' ♑ r	2°20' ♒	8°32' ♊ r	1°41' ♈	22°49' ♒	12°00' ♈	15°05' ♉ r	22°56' ♓	27°47' ♑	11°33' ♉ r
06	Fr	15°20'11" ♑	4°22'01" ♋	19°02' ♑ r	3°35' ♒	8°27' ♊ r	1°49' ♈	22°55' ♒	12°01' ♈	15°04' ♉ r	22°57' ♓	27°49' ♑	11°24' ♉ r
07	Sa	16°21'19" ♑	16°17'48" ♋	17°44' ♑ r	4°51' ♒	8°21' ♊ r	1°57' ♈	23°02' ♒	12°02' ♈	15°03' ♉ r	22°58' ♓	27°51' ♑	11°12' ♉ r
08	So	17°22'26" ♑	28°11'12" ♋	16°23' ♑ r	6°06' ♒	8°17' ♊ r	2°06' ♈	23°08' ♒	12°03' ♈	15°02' ♉ r	23°00' ♓	27°53' ♑	10°59' ♉ r
09	Mo	18°23'34" ♑	10°03'31" ♌	15°03' ♑ r	7°21' ♒	8°14' ♊ r	2°14' ♈	23°14' ♒	12°04' ♈	15°02' ♉ r	23°01' ♓	27°55' ♑	10°45' ♉ r
10	Di	19°24'41" ♑	21°56'13" ♌	13°46' ♑ r	8°36' ♒	8°11' ♊ r	2°23' ♈	23°21' ♒	12°05' ♈	15°01' ♉ r	23°02' ♓	27°57' ♑	10°33' ♉ r
11	Mi	20°25'49" ♑	3°51'16" ♍	12°34' ♑ r	9°51' ♒	8°09' ♊ r	2°31' ♈	23°27' ♒	12°06' ♈	15°00' ♉ r	23°03' ♓	27°59' ♑	10°22' ♉ r
12	Do	21°26'56" ♑	15°51'15" ♍	11°28' ♑ r	11°06' ♒	8°08' ♊ r	2°40' ♈	23°34' ♒	12°07' ♈	15°00' ♉ r	23°05' ♓	28°01' ♑	10°13' ♉ r
13	Fr	22°28'03" ♑	27°59'26" ♍	10°32' ♑ r	12°21' ♒	8°08' ♊	2°49' ♈	23°40' ♒	12°08' ♈	14°59' ♉ r	23°06' ♓	28°03' ♑	10°08' ♉ r
14	Sa	23°29'10" ♑	10°19'49" ♎	9°44' ♑ r	13°36' ♒	8°08' ♊	2°58' ♈	23°47' ♒	12°09' ♈	14°59' ♉ r	23°07' ♓	28°05' ♑	10°05' ♉ r
15	So	24°30'17" ♑	22°56'53" ♎	9°06' ♑ r	14°51' ♒	8°09' ♊	3°07' ♈	23°53' ♒	12°10' ♈	14°58' ♉ r	23°09' ♓	28°07' ♑	10°05' ♉ r
16	Mo	25°31'24" ♑	5°55'17" ♏	8°38' ♑ r	16°06' ♒	8°11' ♊	3°17' ♈	24°00' ♒	12°11' ♈	14°58' ♉ r	23°10' ♓	28°08' ♑	10°05' ♉
17	Di	26°32'31" ♑	19°19'14" ♏	8°19' ♑ r	17°21' ♒	8°14' ♊	3°26' ♈	24°07' ♒	12°13' ♈	14°57' ♉ r	23°11' ♓	28°10' ♑	10°05' ♉ r
18	Mi	27°33'38" ♑	3°11'46" ♐	8°10' ♑ r	18°36' ♒	8°18' ♊	3°36' ♈	24°14' ♒	12°14' ♈	14°57' ♉ r	23°13' ♓	28°12' ♑	10°03' ♉ r
19	Do	28°34'44" ♑	17°33'45" ♐	8°09' ♑	19°50' ♒	8°22' ♊	3°45' ♈	24°20' ♒	12°15' ♈	14°57' ♉ r	23°14' ♓	28°14' ♑	9°58' ♉ r
20	Fr	29°35'50" ♑	2°22'48" ♑	8°16' ♑	21°05' ♒	8°27' ♊	3°55' ♈	24°27' ♒	12°17' ♈	14°57' ♉ r	23°16' ♓	28°16' ♑	9°51' ♉ r
21	Sa	0°36'56" ♒	17°32'46" ♑	8°31' ♑	22°20' ♒	8°32' ♊	4°05' ♈	24°34' ♒	12°18' ♈	14°57' ♉ r	23°17' ♓	28°18' ♑	9°42' ♉ r
22	So	1°38'01" ♒	2°53'59" ♒	8°53' ♑	23°35' ♒	8°38' ♊	4°15' ♈	24°41' ♒	12°20' ♈	14°56' ♉ r	23°19' ♓	28°20' ♑	9°30' ♉ r
23	Mo	2°39'06" ♒	18°14'40" ♒	9°21' ♑	24°50' ♒	8°45' ♊	4°26' ♈	24°48' ♒	12°22' ♈	14°56' ♉	23°21' ♓	28°22' ♑	9°19' ♉ r
24	Di	3°40'09" ♒	3°23'03" ♓	9°54' ♑	26°05' ♒	8°53' ♊	4°36' ♈	24°55' ♒	12°23' ♈	14°56' ♉	23°22' ♓	28°24' ♑	9°08' ♉ r
25	Mi	4°41'12" ♒	18°09'35" ♓	10°33' ♑	27°19' ♒	9°01' ♊	4°46' ♈	25°02' ♒	12°25' ♈	14°57' ♉	23°24' ♓	28°26' ♑	8°59' ♉ r
26	Do	5°42'14" ♒	2°28'18" ♈	11°17' ♑	28°34' ♒	9°10' ♊	4°57' ♈	25°08' ♒	12°27' ♈	14°57' ♉	23°25' ♓	28°28' ♑	8°54' ♉ r
27	Fr	6°43'14" ♒	16°17'04" ♈	12°05' ♑	29°49' ♒	9°20' ♊	5°08' ♈	25°15' ♒	12°28' ♈	14°57' ♉	23°27' ♓	28°30' ♑	8°51' ♉ r
28	Sa	7°44'13" ♒	29°36'57" ♈	12°56' ♑	1°04' ♓	9°30' ♊	5°19' ♈	25°22' ♒	12°30' ♈	14°57' ♉	23°29' ♓	28°32' ♑	8°50' ♉ r
29	So	8°45'12" ♒	12°31'13" ♉	13°51' ♑	2°18' ♓	9°40' ♊	5°29' ♈	25°30' ♒	12°32' ♈	14°57' ♉	23°31' ♓	28°34' ♑	8°50' ♉ r
30	Mo	9°46'09" ♒	25°04'20" ♉	14°50' ♑	3°33' ♓	9°52' ♊	5°40' ♈	25°37' ♒	12°34' ♈	14°58' ♉	23°32' ♓	28°36' ♑	8°49' ♉ r
31	Di	10°47'05" ♒	7°21'08" ♊	15°51' ♑	4°48' ♓	10°04' ♊	5°52' ♈	25°44' ♒	12°36' ♈	14°58' ♉	23°34' ♓	28°38' ♑	8°47' ♉ r

Tag		Ceres	Pallas	Juno	Vesta	Pholus	Nessus	Transpl.	Mondkn.(m)	Lilith (m)	Lilith (o)	Lilith (n)	Priapus
01	So	3°09' ♎	20°50' ♋ r	24°33' ♓	14°00' ♓	6°44' ♑	14°01' ♓	3°51' ♍ r	10°12' ♉ r	29°09' ♋	7°08' ♋	3°37' ♌ r	19°43' ♑
02	Mo	3°21' ♎	20°31' ♋ r	24°59' ♓	14°24' ♓	6°46' ♑	14°02' ♓	3°51' ♍ r	10°09' ♉ r	29°16' ♋	9°58' ♋	3°36' ♌ r	20°16' ♑
03	Di	3°34' ♎	20°11' ♋ r	25°24' ♓	14°47' ♓	6°48' ♑	14°03' ♓	3°50' ♍ r	10°06' ♉ r	29°22' ♋	13°33' ♋	3°35' ♌ r	20°50' ♑
04	Mi	3°46' ♎	19°51' ♋ r	25°50' ♓	15°11' ♓	6°51' ♑	14°04' ♓	3°50' ♍ r	10°03' ♉ r	29°29' ♋	17°32' ♋	3°33' ♌ r	21°23' ♑
05	Do	3°57' ♎	19°31' ♋ r	26°16' ♓	15°35' ♓	6°53' ♑	14°05' ♓	3°50' ♍ r	10°00' ♉ r	29°36' ♋	21°34' ♋	3°31' ♌ r	21°57' ♑
06	Fr	4°09' ♎	19°11' ♋ r	26°42' ♓	15°59' ♓	6°55' ♑	14°07' ♓	3°49' ♍ r	9°56' ♉ r	29°42' ♋	25°25' ♋	3°28' ♌ r	22°31' ♑
07	Sa	4°20' ♎	18°51' ♋ r	27°09' ♓	16°23' ♓	6°57' ♑	14°08' ♓	3°49' ♍ r	9°53' ♉ r	29°49' ♋	28°54' ♋	3°24' ♌ r	23°04' ♑
08	So	4°31' ♎	18°30' ♋ r	27°35' ♓	16°47' ♓	6°59' ♑	14°09' ♓	3°49' ♍ r	9°50' ♉ r	29°56' ♋	2°02' ♌	3°20' ♌ r	23°38' ♑
09	Mo	4°41' ♎	18°10' ♋ r	28°02' ♓	17°11' ♓	7°02' ♑	14°11' ♓	3°48' ♍ r	9°47' ♉ r	0°03' ♌	4°55' ♌	3°15' ♌ r	24°12' ♑
10	Di	4°51' ♎	17°50' ♋ r	28°29' ♓	17°36' ♓	7°04' ♑	14°12' ♓	3°48' ♍ r	9°44' ♉ r	0°09' ♌	7°38' ♌	3°10' ♌ r	24°47' ♑
11	Mi	5°01' ♎	17°30' ♋ r	28°56' ♓	18°00' ♓	7°06' ♑	14°14' ♓	3°47' ♍ r	9°41' ♉ r	0°16' ♌	10°12' ♌	3°04' ♌ r	25°21' ♑
12	Do	5°10' ♎	17°10' ♋ r	29°24' ♓	18°25' ♓	7°08' ♑	14°15' ♓	3°47' ♍ r	9°37' ♉ r	0°23' ♌	12°29' ♌	2°58' ♌ r	25°55' ♑
13	Fr	5°19' ♎	16°50' ♋ r	29°51' ♓	18°49' ♓	7°10' ♑	14°16' ♓	3°47' ♍ r	9°34' ♉ r	0°29' ♌	14°20' ♌	2°51' ♌ r	26°29' ♑
14	Sa	5°28' ♎	16°30' ♋ r	0°19' ♈	19°14' ♓	7°12' ♑	14°18' ♓	3°46' ♍ r	9°31' ♉ r	0°36' ♌	15°29' ♌	2°44' ♌ r	27°04' ♑
15	So	5°36' ♎	16°11' ♋ r	0°47' ♈	19°39' ♓	7°15' ♑	14°19' ♓	3°46' ♍ r	9°28' ♉ r	0°43' ♌	15°44' ♌ r	2°36' ♌ r	27°38' ♑
16	Mo	5°44' ♎	15°52' ♋ r	1°15' ♈	20°04' ♓	7°17' ♑	14°21' ♓	3°45' ♍ r	9°25' ♉ r	0°50' ♌	14°57' ♌ r	2°29' ♌ r	28°12' ♑
17	Di	5°51' ♎	15°33' ♋ r	1°43' ♈	20°28' ♓	7°19' ♑	14°23' ♓	3°45' ♍ r	9°22' ♉ r	0°56' ♌	13°10' ♌ r	2°20' ♌ r	28°47' ♑
18	Mi	5°59' ♎	15°14' ♋ r	2°12' ♈	20°53' ♓	7°21' ♑	14°24' ♓	3°44' ♍ r	9°18' ♉ r	1°03' ♌	10°42' ♌ r	2°12' ♌ r	29°21' ♑
19	Do	6°05' ♎	14°56' ♋ r	2°40' ♈	21°19' ♓	7°23' ♑	14°26' ♓	3°44' ♍ r	9°15' ♉ r	1°10' ♌	7°59' ♌ r	2°04' ♌ r	29°55' ♑
20	Fr	6°12' ♎	14°38' ♋ r	3°09' ♈	21°44' ♓	7°25' ♑	14°27' ♓	3°44' ♍ r	9°12' ♉ r	1°17' ♌	5°28' ♌ r	1°55' ♌ r	0°30' ♒
21	Sa	6°18' ♎	14°21' ♋ r	3°38' ♈	22°09' ♓	7°27' ♑	14°29' ♓	3°43' ♍ r	9°09' ♉ r	1°23' ♌	3°19' ♌ r	1°46' ♌ r	1°04' ♒
22	So	6°23' ♎	14°04' ♋ r	4°07' ♈	22°34' ♓	7°29' ♑	14°31' ♓	3°43' ♍ r	9°06' ♉ r	1°30' ♌	1°26' ♌ r	1°37' ♌ r	1°39' ♒
23	Mo	6°29' ♎	13°48' ♋ r	4°36' ♈	23°00' ♓	7°31' ♑	14°33' ♓	3°42' ♍ r	9°02' ♉ r	1°37' ♌	29°30' ♋ r	1°29' ♌ r	2°13' ♒
24	Di	6°33' ♎	13°32' ♋ r	5°05' ♈	23°25' ♓	7°33' ♑	14°34' ♓	3°42' ♍ r	8°59' ♉ r	1°43' ♌	27°18' ♋ r	1°20' ♌ r	2°47' ♒
25	Mi	6°38' ♎	13°17' ♋ r	5°35' ♈	23°51' ♓	7°35' ♑	14°36' ♓	3°41' ♍ r	8°56' ♉ r	1°50' ♌	24°44' ♋ r	1°12' ♌ r	3°22' ♒
26	Do	6°42' ♎	13°03' ♋ r	6°04' ♈	24°16' ♓	7°37' ♑	14°38' ♓	3°41' ♍ r	8°53' ♉ r	1°57' ♌	22°02' ♋ r	1°03' ♌ r	3°56' ♒
27	Fr	6°45' ♎	12°49' ♋ r	6°34' ♈	24°42' ♓	7°39' ♑	14°40' ♓	3°40' ♍ r	8°50' ♉ r	2°04' ♌	19°41' ♋ r	0°55' ♌ r	4°30' ♒
28	Sa	6°48' ♎	12°35' ♋ r	7°04' ♈	25°07' ♓	7°41' ♑	14°41' ♓	3°40' ♍ r	8°47' ♉ r	2°10' ♌	18°05' ♋ r	0°48' ♌ r	5°04' ♒
29	So	6°51' ♎	12°22' ♋ r	7°34' ♈	25°33' ♓	7°43' ♑	14°43' ♓	3°39' ♍ r	8°43' ♉ r	2°17' ♌	17°30' ♋ r	0°40' ♌ r	5°38' ♒
30	Mo	6°53' ♎	12°10' ♋ r	8°04' ♈	25°59' ♓	7°45' ♑	14°45' ♓	3°39' ♍ r	8°40' ♉ r	2°24' ♌	17°56' ♋	0°33' ♌ r	6°12' ♒
31	Di	6°55' ♎	11°59' ♋ r	8°34' ♈	26°25' ♓	7°47' ♑	14°47' ♓	3°38' ♍ r	8°37' ♉ r	2°31' ♌	19°14' ♋	0°27' ♌ r	6°46' ♒

Quelle: Sarastro © by Sarastro Software (erstellt von Peter Fraiss)

Tag		Sonne	Mond	Merkur	Venus	Mars	Jupiter	Saturn	Chiron	Uranus	Neptun	Pluto	Mondkn.(w)
01	Mi	11°47'59" ♒	19°26'16" ♊	16°55' ♑	6°02' ♓	10°16' ♊	6°03' ♈	25°51' ♒	12°38' ♈	14°59' ♉	23°36' ♓	28°40' ♑	8°43' ♉ r
02	Do	12°48'53" ♒	1°23'51" ♋	18°01' ♑	7°17' ♓	10°29' ♊	6°14' ♈	25°58' ♒	12°40' ♈	14°59' ♉	23°38' ♓	28°42' ♑	8°35' ♉ r
03	Fr	13°49'45" ♒	13°17'16" ♋	19°09' ♑	8°31' ♓	10°43' ♊	6°26' ♈	26°05' ♒	12°42' ♈	15°00' ♉	23°39' ♓	28°44' ♑	8°25' ♉ r
04	Sa	14°50'36" ♒	25°09'09" ♋	20°19' ♑	9°46' ♓	10°57' ♊	6°37' ♈	26°12' ♒	12°44' ♈	15°00' ♉	23°41' ♓	28°46' ♑	8°12' ♉ r
05	So	15°51'26" ♒	7°01'29" ♌	21°32' ♑	11°00' ♓	11°11' ♊	6°49' ♈	26°19' ♒	12°47' ♈	15°01' ♉	23°43' ♓	28°47' ♑	7°57' ♉ r
06	Mo	16°52'15" ♒	18°55'41" ♌	22°46' ♑	12°15' ♓	11°26' ♊	7°00' ♈	26°27' ♒	12°49' ♈	15°02' ♉	23°45' ♓	28°49' ♑	7°42' ♉ r
07	Di	17°53'02" ♒	0°52'57" ♍	24°01' ♑	13°29' ♓	11°42' ♊	7°12' ♈	26°34' ♒	12°51' ♈	15°02' ♉	23°47' ♓	28°51' ♑	7°28' ♉ r
08	Mi	18°53'48" ♒	12°54'28" ♍	25°18' ♑	14°43' ♓	11°58' ♊	7°24' ♈	26°41' ♒	12°53' ♈	15°03' ♉	23°49' ♓	28°53' ♑	7°16' ♉ r
09	Do	19°54'34" ♒	25°01'45" ♍	26°37' ♑	15°58' ♓	12°14' ♊	7°36' ♈	26°48' ♒	12°56' ♈	15°04' ♉	23°51' ♓	28°55' ♑	7°06' ♉ r
10	Fr	20°55'18" ♒	7°16'47" ♎	27°57' ♑	17°12' ♓	12°31' ♊	7°48' ♈	26°55' ♒	12°58' ♈	15°05' ♉	23°53' ♓	28°57' ♑	7°00' ♉ r
11	Sa	21°56'00" ♒	19°42'11" ♎	29°18' ♑	18°26' ♓	12°49' ♊	8°00' ♈	27°03' ♒	13°01' ♈	15°06' ♉	23°55' ♓	28°59' ♑	6°56' ♉ r
12	So	22°56'42" ♒	2°21'14" ♏	0°40' ♒	19°40' ♓	13°06' ♊	8°12' ♈	27°10' ♒	13°03' ♈	15°07' ♉	23°57' ♓	29°00' ♑	6°55' ♉ r
13	Mo	23°57'23" ♒	15°17'36" ♏	2°04' ♒	20°54' ♓	13°25' ♊	8°25' ♈	27°17' ♒	13°06' ♈	15°08' ♉	23°59' ♓	29°02' ♑	6°55' ♉
14	Di	24°58'03" ♒	28°35'02" ♏	3°28' ♒	22°09' ♓	13°43' ♊	8°37' ♈	27°24' ♒	13°08' ♈	15°09' ♉	24°01' ♓	29°04' ♑	6°55' ♉ r
15	Mi	25°58'42" ♒	12°16'42" ♐	4°54' ♒	23°23' ♓	14°02' ♊	8°50' ♈	27°32' ♒	13°11' ♈	15°10' ♉	24°03' ♓	29°06' ♑	6°54' ♉ r
16	Do	26°59'19" ♒	26°24'20" ♐	6°21' ♒	24°37' ♓	14°22' ♊	9°02' ♈	27°39' ♒	13°13' ♈	15°12' ♉	24°05' ♓	29°08' ♑	6°51' ♉ r
17	Fr	27°59'56" ♒	10°57'22" ♑	7°48' ♒	25°51' ♓	14°41' ♊	9°15' ♈	27°46' ♒	13°16' ♈	15°13' ♉	24°07' ♓	29°09' ♑	6°45' ♉ r
18	Sa	29°00'31" ♒	25°52'01" ♑	9°17' ♒	27°05' ♓	15°01' ♊	9°28' ♈	27°53' ♒	13°19' ♈	15°14' ♉	24°09' ♓	29°11' ♑	6°37' ♉ r
19	So	0°01'05" ♓	11°01'07" ♒	10°47' ♒	28°19' ♓	15°22' ♊	9°40' ♈	28°01' ♒	13°22' ♈	15°15' ♉	24°11' ♓	29°13' ♑	6°27' ♉ r
20	Mo	1°01'38" ♓	26°14'47" ♒	12°18' ♒	29°33' ♓	15°43' ♊	9°53' ♈	28°08' ♒	13°24' ♈	15°17' ♉	24°13' ♓	29°15' ♑	6°17' ♉ r
21	Di	2°02'09" ♓	11°22'01" ♓	13°50' ♒	0°46' ♈	16°04' ♊	10°06' ♈	28°15' ♒	13°27' ♈	15°18' ♉	24°16' ♓	29°16' ♑	6°07' ♉ r
22	Mi	3°02'38" ♓	26°12'37" ♓	15°22' ♒	2°00' ♈	16°26' ♊	10°19' ♈	28°22' ♒	13°30' ♈	15°20' ♉	24°18' ♓	29°18' ♑	6°00' ♉ r
23	Do	4°03'05" ♓	10°39'01" ♈	16°56' ♒	3°14' ♈	16°48' ♊	10°32' ♈	28°30' ♒	13°33' ♈	15°21' ♉	24°20' ♓	29°20' ♑	5°55' ♉ r
24	Fr	5°03'31" ♓	24°37'01" ♈	18°31' ♒	4°28' ♈	17°10' ♊	10°45' ♈	28°37' ♒	13°36' ♈	15°23' ♉	24°22' ♓	29°22' ♑	5°52' ♉ r
25	Sa	6°03'54" ♓	8°05'52" ♉	20°06' ♒	5°41' ♈	17°32' ♊	10°58' ♈	28°44' ♒	13°39' ♈	15°25' ♉	24°24' ♓	29°23' ♑	5°51' ♉
26	So	7°04'16" ♓	21°07'27" ♉	21°43' ♒	6°55' ♈	17°55' ♊	11°12' ♈	28°51' ♒	13°42' ♈	15°26' ♉	24°26' ♓	29°25' ♑	5°52' ♉
27	Mo	8°04'36" ♓	3°45'30" ♊	23°20' ♒	8°08' ♈	18°18' ♊	11°25' ♈	28°59' ♒	13°45' ♈	15°28' ♉	24°29' ♓	29°26' ♑	5°53' ♉
28	Di	9°04'54" ♓	16°04'42" ♊	24°59' ♒	9°22' ♈	18°42' ♊	11°38' ♈	29°06' ♒	13°48' ♈	15°30' ♉	24°31' ♓	29°28' ♑	5°53' ♉ r

Tag		Ceres	Pallas	Juno	Vesta	Pholus	Nessus	Transpl.	Mondkn.(m)	Lilith (m)	Lilith (o)	Lilith (n)	Priapus
01	Mi	6°57' ♎	11°48' ♋ r	9°05' ♈	26°51' ♓	7°49' ♑	14°49' ♓	3°38' ♍ r	8°34' ♉ r	2°37' ♌	21°11' ♋	0°21' ♌ r	7°20' ♒
02	Do	6°58' ♎	11°38' ♋ r	9°35' ♈	27°17' ♓	7°51' ♑	14°51' ♓	3°37' ♍ r	8°31' ♉ r	2°44' ♌	23°33' ♋	0°15' ♌ r	7°54' ♒
03	Fr	6°58' ♎	11°28' ♋ r	10°06' ♈	27°43' ♓	7°53' ♑	14°53' ♓	3°37' ♍ r	8°28' ♉ r	2°51' ♌	26°08' ♋	0°10' ♌ r	8°28' ♒
04	Sa	6°58' ♎ r	11°19' ♋ r	10°37' ♈	28°09' ♓	7°55' ♑	14°55' ♓	3°36' ♍ r	8°24' ♉ r	2°57' ♌	28°53' ♋	0°05' ♌ r	9°02' ♒
05	So	6°58' ♎ r	11°11' ♋ r	11°08' ♈	28°35' ♓	7°57' ♑	14°57' ♓	3°36' ♍ r	8°21' ♉ r	3°04' ♌	1°47' ♌	0°01' ♌ r	9°36' ♒
06	Mo	6°57' ♎ r	11°04' ♋ r	11°39' ♈	29°01' ♓	7°58' ♑	14°58' ♓	3°35' ♍ r	8°18' ♉ r	3°11' ♌	4°57' ♌	29°58' ♋ r	10°09' ♒
07	Di	6°56' ♎ r	10°57' ♋ r	12°10' ♈	29°27' ♓	8°00' ♑	15°00' ♓	3°34' ♍ r	8°15' ♉ r	3°18' ♌	8°27' ♌	29°55' ♋ r	10°43' ♒
08	Mi	6°55' ♎ r	10°51' ♋ r	12°41' ♈	29°54' ♓	8°02' ♑	15°02' ♓	3°34' ♍ r	8°12' ♉ r	3°24' ♌	12°17' ♌	29°52' ♋ r	11°16' ♒
09	Do	6°53' ♎ r	10°45' ♋ r	13°12' ♈	0°20' ♈	8°04' ♑	15°04' ♓	3°33' ♍ r	8°08' ♉ r	3°31' ♌	16°17' ♌	29°50' ♋ r	11°49' ♒
10	Fr	6°50' ♎ r	10°41' ♋ r	13°44' ♈	0°46' ♈	8°05' ♑	15°06' ♓	3°33' ♍ r	8°05' ♉ r	3°38' ♌	20°09' ♌	29°49' ♋ r	12°23' ♒
11	Sa	6°47' ♎ r	10°36' ♋ r	14°15' ♈	1°13' ♈	8°07' ♑	15°08' ♓	3°32' ♍ r	8°02' ♉ r	3°44' ♌	23°35' ♌	29°48' ♋ r	12°55' ♒
12	So	6°44' ♎ r	10°33' ♋ r	14°47' ♈	1°39' ♈	8°09' ♑	15°11' ♓	3°32' ♍ r	7°59' ♉ r	3°51' ♌	26°11' ♌	29°48' ♋	13°28' ♒
13	Mo	6°40' ♎ r	10°30' ♋ r	15°19' ♈	2°06' ♈	8°11' ♑	15°13' ♓	3°31' ♍ r	7°56' ♉ r	3°58' ♌	27°42' ♌	29°49' ♋	14°01' ♒
14	Di	6°36' ♎ r	10°28' ♋ r	15°50' ♈	2°32' ♈	8°12' ♑	15°15' ♓	3°31' ♍ r	7°53' ♉ r	4°05' ♌	27°55' ♌ r	29°50' ♋	14°33' ♒
15	Mi	6°31' ♎ r	10°27' ♋ r	16°22' ♈	2°59' ♈	8°14' ♑	15°17' ♓	3°30' ♍ r	7°49' ♉ r	4°11' ♌	26°53' ♌ r	29°51' ♋	15°06' ♒
16	Do	6°26' ♎ r	10°26' ♋ r	16°55' ♈	3°25' ♈	8°15' ♑	15°19' ♓	3°29' ♍ r	7°46' ♉ r	4°18' ♌	24°54' ♌ r	29°53' ♋	15°38' ♒
17	Fr	6°21' ♎ r	10°26' ♋	17°27' ♈	3°52' ♈	8°17' ♑	15°21' ♓	3°29' ♍ r	7°43' ♉ r	4°25' ♌	22°31' ♌ r	29°56' ♋	16°10' ♒
18	Sa	6°15' ♎ r	10°27' ♋	17°59' ♈	4°19' ♈	8°18' ♑	15°23' ♓	3°28' ♍ r	7°40' ♉ r	4°32' ♌	20°13' ♌ r	29°59' ♋	16°41' ♒
19	So	6°08' ♎ r	10°28' ♋	18°31' ♈	4°45' ♈	8°20' ♑	15°25' ♓	3°28' ♍ r	7°37' ♉ r	4°38' ♌	18°12' ♌ r	0°02' ♌	17°13' ♒
20	Mo	6°01' ♎ r	10°30' ♋	19°04' ♈	5°12' ♈	8°21' ♑	15°27' ♓	3°27' ♍ r	7°34' ♉ r	4°45' ♌	16°23' ♌ r	0°06' ♌	17°44' ♒
21	Di	5°54' ♎ r	10°32' ♋	19°36' ♈	5°39' ♈	8°23' ♑	15°29' ♓	3°27' ♍ r	7°30' ♉ r	4°52' ♌	14°27' ♌ r	0°11' ♌	18°15' ♒
22	Mi	5°47' ♎ r	10°35' ♋	20°09' ♈	6°06' ♈	8°24' ♑	15°32' ♓	3°26' ♍ r	7°27' ♉ r	4°58' ♌	12°09' ♌ r	0°16' ♌	18°46' ♒
23	Do	5°39' ♎ r	10°39' ♋	20°42' ♈	6°33' ♈	8°26' ♑	15°34' ♓	3°25' ♍ r	7°24' ♉ r	5°05' ♌	9°23' ♌ r	0°21' ♌	19°16' ♒
24	Fr	5°30' ♎ r	10°43' ♋	21°15' ♈	6°59' ♈	8°27' ♑	15°36' ♓	3°25' ♍ r	7°21' ♉ r	5°12' ♌	6°21' ♌ r	0°27' ♌	19°47' ♒
25	Sa	5°22' ♎ r	10°48' ♋	21°47' ♈	7°26' ♈	8°28' ♑	15°38' ♓	3°24' ♍ r	7°18' ♉ r	5°19' ♌	3°28' ♌ r	0°33' ♌	20°17' ♒
26	So	5°12' ♎ r	10°53' ♋	22°20' ♈	7°53' ♈	8°30' ♑	15°40' ♓	3°24' ♍ r	7°14' ♉ r	5°25' ♌	1°10' ♌ r	0°39' ♌	20°47' ♒
27	Mo	5°03' ♎ r	10°59' ♋	22°53' ♈	8°20' ♈	8°31' ♑	15°42' ♓	3°23' ♍ r	7°11' ♉ r	5°32' ♌	29°42' ♋ r	0°46' ♌	21°16' ♒
28	Di	4°53' ♎ r	11°06' ♋	23°27' ♈	8°47' ♈	8°32' ♑	15°45' ♓	3°23' ♍ r	7°08' ♉ r	5°39' ♌	29°06' ♋ r	0°53' ♌	21°45' ♒

MÄRZ 2023 Planetenstände

0:00 Uhr • Mitteleuropäische Zeit

Quelle: Sarastro © by Sarastro Software (erstellt von Peter Fraiss)

Tag		Sonne	Mond	Merkur	Venus	Mars	Jupiter	Saturn	Chiron	Uranus	Neptun	Pluto	Mondkn.(w)
01	Mi	10°05'10" ♓	28°10'05" ♊	26°38' ♒	10°35' ♈	19°06' ♊	11°52' ♈	29°13' ♒	13°51' ♈	15°32' ♉	24°33' ♓	29°30' ♑	5°51' ♉ r
02	Do	11°05'24" ♓	10°06'31" ♋	28°19' ♒	11°49' ♈	19°30' ♊	12°05' ♈	29°20' ♒	13°54' ♈	15°34' ♉	24°35' ♓	29°31' ♑	5°46' ♉ r
03	Fr	12°05'36" ♓	21°58'23" ♋	0°01' ♓	13°02' ♈	19°54' ♊	12°19' ♈	29°27' ♒	13°57' ♈	15°36' ♉	24°37' ♓	29°33' ♑	5°40' ♉ r
04	Sa	13°05'46" ♓	3°49'27" ♌	1°43' ♓	14°15' ♈	20°18' ♊	12°32' ♈	29°34' ♒	14°00' ♈	15°37' ♉	24°40' ♓	29°34' ♑	5°31' ♉ r
05	So	14°05'54" ♓	15°42'45" ♌	3°27' ♓	15°28' ♈	20°43' ♊	12°46' ♈	29°42' ♒	14°03' ♈	15°39' ♉	24°42' ♓	29°36' ♑	5°22' ♉ r
06	Mo	15°06'00" ♓	27°40'34" ♌	5°12' ♓	16°41' ♈	21°08' ♊	12°59' ♈	29°49' ♒	14°06' ♈	15°42' ♉	24°44' ♓	29°37' ♑	5°11' ♉ r
07	Di	16°06'04" ♓	9°44'37" ♍	6°58' ♓	17°54' ♈	21°34' ♊	13°13' ♈	29°56' ♒	14°09' ♈	15°44' ♉	24°46' ♓	29°39' ♑	5°02' ♉ r
08	Mi	17°06'07" ♓	21°56'05" ♍	8°45' ♓	19°07' ♈	21°59' ♊	13°27' ♈	0°03' ♓	14°13' ♈	15°46' ♉	24°49' ♓	29°40' ♑	4°54' ♉ r
09	Do	18°06'07" ♓	4°15'58" ♎	10°33' ♓	20°20' ♈	22°25' ♊	13°41' ♈	0°10' ♓	14°16' ♈	15°48' ♉	24°51' ♓	29°42' ♑	4°47' ♉ r
10	Fr	19°06'05" ♓	16°45'16" ♎	12°22' ♓	21°33' ♈	22°51' ♊	13°54' ♈	0°17' ♓	14°19' ♈	15°50' ♉	24°53' ♓	29°43' ♑	4°43' ♉ r
11	Sa	20°06'02" ♓	29°25'08" ♎	14°12' ♓	22°46' ♈	23°17' ♊	14°08' ♈	0°24' ♓	14°22' ♈	15°52' ♉	24°56' ♓	29°44' ♑	4°42' ♉ r
12	So	21°05'57" ♓	12°17'09" ♏	16°03' ♓	23°59' ♈	23°43' ♊	14°22' ♈	0°31' ♓	14°26' ♈	15°55' ♉	24°58' ♓	29°46' ♑	4°42' ♉
13	Mo	22°05'50" ♓	25°23'08" ♏	17°56' ♓	25°11' ♈	24°10' ♊	14°36' ♈	0°38' ♓	14°29' ♈	15°57' ♉	25°00' ♓	29°47' ♑	4°43' ♉
14	Di	23°05'42" ♓	8°45'06" ♐	19°50' ♓	26°24' ♈	24°37' ♊	14°50' ♈	0°45' ♓	14°32' ♈	15°59' ♉	25°02' ♓	29°48' ♑	4°44' ♉
15	Mi	24°05'32" ♓	22°24'53" ♐	21°44' ♓	27°36' ♈	25°04' ♊	15°04' ♈	0°52' ♓	14°36' ♈	16°02' ♉	25°05' ♓	29°50' ♑	4°45' ♉
16	Do	25°05'21" ♓	6°23'31" ♑	23°40' ♓	28°49' ♈	25°31' ♊	15°18' ♈	0°58' ♓	14°39' ♈	16°04' ♉	25°07' ♓	29°51' ♑	4°45' ♉ r
17	Fr	26°05'08" ♓	20°40'41" ♑	25°37' ♓	0°01' ♉	25°59' ♊	15°32' ♈	1°05' ♓	14°42' ♈	16°07' ♉	25°09' ♓	29°52' ♑	4°42' ♉ r
18	Sa	27°04'53" ♓	5°14'08" ♒	27°35' ♓	1°14' ♉	26°26' ♊	15°46' ♈	1°12' ♓	14°46' ♈	16°09' ♉	25°11' ♓	29°54' ♑	4°39' ♉ r
19	So	28°04'37" ♓	19°59'17" ♒	29°33' ♓	2°26' ♉	26°54' ♊	16°01' ♈	1°19' ♓	14°49' ♈	16°12' ♉	25°14' ♓	29°55' ♑	4°34' ♉ r
20	Mo	29°04'18" ♓	4°49'32" ♓	1°33' ♈	3°38' ♉	27°22' ♊	16°15' ♈	1°26' ♓	14°53' ♈	16°14' ♉	25°16' ♓	29°56' ♑	4°28' ♉ r
21	Di	0°03'58" ♈	19°36'55" ♓	3°33' ♈	4°50' ♉	27°50' ♊	16°29' ♈	1°32' ♓	14°56' ♈	16°17' ♉	25°18' ♓	29°57' ♑	4°23' ♉ r
22	Mi	1°03'36" ♈	4°13'24" ♈	5°33' ♈	6°02' ♉	28°19' ♊	16°43' ♈	1°39' ♓	14°59' ♈	16°20' ♉	25°21' ♓	29°58' ♑	4°19' ♉ r
23	Do	2°03'11" ♈	18°32'05" ♈	7°34' ♈	7°14' ♉	28°47' ♊	16°57' ♈	1°46' ♓	15°03' ♈	16°22' ♉	25°23' ♓	29°59' ♑	4°16' ♉ r
24	Fr	3°02'45" ♈	2°28'08" ♉	9°35' ♈	8°26' ♉	29°16' ♊	17°12' ♈	1°52' ♓	15°06' ♈	16°25' ♉	25°25' ♓	0°00' ♒	4°15' ♉ r
25	Sa	4°02'16" ♈	15°59'16" ♉	11°36' ♈	9°38' ♉	29°45' ♊	17°26' ♈	1°59' ♓	15°10' ♈	16°28' ♉	25°27' ♓	0°02' ♒	4°16' ♉
26	So	5°01'46" ♈	29°05'33" ♉	13°36' ♈	10°49' ♉	0°14' ♋	17°40' ♈	2°05' ♓	15°13' ♈	16°30' ♉	25°30' ♓	0°03' ♒	4°17' ♉
27	Mo	5°58'44" ♈	11°17'38" ♊	15°31' ♈	11°58' ♉	0°42' ♋	17°54' ♈	2°11' ♓	15°17' ♈	16°33' ♉	25°32' ♓	0°04' ♒	4°19' ♉
28	Di	6°58'09" ♈	23°42'30" ♊	17°30' ♈	13°09' ♉	1°11' ♋	18°08' ♈	2°18' ♓	15°20' ♈	16°36' ♉	25°34' ♓	0°05' ♒	4°20' ♉
29	Mi	7°57'31" ♈	5°52'09" ♋	19°28' ♈	14°21' ♉	1°40' ♋	18°23' ♈	2°24' ♓	15°24' ♈	16°39' ♉	25°36' ♓	0°06' ♒	4°21' ♉
30	Do	8°56'52" ♈	17°51'17" ♋	21°24' ♈	15°32' ♉	2°10' ♋	18°37' ♈	2°30' ♓	15°27' ♈	16°42' ♉	25°38' ♓	0°06' ♒	4°21' ♉ r
31	Fr	9°56'10" ♈	29°44'39" ♋	23°17' ♈	16°43' ♉	2°40' ♋	18°52' ♈	2°37' ♓	15°31' ♈	16°45' ♉	25°41' ♓	0°07' ♒	4°19' ♉ r

Tag		Ceres	Pallas	Juno	Vesta	Pholus	Nessus	Transpl.	Mondkn.(m)	Lilith (m)	Lilith (o)	Lilith (n)	Priapus
01	Mi	4°43' ♎ r	11°13' ♋	24°00' ♈	9°14' ♈	8°34' ♑	15°47' ♓	3°22' ♍ r	7°05' ♉ r	5°46' ♌	29°12' ♋	1°00' ♌	22°14' ♒
02	Do	4°33' ♎ r	11°20' ♋	24°33' ♈	9°41' ♈	8°35' ♑	15°49' ♓	3°21' ♍ r	7°02' ♉ r	5°52' ♌	29°47' ♋	1°08' ♌	22°43' ♒
03	Fr	4°22' ♎ r	11°28' ♋	25°06' ♈	10°08' ♈	8°36' ♑	15°51' ♓	3°21' ♍ r	6°59' ♉ r	5°59' ♌	0°38' ♌	1°16' ♌	23°11' ♒
04	Sa	4°11' ♎ r	11°37' ♋	25°40' ♈	10°35' ♈	8°37' ♑	15°53' ♓	3°20' ♍ r	6°55' ♉ r	6°06' ♌	1°33' ♌	1°24' ♌	23°39' ♒
05	So	3°59' ♎ r	11°46' ♋	26°13' ♈	11°02' ♈	8°38' ♑	15°55' ♓	3°20' ♍ r	6°52' ♉ r	6°12' ♌	2°32' ♌	1°32' ♌	24°07' ♒
06	Mo	3°48' ♎ r	11°56' ♋	26°47' ♈	11°29' ♈	8°39' ♑	15°58' ♓	3°19' ♍ r	6°49' ♉ r	6°19' ♌	3°44' ♌	1°41' ♌	24°34' ♒
07	Di	3°36' ♎ r	12°06' ♋	27°20' ♈	11°57' ♈	8°40' ♑	16°00' ♓	3°19' ♍ r	6°46' ♉ r	6°26' ♌	5°27' ♌	1°50' ♌	25°01' ♒
08	Mi	3°24' ♎ r	12°16' ♋	27°54' ♈	12°24' ♈	8°41' ♑	16°02' ♓	3°18' ♍ r	6°43' ♉ r	6°33' ♌	8°03' ♌	1°59' ♌	25°28' ♒
09	Do	3°11' ♎ r	12°27' ♋	28°28' ♈	12°51' ♈	8°42' ♑	16°04' ♓	3°17' ♍ r	6°39' ♉ r	6°39' ♌	11°44' ♌	2°09' ♌	25°54' ♒
10	Fr	2°59' ♎ r	12°39' ♋	29°02' ♈	13°18' ♈	8°43' ♑	16°06' ♓	3°17' ♍ r	6°36' ♉ r	6°46' ♌	16°24' ♌	2°18' ♌	26°19' ♒
11	Sa	2°46' ♎ r	12°51' ♋	29°36' ♈	13°45' ♈	8°44' ♑	16°09' ♓	3°16' ♍ r	6°33' ♉ r	6°53' ♌	21°41' ♌	2°28' ♌	26°44' ♒
12	So	2°33' ♎ r	13°03' ♋	0°10' ♉	14°12' ♈	8°45' ♑	16°11' ♓	3°16' ♍ r	6°30' ♉ r	6°59' ♌	26°55' ♌	2°38' ♌	27°09' ♒
13	Mo	2°20' ♎ r	13°15' ♋	0°44' ♉	14°39' ♈	8°46' ♑	16°13' ♓	3°15' ♍ r	6°27' ♉ r	7°06' ♌	1°26' ♍	2°48' ♌	27°33' ♒
14	Di	2°06' ♎ r	13°29' ♋	1°18' ♉	15°07' ♈	8°47' ♑	16°15' ♓	3°15' ♍ r	6°24' ♉ r	7°13' ♌	4°40' ♍	2°59' ♌	27°57' ♒
15	Mi	1°53' ♎ r	13°42' ♋	1°52' ♉	15°34' ♈	8°48' ♑	16°17' ♓	3°14' ♍ r	6°20' ♉ r	7°20' ♌	6°15' ♍	3°09' ♌	28°20' ♒
16	Do	1°39' ♎ r	13°56' ♋	2°26' ♉	16°01' ♈	8°48' ♑	16°19' ♓	3°14' ♍ r	6°17' ♉ r	7°26' ♌	6°11' ♍ r	3°20' ♌	28°43' ♒
17	Fr	1°26' ♎ r	14°10' ♋	3°00' ♉	16°28' ♈	8°49' ♑	16°22' ♓	3°13' ♍ r	6°14' ♉ r	7°33' ♌	4°52' ♍ r	3°31' ♌	29°05' ♒
18	Sa	1°12' ♎ r	14°25' ♋	3°34' ♉	16°56' ♈	8°50' ♑	16°24' ♓	3°13' ♍ r	6°11' ♉ r	7°40' ♌	2°59' ♍ r	3°42' ♌	29°26' ♒
19	So	0°58' ♎ r	14°40' ♋	4°09' ♉	17°23' ♈	8°50' ♑	16°26' ♓	3°12' ♍ r	6°08' ♉ r	7°47' ♌	1°07' ♍ r	3°53' ♌	29°47' ♒
20	Mo	0°44' ♎ r	14°55' ♋	4°43' ♉	17°50' ♈	8°51' ♑	16°28' ♓	3°12' ♍ r	6°05' ♉ r	7°53' ♌	29°30' ♌ r	4°04' ♌	0°07' ♓
21	Di	0°31' ♎ r	15°10' ♋	5°17' ♉	18°17' ♈	8°52' ♑	16°30' ♓	3°11' ♍ r	6°01' ♉ r	8°00' ♌	27°59' ♌ r	4°16' ♌	0°27' ♓
22	Mi	0°17' ♎ r	15°26' ♋	5°52' ♉	18°45' ♈	8°52' ♑	16°32' ♓	3°11' ♍ r	5°58' ♉ r	8°07' ♌	26°13' ♌ r	4°27' ♌	0°45' ♓
23	Do	0°03' ♎ r	15°43' ♋	6°26' ♉	19°12' ♈	8°53' ♑	16°34' ♓	3°10' ♍ r	5°55' ♉ r	8°13' ♌	23°56' ♌ r	4°39' ♌	1°03' ♓
24	Fr	29°49' ♍ r	15°59' ♋	7°01' ♉	19°39' ♈	8°53' ♑	16°37' ♓	3°10' ♍ r	5°52' ♉ r	8°20' ♌	21°01' ♌ r	4°50' ♌	1°20' ♓
25	Sa	29°35' ♍ r	16°16' ♋	7°36' ♉	20°07' ♈	8°54' ♑	16°39' ♓	3°09' ♍ r	5°49' ♉ r	8°27' ♌	17°40' ♌ r	5°02' ♌	1°37' ♓
26	So	29°21' ♍ r	16°33' ♋	8°10' ♉	20°34' ♈	8°54' ♑	16°41' ♓	3°09' ♍ r	5°45' ♉ r	8°34' ♌	14°21' ♌ r	5°14' ♌	1°52' ♓
27	Mo	29°08' ♍ r	16°50' ♋	8°44' ♉	21°00' ♈	8°54' ♑	16°43' ♓	3°08' ♍ r	5°42' ♉ r	8°40' ♌	11°36' ♌ r	5°25' ♌	2°06' ♓
28	Di	28°55' ♍ r	17°08' ♋	9°18' ♉	21°27' ♈	8°55' ♑	16°45' ♓	3°08' ♍ r	5°39' ♉ r	8°47' ♌	9°26' ♌ r	5°37' ♌	2°20' ♓
29	Mi	28°42' ♍ r	17°26' ♋	9°53' ♉	21°55' ♈	8°55' ♑	16°47' ♓	3°07' ♍ r	5°36' ♉ r	8°53' ♌	8°01' ♌ r	5°49' ♌	2°33' ♓
30	Do	28°28' ♍ r	17°44' ♋	10°28' ♉	22°22' ♈	8°55' ♑	16°49' ♓	3°07' ♍ r	5°33' ♉ r	9°00' ♌	7°09' ♌ r	6°01' ♌	2°45' ♓
31	Fr	28°15' ♍ r	18°03' ♋	11°03' ♉	22°49' ♈	8°56' ♑	16°51' ♓	3°06' ♍ r	5°30' ♉ r	9°07' ♌	6°36' ♌ r	6°13' ♌	2°55' ♓

Quelle: Sarastro © by Sarastro Software (erstellt von Peter Fraiss)

Tag		Sonne	Mond	Merkur	Venus	Mars	Jupiter	Saturn	Chiron	Uranus	Neptun	Pluto	Mondkn. (w)
01	Mo	10°18'01" ♉	13°33'21" ♍	12°00' ♉ r	22°35' ♊	18°57' ♋	26°19' ♈	5°24' ♓	17°18' ♈	18°25' ♉	26°44' ♓	0°22' ♒	4°02' ♉
02	Di	11°16'16" ♉	25°47'36" ♍	11°22' ♉ r	23°42' ♊	19°30' ♋	26°33' ♈	5°28' ♓	17°22' ♈	18°29' ♉	26°45' ♓	0°22' ♒ r	4°02' ♉
03	Mi	12°14'29" ♉	8°16'21" ♎	10°43' ♉ r	24°49' ♊	20°03' ♋	26°47' ♈	5°32' ♓	17°25' ♈	18°32' ♉	26°47' ♓	0°22' ♒ r	4°03' ♉
04	Do	13°12'40" ♉	21°01'57" ♎	10°05' ♉ r	25°56' ♊	20°36' ♋	27°01' ♈	5°37' ♓	17°28' ♈	18°36' ♉	26°49' ♓	0°22' ♒ r	4°04' ♉
05	Fr	14°10'49" ♉	4°05'44" ♏	9°27' ♉ r	27°02' ♊	21°09' ♋	27°15' ♈	5°41' ♓	17°31' ♈	18°39' ♉	26°51' ♓	0°22' ♒ r	4°04' ♉
06	Sa	15°08'56" ♉	17°27'44" ♏	8°51' ♉ r	28°09' ♊	21°43' ♋	27°30' ♈	5°45' ♓	17°35' ♈	18°43' ♉	26°52' ♓	0°22' ♒ r	4°04' ♉ r
07	So	16°07'02" ♉	1°06'44" ♐	8°17' ♉ r	29°15' ♊	22°16' ♋	27°44' ♈	5°49' ♓	17°38' ♈	18°46' ♉	26°54' ♓	0°21' ♒ r	4°03' ♉ r
08	Mo	17°05'06" ♉	15°00'20" ♐	7°45' ♉ r	0°21' ♋	22°49' ♋	27°58' ♈	5°53' ♓	17°41' ♈	18°50' ♉	26°56' ♓	0°21' ♒ r	4°01' ♉ r
09	Di	18°03'09" ♉	29°05'16" ♐	7°17' ♉ r	1°27' ♋	23°23' ♋	28°12' ♈	5°56' ♓	17°44' ♈	18°53' ♉	26°57' ♓	0°21' ♒ r	4°00' ♉ r
10	Mi	19°01'10" ♉	13°17'48" ♑	6°52' ♉ r	2°32' ♋	23°56' ♋	28°26' ♈	6°00' ♓	17°47' ♈	18°56' ♉	26°59' ♓	0°21' ♒ r	3°58' ♉ r
11	Do	19°59'10" ♉	27°34'05" ♑	6°31' ♉ r	3°38' ♋	24°30' ♋	28°40' ♈	6°04' ♓	17°50' ♈	19°00' ♉	27°00' ♓	0°21' ♒ r	3°57' ♉ r
12	Fr	20°57'09" ♉	11°50'37" ♒	6°15' ♉ r	4°43' ♋	25°04' ♋	28°54' ♈	6°07' ♓	17°53' ♈	19°03' ♉	27°02' ♓	0°20' ♒ r	3°56' ♉ r
13	Sa	21°55'06" ♉	26°04'22" ♒	6°02' ♉ r	5°48' ♋	25°37' ♋	29°08' ♈	6°11' ♓	17°57' ♈	19°07' ♉	27°03' ♓	0°20' ♒ r	3°55' ♉
14	So	22°53'02" ♉	10°12'58" ♓	5°54' ♉ r	6°52' ♋	26°11' ♋	29°21' ♈	6°14' ♓	18°00' ♈	19°10' ♉	27°05' ♓	0°20' ♒ r	3°56' ♉
15	Mo	23°50'57" ♉	24°14'28" ♓	5°51' ♉ r	7°57' ♋	26°45' ♋	29°35' ♈	6°17' ♓	18°03' ♈	19°14' ♉	27°06' ♓	0°19' ♒ r	3°57' ♉
16	Di	24°48'50" ♉	8°07'16" ♈	5°52' ♉	9°01' ♋	27°19' ♋	29°49' ♈	6°20' ♓	18°06' ♈	19°17' ♉	27°08' ♓	0°19' ♒ r	3°59' ♉
17	Mi	25°46'42" ♉	21°49'56" ♈	5°58' ♉	10°05' ♋	27°53' ♋	0°03' ♉	6°23' ♓	18°09' ♈	19°21' ♉	27°09' ♓	0°19' ♒ r	4°00' ♉
18	Do	26°44'33" ♉	5°21'05" ♉	6°09' ♉	11°09' ♋	28°27' ♋	0°16' ♉	6°26' ♓	18°11' ♈	19°24' ♉	27°10' ♓	0°18' ♒ r	4°00' ♉ r
19	Fr	27°42'23" ♉	18°39'28" ♉	6°24' ♉	12°12' ♋	29°01' ♋	0°30' ♉	6°29' ♓	18°14' ♈	19°28' ♉	27°12' ♓	0°18' ♒ r	3°59' ♉ r
20	Sa	28°40'12" ♉	1°44'00" ♊	6°43' ♉	13°15' ♋	29°35' ♋	0°44' ♉	6°32' ♓	18°17' ♈	19°31' ♉	27°13' ♓	0°17' ♒ r	3°57' ♉ r
21	So	29°37'59" ♉	14°34'04" ♊	7°07' ♉	14°18' ♋	0°09' ♌	0°57' ♉	6°35' ♓	18°20' ♈	19°35' ♉	27°14' ♓	0°17' ♒ r	3°54' ♉ r
22	Mo	0°35'44" ♊	27°09'41" ♊	7°35' ♉	15°21' ♋	0°43' ♌	1°11' ♉	6°37' ♓	18°23' ♈	19°38' ♉	27°16' ♓	0°16' ♒ r	3°50' ♉ r
23	Di	1°33'28" ♊	9°31'37" ♋	8°07' ♉	16°23' ♋	1°18' ♌	1°24' ♉	6°40' ♓	18°26' ♈	19°41' ♉	27°17' ♓	0°16' ♒ r	3°46' ♉ r
24	Mi	2°31'11" ♊	21°41'33" ♋	8°43' ♉	17°25' ♋	1°52' ♌	1°37' ♉	6°42' ♓	18°28' ♈	19°45' ♉	27°18' ♓	0°15' ♒ r	3°41' ♉ r
25	Do	3°28'52" ♊	3°42'04" ♌	9°23' ♉	18°27' ♋	2°27' ♌	1°51' ♉	6°45' ♓	18°31' ♈	19°48' ♉	27°19' ♓	0°14' ♒ r	3°37' ♉ r
26	Fr	4°26'32" ♊	15°36'32" ♌	10°07' ♉	19°29' ♋	3°01' ♌	2°04' ♉	6°47' ♓	18°34' ♈	19°52' ♉	27°20' ♓	0°14' ♒ r	3°34' ♉ r
27	Sa	5°24'10" ♊	27°28'58" ♌	10°55' ♉	20°30' ♋	3°36' ♌	2°17' ♉	6°49' ♓	18°36' ♈	19°55' ♉	27°22' ♓	0°13' ♒ r	3°33' ♉ r
28	So	6°21'46" ♊	9°23'56" ♍	11°46' ♉	21°30' ♋	4°10' ♌	2°31' ♉	6°51' ♓	18°39' ♈	19°58' ♉	27°23' ♓	0°12' ♒ r	3°32' ♉
29	Mo	7°19'21" ♊	21°26'12" ♍	12°40' ♉	22°31' ♋	4°45' ♌	2°44' ♉	6°53' ♓	18°42' ♈	20°02' ♉	27°24' ♓	0°12' ♒ r	3°33' ♉
30	Di	8°16'55" ♊	3°40'36" ♎	13°38' ♉	23°31' ♋	5°19' ♌	2°57' ♉	6°55' ♓	18°44' ♈	20°05' ♉	27°25' ♓	0°11' ♒ r	3°35' ♉
31	Mi	9°14'27" ♊	16°11'36" ♎	14°39' ♉	24°30' ♋	5°54' ♌	3°10' ♉	6°57' ♓	18°47' ♈	20°08' ♉	27°26' ♓	0°10' ♒ r	3°36' ♉

Tag		Ceres	Pallas	Juno	Vesta	Pholus	Nessus	Transpl.	Mondkn.(m)	Lilith (m)	Lilith (o)	Lilith (n)	Priapus
01	Mo	23°56' ♍ r	29°17' ♋	29°14' ♉	6°53' ♉	8°47' ♑ r	17°46' ♓	2°56' ♍ r	3°51' ♉ r	12°35' ♌	7°58' ♌ r	12°32' ♌	17°52' ♒ r
02	Di	23°54' ♍ r	29°41' ♋	29°50' ♉	7°19' ♉	8°46' ♑ r	17°48' ♓	2°56' ♍ r	3°48' ♉ r	12°42' ♌	5°32' ♌ r	12°44' ♌	16°11' ♒ r
03	Mi	23°52' ♍ r	0°05' ♌	0°25' ♊	7°46' ♉	8°45' ♑ r	17°49' ♓	2°56' ♍ r	3°45' ♉ r	12°49' ♌	2°42' ♌ r	12°56' ♌	14°27' ♒ r
04	Do	23°51' ♍ r	0°29' ♌	1°01' ♊	8°13' ♉	8°44' ♑ r	17°50' ♓	2°56' ♍ r	3°42' ♉ r	12°55' ♌	29°55' ♋ r	13°08' ♌	12°42' ♒ r
05	Fr	23°50' ♍ r	0°54' ♌	1°36' ♊	8°40' ♉	8°43' ♑ r	17°52' ♓	2°55' ♍ r	3°38' ♉ r	13°02' ♌	27°40' ♋ r	13°20' ♌	10°58' ♒ r
06	Sa	23°49' ♍ r	1°18' ♌	2°12' ♊	9°07' ♉	8°42' ♑ r	17°53' ♓	2°55' ♍ r	3°35' ♉ r	13°09' ♌	26°23' ♋ r	13°32' ♌	9°16' ♒ r
07	So	23°49' ♍	1°43' ♌	2°47' ♊	9°34' ♉	8°41' ♑ r	17°54' ♓	2°55' ♍ r	3°32' ♉ r	13°16' ♌	26°11' ♋	13°44' ♌	7°39' ♒ r
08	Mo	23°49' ♍	2°07' ♌	3°22' ♊	10°01' ♉	8°40' ♑ r	17°56' ♓	2°55' ♍ r	3°29' ♉ r	13°22' ♌	26°55' ♋	13°56' ♌	6°07' ♒ r
09	Di	23°50' ♍	2°32' ♌	3°58' ♊	10°28' ♉	8°39' ♑ r	17°57' ♓	2°55' ♍ r	3°26' ♉ r	13°29' ♌	28°14' ♋	14°08' ♌	4°41' ♒ r
10	Mi	23°51' ♍	2°57' ♌	4°33' ♊	10°55' ♉	8°38' ♑ r	17°58' ♓	2°55' ♍ r	3°23' ♉ r	13°36' ♌	29°47' ♋	14°20' ♌	3°21' ♒ r
11	Do	23°52' ♍	3°22' ♌	5°09' ♊	11°21' ♉	8°37' ♑ r	17°59' ♓	2°55' ♍ r	3°19' ♉ r	13°43' ♌	1°20' ♌	14°31' ♌	2°08' ♒ r
12	Fr	23°54' ♍	3°47' ♌	5°44' ♊	11°48' ♉	8°36' ♑ r	18°00' ♓	2°55' ♍ r	3°16' ♉ r	13°49' ♌	2°58' ♌	14°43' ♌	1°02' ♒ r
13	Sa	23°57' ♍	4°12' ♌	6°19' ♊	12°15' ♉	8°35' ♑ r	18°02' ♓	2°54' ♍ r	3°13' ♉ r	13°56' ♌	5°06' ♌	14°55' ♌	0°01' ♒ r
14	So	23°59' ♍	4°37' ♌	6°55' ♊	12°42' ♉	8°34' ♑ r	18°03' ♓	2°54' ♍ r	3°10' ♉ r	14°03' ♌	8°10' ♌	15°07' ♌	29°07' ♑ r
15	Mo	24°02' ♍	5°02' ♌	7°30' ♊	13°08' ♉	8°32' ♑ r	18°04' ♓	2°54' ♍ r	3°07' ♉ r	14°09' ♌	12°07' ♌	15°18' ♌	28°18' ♑ r
16	Di	24°06' ♍	5°28' ♌	8°05' ♊	13°35' ♉	8°31' ♑ r	18°05' ♓	2°54' ♍ r	3°04' ♉ r	14°16' ♌	16°27' ♌	15°30' ♌	27°34' ♑ r
17	Mi	24°09' ♍	5°53' ♌	8°41' ♊	14°02' ♉	8°30' ♑ r	18°06' ♓	2°54' ♍ r	3°00' ♉ r	14°23' ♌	20°30' ♌	15°41' ♌	26°55' ♑ r
18	Do	24°14' ♍	6°19' ♌	9°16' ♊	14°28' ♉	8°29' ♑ r	18°07' ♓	2°54' ♍ r	2°57' ♉ r	14°30' ♌	23°40' ♌	15°53' ♌	26°20' ♑ r
19	Fr	24°18' ♍	6°44' ♌	9°52' ♊	14°55' ♉	8°27' ♑ r	18°08' ♓	2°54' ♍ r	2°54' ♉ r	14°36' ♌	25°33' ♌	16°04' ♌	25°50' ♑ r
20	Sa	24°23' ♍	7°10' ♌	10°27' ♊	15°21' ♉	8°26' ♑ r	18°09' ♓	2°54' ♍ r	2°51' ♉ r	14°43' ♌	26°01' ♌ r	16°16' ♌	25°23' ♑ r
21	So	24°28' ♍	7°35' ♌	11°02' ♊	15°48' ♉	8°25' ♑ r	18°10' ♓	2°54' ♍	2°48' ♉ r	14°50' ♌	25°13' ♌ r	16°27' ♌	25°00' ♑ r
22	Mo	24°34' ♍	8°01' ♌	11°37' ♊	16°14' ♉	8°23' ♑ r	18°11' ♓	2°54' ♍	2°44' ♉ r	14°56' ♌	23°35' ♌ r	16°38' ♌	24°40' ♑ r
23	Di	24°40' ♍	8°27' ♌	12°13' ♊	16°41' ♉	8°22' ♑ r	18°12' ♓	2°54' ♍	2°41' ♉ r	15°03' ♌	21°40' ♌ r	16°50' ♌	24°22' ♑ r
24	Mi	24°47' ♍	8°53' ♌	12°48' ♊	17°07' ♉	8°21' ♑ r	18°12' ♓	2°54' ♍	2°38' ♉ r	15°10' ♌	19°55' ♌ r	17°01' ♌	24°08' ♑ r
25	Do	24°53' ♍	9°19' ♌	13°23' ♊	17°34' ♉	8°19' ♑ r	18°13' ♓	2°54' ♍	2°35' ♉ r	15°17' ♌	18°34' ♌ r	17°12' ♌	23°56' ♑ r
26	Fr	25°01' ♍	9°45' ♌	13°58' ♊	18°00' ♉	8°18' ♑ r	18°14' ♓	2°54' ♍	2°32' ♉ r	15°23' ♌	17°33' ♌ r	17°23' ♌	23°47' ♑ r
27	Sa	25°08' ♍	10°11' ♌	14°34' ♊	18°26' ♉	8°16' ♑ r	18°15' ♓	2°54' ♍	2°29' ♉ r	15°30' ♌	16°41' ♌ r	17°34' ♌	23°39' ♑ r
28	So	25°16' ♍	10°37' ♌	15°09' ♊	18°53' ♉	8°15' ♑ r	18°15' ♓	2°55' ♍	2°25' ♉ r	15°37' ♌	15°40' ♌ r	17°45' ♌	23°34' ♑ r
29	Mo	25°24' ♍	11°03' ♌	15°44' ♊	19°19' ♉	8°13' ♑ r	18°16' ♓	2°55' ♍	2°22' ♉ r	15°44' ♌	14°14' ♌ r	17°56' ♌	23°31' ♑ r
30	Di	25°32' ♍	11°29' ♌	16°19' ♊	19°45' ♉	8°12' ♑ r	18°17' ♓	2°55' ♍	2°19' ♉ r	15°50' ♌	12°10' ♌ r	18°07' ♌	23°29' ♑ r
31	Mi	25°41' ♍	11°55' ♌	16°54' ♊	20°11' ♉	8°10' ♑ r	18°17' ♓	2°55' ♍	2°16' ♉ r	15°57' ♌	9°25' ♌ r	18°18' ♌	23°29' ♑

JUNI 2023 Planetenstände

0:00 Uhr • Mitteleuropäische Sommerzeit

Quelle: Sarastro © by Sarastro Software (erstellt von Peter Fraiss)

Tag		Sonne	Mond	Merkur	Venus	Mars	Jupiter	Saturn	Chiron	Uranus	Neptun	Pluto	Mondkn. (w)
01	Do	10°11'58" ♊	29°02'56" ♎	15°44' ♉	25°30' ♋	6°29' ♌	3°23' ♉	6°59' ♓	18°49' ♈	20°12' ♉	27°27' ♓	0°09' ♒ r	3°37' ♉
02	Fr	11°09'28" ♊	12°17'11" ♏	16°51' ♉	26°28' ♋	7°04' ♌	3°36' ♉	7°00' ♓	18°52' ♈	20°15' ♉	27°28' ♓	0°09' ♒ r	3°37' ♉ r
03	Sa	12°06'57" ♊	25°55'11" ♏	18°02' ♉	27°27' ♋	7°39' ♌	3°48' ♉	7°02' ♓	18°54' ♈	20°18' ♉	27°29' ♓	0°08' ♒ r	3°35' ♉ r
04	So	13°04'24" ♊	9°55'42" ♐	19°15' ♉	28°25' ♋	8°13' ♌	4°01' ♉	7°03' ♓	18°56' ♈	20°22' ♉	27°29' ♓	0°07' ♒ r	3°32' ♉ r
05	Mo	14°01'51" ♊	24°15'13" ♐	20°32' ♉	29°22' ♋	8°48' ♌	4°14' ♉	7°05' ♓	18°59' ♈	20°25' ♉	27°30' ♓	0°06' ♒ r	3°27' ♉ r
06	Di	14°59'16" ♊	8°48'15" ♑	21°51' ♉	0°20' ♌	9°23' ♌	4°26' ♉	7°06' ♓	19°01' ♈	20°28' ♉	27°31' ♓	0°05' ♒ r	3°20' ♉ r
07	Mi	15°56'41" ♊	23°27'55" ♑	23°13' ♉	1°16' ♌	9°58' ♌	4°39' ♉	7°07' ♓	19°03' ♈	20°31' ♉	27°32' ♓	0°04' ♒ r	3°14' ♉ r
08	Do	16°54'06" ♊	8°07'08" ♒	24°38' ♉	2°12' ♌	10°34' ♌	4°51' ♉	7°08' ♓	19°06' ♈	20°35' ♉	27°33' ♓	0°03' ♒ r	3°09' ♉ r
09	Fr	17°51'29" ♊	22°39'35" ♒	26°06' ♉	3°08' ♌	11°09' ♌	5°04' ♉	7°09' ♓	19°08' ♈	20°38' ♉	27°33' ♓	0°02' ♒ r	3°05' ♉ r
10	Sa	18°48'52" ♊	7°00'30" ♓	27°37' ♉	4°03' ♌	11°44' ♌	5°16' ♉	7°10' ♓	19°10' ♈	20°41' ♉	27°34' ♓	0°01' ♒ r	3°02' ♉ r
11	So	19°46'14" ♊	21°07'04" ♓	29°10' ♉	4°58' ♌	12°19' ♌	5°29' ♉	7°10' ♓	19°12' ♈	20°44' ♉	27°35' ♓	0°00' ♒ r	3°02' ♉
12	Mo	20°43'36" ♊	4°58'11" ♈	0°47' ♊	5°52' ♌	12°54' ♌	5°41' ♉	7°11' ♓	19°14' ♈	20°47' ♉	27°35' ♓	29°59' ♑ r	3°02' ♉
13	Di	21°40'57" ♊	18°34'01" ♈	2°26' ♊	6°45' ♌	13°30' ♌	5°53' ♉	7°11' ♓	19°16' ♈	20°50' ♉	27°36' ♓	29°58' ♑ r	3°03' ♉
14	Mi	22°38'18" ♊	1°55'27" ♉	4°07' ♊	7°38' ♌	14°05' ♌	6°05' ♉	7°12' ♓	19°18' ♈	20°53' ♉	27°37' ♓	29°57' ♑ r	3°04' ♉
15	Do	23°35'39" ♊	15°03'38" ♉	5°52' ♊	8°30' ♌	14°40' ♌	6°17' ♉	7°12' ♓	19°20' ♈	20°56' ♉	27°37' ♓	29°56' ♑ r	3°03' ♉ r
16	Fr	24°32'59" ♊	27°59'35" ♉	7°39' ♊	9°22' ♌	15°16' ♌	6°29' ♉	7°12' ♓	19°22' ♈	21°00' ♉	27°38' ♓	29°55' ♑ r	3°01' ♉ r
17	Sa	25°30'18" ♊	10°44'03" ♊	9°28' ♊	10°13' ♌	15°51' ♌	6°41' ♉	7°13' ♓	19°24' ♈	21°03' ♉	27°38' ♓	29°54' ♑ r	2°56' ♉ r
18	So	26°27'37" ♊	23°17'34" ♊	11°21' ♊	11°04' ♌	16°27' ♌	6°52' ♉	7°13' ♓ r	19°25' ♈	21°06' ♉	27°38' ♓	29°53' ♑ r	2°48' ♉ r
19	Mo	27°24'56" ♊	5°40'34" ♋	13°15' ♊	11°53' ♌	17°03' ♌	7°04' ♉	7°13' ♓ r	19°27' ♈	21°09' ♉	27°39' ♓	29°52' ♑ r	2°39' ♉ r
20	Di	28°22'14" ♊	17°53'43" ♋	15°12' ♊	12°42' ♌	17°38' ♌	7°15' ♉	7°12' ♓ r	19°29' ♈	21°11' ♉	27°39' ♓	29°51' ♑ r	2°29' ♉ r
21	Mi	29°19'31" ♊	29°58'00" ♋	17°12' ♊	13°30' ♌	18°14' ♌	7°27' ♉	7°12' ♓ r	19°31' ♈	21°14' ♉	27°40' ♓	29°50' ♑ r	2°19' ♉ r
22	Do	0°16'48" ♋	11°55'07" ♌	19°13' ♊	14°18' ♌	18°50' ♌	7°38' ♉	7°12' ♓ r	19°32' ♈	21°17' ♉	27°40' ♓	29°48' ♑ r	2°09' ♉ r
23	Fr	1°14'04" ♋	23°47'27" ♌	21°17' ♊	15°04' ♌	19°25' ♌	7°49' ♉	7°11' ♓ r	19°34' ♈	21°20' ♉	27°40' ♓	29°47' ♑ r	2°01' ♉ r
24	Sa	2°11'19" ♋	5°38'11" ♍	23°22' ♊	15°50' ♌	20°01' ♌	8°01' ♉	7°11' ♓ r	19°35' ♈	21°23' ♉	27°40' ♓	29°46' ♑ r	1°56' ♉ r
25	So	3°08'34" ♋	17°31'17" ♍	25°29' ♊	16°35' ♌	20°37' ♌	8°12' ♉	7°10' ♓ r	19°37' ♈	21°26' ♉	27°41' ♓	29°45' ♑ r	1°52' ♉ r
26	Mo	4°05'48" ♋	29°31'18" ♍	27°38' ♊	17°19' ♌	21°13' ♌	8°23' ♉	7°09' ♓ r	19°38' ♈	21°29' ♉	27°41' ♓	29°43' ♑ r	1°51' ♉ r
27	Di	5°03'02" ♋	11°43'14" ♎	29°47' ♊	18°02' ♌	21°49' ♌	8°34' ♉	7°08' ♓ r	19°39' ♈	21°31' ♉	27°41' ♓	29°42' ♑ r	1°51' ♉
28	Mi	6°00'14" ♋	24°12'12" ♎	1°57' ♋	18°44' ♌	22°25' ♌	8°44' ♉	7°08' ♓ r	19°41' ♈	21°34' ♉	27°41' ♓	29°41' ♑ r	1°51' ♉
29	Do	6°57'27" ♋	7°02'59" ♏	4°08' ♋	19°25' ♌	23°01' ♌	8°55' ♉	7°06' ♓ r	19°42' ♈	21°37' ♉	27°41' ♓	29°40' ♑ r	1°52' ♉ r
30	Fr	7°54'39" ♋	20°19'26" ♏	6°19' ♋	20°05' ♌	23°37' ♌	9°06' ♉	7°05' ♓ r	19°43' ♈	21°39' ♉	27°41' ♓	29°38' ♑ r	1°50' ♉ r

Tag		Ceres	Pallas	Juno	Vesta	Pholus	Nessus	Transpl.	Mondkn.(m)	Lilith (m)	Lilith (o)	Lilith (n)	Priapus
01	Do	25°50' ♍	12°21' ♌	17°29' ♊	20°38' ♉	8°09' ♑ r	18°18' ♓	2°55' ♍	2°13' ♉ r	16°04' ♌	6°12' ♌ r	18°28' ♌	23°31' ♑
02	Fr	26°00' ♍	12°48' ♌	18°04' ♊	21°04' ♉	8°07' ♑ r	18°18' ♓	2°55' ♍	2°10' ♉ r	16°10' ♌	2°56' ♌ r	18°39' ♌	23°34' ♑
03	Sa	26°09' ♍	13°14' ♌	18°40' ♊	21°30' ♉	8°06' ♑ r	18°19' ♓	2°55' ♍	2°06' ♉ r	16°17' ♌	0°05' ♌ r	18°50' ♌	23°38' ♑
04	So	26°19' ♍	13°40' ♌	19°15' ♊	21°56' ♉	8°04' ♑ r	18°19' ♓	2°55' ♍	2°03' ♉ r	16°24' ♌	27°54' ♋ r	19°00' ♌	23°44' ♑
05	Mo	26°30' ♍	14°07' ♌	19°50' ♊	22°22' ♉	8°02' ♑ r	18°20' ♓	2°56' ♍	2°00' ♉ r	16°31' ♌	26°22' ♋ r	19°11' ♌	23°51' ♑
06	Di	26°40' ♍	14°33' ♌	20°25' ♊	22°48' ♉	8°01' ♑ r	18°20' ♓	2°56' ♍	1°57' ♉ r	16°37' ♌	25°15' ♋ r	19°21' ♌	23°59' ♑
07	Mi	26°51' ♍	15°00' ♌	21°00' ♊	23°14' ♉	7°59' ♑ r	18°21' ♓	2°56' ♍	1°54' ♉ r	16°44' ♌	24°11' ♋ r	19°31' ♌	24°08' ♑
08	Do	27°02' ♍	15°26' ♌	21°34' ♊	23°40' ♉	7°57' ♑ r	18°21' ♓	2°56' ♍	1°51' ♉ r	16°51' ♌	22°58' ♋ r	19°42' ♌	24°18' ♑
09	Fr	27°14' ♍	15°53' ♌	22°09' ♊	24°06' ♉	7°56' ♑ r	18°21' ♓	2°56' ♍	1°47' ♉ r	16°57' ♌	21°42' ♋ r	19°52' ♌	24°29' ♑
10	Sa	27°26' ♍	16°19' ♌	22°44' ♊	24°31' ♉	7°54' ♑ r	18°22' ♓	2°56' ♍	1°44' ♉ r	17°04' ♌	20°51' ♋ r	20°02' ♌	24°41' ♑
11	So	27°38' ♍	16°46' ♌	23°19' ♊	24°57' ♉	7°52' ♑ r	18°22' ♓	2°57' ♍	1°41' ♉ r	17°11' ♌	21°07' ♋	20°12' ♌	24°54' ♑
12	Mo	27°50' ♍	17°13' ♌	23°54' ♊	25°23' ♉	7°51' ♑ r	18°22' ♓	2°57' ♍	1°38' ♉ r	17°18' ♌	23°01' ♋	20°22' ♌	25°08' ♑
13	Di	28°02' ♍	17°39' ♌	24°29' ♊	25°49' ♉	7°49' ♑ r	18°22' ♓	2°57' ♍	1°35' ♉ r	17°24' ♌	26°34' ♋	20°32' ♌	25°23' ♑
14	Mi	28°15' ♍	18°06' ♌	25°03' ♊	26°14' ♉	7°47' ♑ r	18°22' ♓	2°57' ♍	1°31' ♉ r	17°31' ♌	1°22' ♌	20°42' ♌	25°38' ♑
15	Do	28°28' ♍	18°33' ♌	25°38' ♊	26°40' ♉	7°45' ♑ r	18°23' ♓	2°58' ♍	1°28' ♉ r	17°38' ♌	6°41' ♌	20°52' ♌	25°54' ♑
16	Fr	28°42' ♍	19°00' ♌	26°13' ♊	27°05' ♉	7°44' ♑ r	18°23' ♓	2°58' ♍	1°25' ♉ r	17°44' ♌	11°46' ♌	21°01' ♌	26°11' ♑
17	Sa	28°55' ♍	19°26' ♌	26°48' ♊	27°31' ♉	7°42' ♑ r	18°23' ♓	2°58' ♍	1°22' ♉ r	17°51' ♌	15°58' ♌	21°11' ♌	26°28' ♑
18	So	29°09' ♍	19°53' ♌	27°22' ♊	27°56' ♉	7°40' ♑ r	18°23' ♓	2°58' ♍	1°19' ♉ r	17°58' ♌	18°56' ♌	21°20' ♌	26°46' ♑
19	Mo	29°23' ♍	20°20' ♌	27°57' ♊	28°22' ♉	7°38' ♑ r	18°23' ♓ r	2°59' ♍	1°16' ♉ r	18°05' ♌	20°40' ♌	21°29' ♌	27°05' ♑
20	Di	29°37' ♍	20°47' ♌	28°31' ♊	28°47' ♉	7°37' ♑ r	18°23' ♓ r	2°59' ♍	1°12' ♉ r	18°11' ♌	21°27' ♌	21°39' ♌	27°24' ♑
21	Mi	29°52' ♍	21°14' ♌	29°06' ♊	29°12' ♉	7°35' ♑ r	18°23' ♓ r	2°59' ♍	1°09' ♉ r	18°18' ♌	21°45' ♌	21°48' ♌	27°44' ♑
22	Do	0°07' ♎	21°41' ♌	29°40' ♊	29°38' ♉	7°33' ♑ r	18°22' ♓ r	3°00' ♍	1°06' ♉ r	18°25' ♌	21°54' ♌	21°56' ♌	28°04' ♑
23	Fr	0°22' ♎	22°08' ♌	0°15' ♋	0°03' ♊	7°31' ♑ r	18°22' ♓ r	3°00' ♍	1°03' ♉ r	18°32' ♌	22°06' ♌	22°05' ♌	28°25' ♑
24	Sa	0°37' ♎	22°35' ♌	0°49' ♋	0°28' ♊	7°29' ♑ r	18°22' ♓ r	3°00' ♍	1°00' ♉ r	18°38' ♌	22°20' ♌	22°14' ♌	28°46' ♑
25	So	0°52' ♎	23°02' ♌	1°24' ♋	0°53' ♊	7°28' ♑ r	18°22' ♓ r	3°01' ♍	0°56' ♉ r	18°45' ♌	22°25' ♌ r	22°22' ♌	29°07' ♑
26	Mo	1°08' ♎	23°29' ♌	1°58' ♋	1°18' ♊	7°26' ♑ r	18°22' ♓ r	3°01' ♍	0°53' ♉ r	18°52' ♌	22°10' ♌ r	22°31' ♌	29°30' ♑
27	Di	1°24' ♎	23°56' ♌	2°32' ♋	1°43' ♊	7°24' ♑ r	18°21' ♓ r	3°01' ♍	0°50' ♉ r	18°58' ♌	21°18' ♌ r	22°39' ♌	29°52' ♑
28	Mi	1°40' ♎	24°23' ♌	3°06' ♋	2°08' ♊	7°22' ♑ r	18°21' ♓ r	3°02' ♍	0°47' ♉ r	19°05' ♌	19°41' ♌ r	22°47' ♌	0°15' ♒
29	Do	1°56' ♎	24°50' ♌	3°41' ♋	2°33' ♊	7°20' ♑ r	18°21' ♓ r	3°02' ♍	0°44' ♉ r	19°12' ♌	17°20' ♌ r	22°55' ♌	0°38' ♒
30	Fr	2°12' ♎	25°18' ♌	4°15' ♋	2°58' ♊	7°19' ♑ r	18°20' ♓ r	3°03' ♍	0°41' ♉ r	19°19' ♌	14°27' ♌ r	23°03' ♌	1°02' ♒

Quelle: Sarastro © by Sarastro Software (erstellt von Peter Fraiss)

Tag		Sonne	Mond	Merkur	Venus	Mars	Jupiter	Saturn	Chiron	Uranus	Neptun	Pluto	Mondkn.(w)
01	Sa	8°51'51"♋	4°03'45"♐	8°30'♋	20°43'♌	24°13'♌	9°16'♉	7°04'♓r	19°44'♈	21°42'♉	27°41'♓r	29°37'♑r	1°47'♉r
02	So	9°49'02"♋	18°15'44"♐	10°41'♋	21°21'♌	24°49'♌	9°26'♉	7°03'♓r	19°46'♈	21°45'♉	27°41'♓r	29°36'♑r	1°41'♉r
03	Mo	10°46'13"♋	2°52'04"♑	12°51'♋	21°57'♌	25°25'♌	9°37'♉	7°01'♓r	19°47'♈	21°47'♉	27°41'♓r	29°34'♑r	1°32'♉r
04	Di	11°43'24"♋	17°46'22"♑	15°00'♋	22°33'♌	26°01'♌	9°47'♉	7°00'♓r	19°48'♈	21°50'♉	27°41'♓r	29°33'♑r	1°23'♉r
05	Mi	12°40'35"♋	2°49'45"♒	17°09'♋	23°07'♌	26°38'♌	9°57'♉	6°58'♓r	19°49'♈	21°52'♉	27°41'♓r	29°32'♑r	1°13'♉r
06	Do	13°37'46"♋	17°52'18"♒	19°16'♋	23°39'♌	27°14'♌	10°07'♉	6°56'♓r	19°50'♈	21°55'♉	27°41'♓r	29°30'♑r	1°04'♉r
07	Fr	14°34'58"♋	2°44'48"♓	21°22'♋	24°10'♌	27°50'♌	10°17'♉	6°55'♓r	19°51'♈	21°57'♉	27°41'♓r	29°29'♑r	0°56'♉r
08	Sa	15°32'09"♋	17°20'15"♓	23°26'♋	24°40'♌	28°26'♌	10°26'♉	6°53'♓r	19°51'♈	21°59'♉	27°40'♓r	29°28'♑r	0°51'♉r
09	So	16°29'21"♋	1°34'28"♈	25°29'♋	25°08'♌	29°03'♌	10°36'♉	6°51'♓r	19°52'♈	22°02'♉	27°40'♓r	29°26'♑r	0°49'♉r
10	Mo	17°26'33"♋	15°26'07"♈	27°30'♋	25°35'♌	29°39'♌	10°45'♉	6°49'♓r	19°53'♈	22°04'♉	27°40'♓r	29°25'♑r	0°48'♉r
11	Di	18°23'45"♋	28°56'01"♈	29°30'♋	26°00'♌	0°16'♍	10°55'♉	6°47'♓r	19°54'♈	22°06'♉	27°40'♓r	29°23'♑r	0°48'♉
12	Mi	19°20'58"♋	12°06'24"♉	1°27'♌	26°24'♌	0°52'♍	11°04'♉	6°44'♓r	19°54'♈	22°09'♉	27°39'♓r	29°22'♑r	0°48'♉r
13	Do	20°18'12"♋	25°00'01"♉	3°23'♌	26°45'♌	1°29'♍	11°13'♉	6°42'♓r	19°55'♈	22°11'♉	27°39'♓r	29°21'♑r	0°46'♉r
14	Fr	21°15'26"♋	7°39'41"♊	5°17'♌	27°05'♌	2°05'♍	11°22'♉	6°40'♓r	19°55'♈	22°13'♉	27°38'♓r	29°19'♑r	0°42'♉r
15	Sa	22°12'40"♋	20°07'50"♊	7°09'♌	27°23'♌	2°42'♍	11°31'♉	6°37'♓r	19°56'♈	22°15'♉	27°38'♓r	29°18'♑r	0°35'♉r
16	So	23°09'55"♋	2°26'25"♋	8°59'♌	27°40'♌	3°19'♍	11°40'♉	6°35'♓r	19°56'♈	22°17'♉	27°38'♓r	29°16'♑r	0°25'♉r
17	Mo	24°07'11"♋	14°36'54"♋	10°48'♌	27°54'♌	3°55'♍	11°48'♉	6°32'♓r	19°57'♈	22°19'♉	27°37'♓r	29°15'♑r	0°12'♉r
18	Di	25°04'27"♋	26°40'27"♋	12°34'♌	28°06'♌	4°32'♍	11°57'♉	6°29'♓r	19°57'♈	22°21'♉	27°37'♓r	29°14'♑r	29°59'♈r
19	Mi	26°01'43"♋	8°38'10"♌	14°19'♌	28°17'♌	5°09'♍	12°05'♉	6°26'♓r	19°57'♈	22°23'♉	27°36'♓r	29°12'♑r	29°45'♈r
20	Do	26°58'59"♋	20°31'21"♌	16°01'♌	28°25'♌	5°46'♍	12°13'♉	6°23'♓r	19°57'♈	22°25'♉	27°35'♓r	29°11'♑r	29°32'♈r
21	Fr	27°56'16"♋	2°21'43"♍	17°42'♌	28°31'♌	6°23'♍	12°21'♉	6°20'♓r	19°58'♈	22°27'♉	27°35'♓r	29°09'♑r	29°21'♈r
22	Sa	28°53'33"♋	14°11'38"♍	19°21'♌	28°35'♌	7°00'♍	12°29'♉	6°17'♓r	19°58'♈	22°29'♉	27°34'♓r	29°08'♑r	29°13'♈r
23	So	29°50'50"♋	26°04'13"♍	20°58'♌	28°36'♌	7°37'♍	12°37'♉	6°14'♓r	19°58'♈	22°31'♉	27°33'♓r	29°06'♑r	29°07'♈r
24	Mo	0°48'08"♌	8°03'19"♎	22°34'♌	28°35'♌r	8°14'♍	12°45'♉	6°11'♓r	19°58'♈r	22°32'♉	27°33'♓r	29°05'♑r	29°04'♈r
25	Di	1°45'26"♌	20°13'26"♎	24°07'♌	28°32'♌r	8°51'♍	12°52'♉	6°08'♓r	19°58'♈r	22°34'♉	27°32'♓r	29°04'♑r	29°03'♈r
26	Mi	2°42'44"♌	2°39'31"♏	25°39'♌	28°27'♌r	9°28'♍	13°00'♉	6°04'♓r	19°58'♈r	22°36'♉	27°31'♓r	29°02'♑r	29°03'♈
27	Do	3°40'03"♌	15°26'38"♏	27°08'♌	28°19'♌r	10°05'♍	13°07'♉	6°01'♓r	19°58'♈r	22°37'♉	27°30'♓r	29°01'♑r	29°03'♈r
28	Fr	4°37'22"♌	28°39'18"♏	28°36'♌	28°08'♌r	10°42'♍	13°14'♉	5°58'♓r	19°57'♈r	22°39'♉	27°30'♓r	28°59'♑r	29°01'♈r
29	Sa	5°34'42"♌	12°20'49"♐	0°02'♍	27°56'♌r	11°19'♍	13°21'♉	5°54'♓r	19°57'♈r	22°40'♉	27°29'♓r	28°58'♑r	28°57'♈r
30	So	6°32'02"♌	26°32'18"♐	1°26'♍	27°40'♌r	11°56'♍	13°27'♉	5°50'♓r	19°57'♈r	22°42'♉	27°28'♓r	28°57'♑r	28°51'♈r
31	Mo	7°29'23"♌	11°11'45"♑	2°47'♍	27°23'♌r	12°34'♍	13°34'♉	5°47'♓r	19°56'♈r	22°43'♉	27°27'♓r	28°55'♑r	28°43'♈r

Tag		Ceres	Pallas	Juno	Vesta	Pholus	Nessus	Transpl.	Mondkn.(m)	Lilith (m)	Lilith (o)	Lilith (n)	Priapus
01	Sa	2°29' ♎	25°45' ♌	4°49' ♋	3°23' ♊	7°17' ♑ r	18°20' ♓ r	3°03' ♍	0°37' ♉ r	19°25' ♌	11°27' ♌ r	23°10' ♌	1°26' ♒
02	So	2°46' ♎	26°12' ♌	5°23' ♋	3°47' ♊	7°15' ♑ r	18°20' ♓ r	3°03' ♍	0°34' ♉ r	19°32' ♌	8°44' ♌ r	23°18' ♌	1°50' ♒
03	Mo	3°03' ♎	26°39' ♌	5°57' ♋	4°12' ♊	7°13' ♑ r	18°19' ♓ r	3°04' ♍	0°31' ♉ r	19°39' ♌	6°30' ♌ r	23°25' ♌	2°15' ♒
04	Di	3°20' ♎	27°06' ♌	6°31' ♋	4°37' ♊	7°11' ♑ r	18°19' ♓ r	3°04' ♍	0°28' ♉ r	19°45' ♌	4°43' ♌ r	23°32' ♌	2°40' ♒
05	Mi	3°37' ♎	27°34' ♌	7°05' ♋	5°01' ♊	7°10' ♑ r	18°18' ♓ r	3°05' ♍	0°25' ♉ r	19°52' ♌	3°07' ♌ r	23°39' ♌	3°05' ♒
06	Do	3°55' ♎	28°01' ♌	7°39' ♋	5°26' ♊	7°08' ♑ r	18°18' ♓ r	3°05' ♍	0°22' ♉ r	19°59' ♌	1°25' ♌ r	23°46' ♌	3°31' ♒
07	Fr	4°12' ♎	28°28' ♌	8°13' ♋	5°50' ♊	7°06' ♑ r	18°17' ♓ r	3°06' ♍	0°18' ♉ r	20°06' ♌	29°28' ♋ r	23°52' ♌	3°56' ♒
08	Sa	4°30' ♎	28°55' ♌	8°47' ♋	6°14' ♊	7°04' ♑ r	18°16' ♓ r	3°06' ♍	0°15' ♉ r	20°12' ♌	27°28' ♋ r	23°59' ♌	4°22' ♒
09	So	4°48' ♎	29°23' ♌	9°20' ♋	6°39' ♊	7°02' ♑ r	18°16' ♓ r	3°06' ♍	0°12' ♉ r	20°19' ♌	25°51' ♋ r	24°05' ♌	4°49' ♒
10	Mo	5°07' ♎	29°50' ♌	9°54' ♋	7°03' ♊	7°01' ♑ r	18°15' ♓ r	3°07' ♍	0°09' ♉ r	20°26' ♌	25°11' ♋ r	24°11' ♌	5°15' ♒
11	Di	5°25' ♎	0°17' ♍	10°28' ♋	7°27' ♊	6°59' ♑ r	18°14' ♓ r	3°07' ♍	0°06' ♉ r	20°32' ♌	25°49' ♋	24°16' ♌	5°42' ♒
12	Mi	5°43' ♎	0°45' ♍	11°01' ♋	7°51' ♊	6°57' ♑ r	18°14' ♓ r	3°08' ♍	0°02' ♉ r	20°39' ♌	27°47' ♋	24°22' ♌	6°09' ♒
13	Do	6°02' ♎	1°12' ♍	11°35' ♋	8°15' ♊	6°55' ♑ r	18°13' ♓ r	3°08' ♍	29°59' ♈ r	20°46' ♌	0°54' ♌	24°27' ♌	6°37' ♒
14	Fr	6°21' ♎	1°39' ♍	12°09' ♋	8°39' ♊	6°54' ♑ r	18°12' ♓ r	3°09' ♍	29°56' ♈ r	20°53' ♌	4°47' ♌	24°32' ♌	7°04' ♒
15	Sa	6°40' ♎	2°07' ♍	12°42' ♋	9°03' ♊	6°52' ♑ r	18°11' ♓ r	3°09' ♍	29°53' ♈ r	20°59' ♌	8°59' ♌	24°37' ♌	7°32' ♒
16	So	6°59' ♎	2°34' ♍	13°16' ♋	9°27' ♊	6°50' ♑ r	18°10' ♓ r	3°10' ♍	29°50' ♈ r	21°06' ♌	13°04' ♌	24°41' ♌	8°00' ♒
17	Mo	7°18' ♎	3°01' ♍	13°49' ♋	9°50' ♊	6°48' ♑ r	18°10' ♓ r	3°10' ♍	29°47' ♈ r	21°13' ♌	16°42' ♌	24°45' ♌	8°28' ♒
18	Di	7°38' ♎	3°29' ♍	14°22' ♋	10°14' ♊	6°47' ♑ r	18°09' ♓ r	3°11' ♍	29°43' ♈ r	21°19' ♌	19°43' ♌	24°49' ♌	8°56' ♒
19	Mi	7°57' ♎	3°56' ♍	14°56' ♋	10°37' ♊	6°45' ♑ r	18°08' ♓ r	3°11' ♍	29°40' ♈ r	21°26' ♌	22°10' ♌	24°52' ♌	9°25' ♒
20	Do	8°17' ♎	4°24' ♍	15°29' ♋	11°01' ♊	6°43' ♑ r	18°07' ♓ r	3°12' ♍	29°37' ♈ r	21°33' ♌	24°14' ♌	24°56' ♌	9°54' ♒
21	Fr	8°37' ♎	4°51' ♍	16°02' ♋	11°24' ♊	6°42' ♑ r	18°06' ♓ r	3°13' ♍	29°34' ♈ r	21°40' ♌	26°05' ♌	24°58' ♌	10°23' ♒
22	Sa	8°57' ♎	5°19' ♍	16°35' ♋	11°48' ♊	6°40' ♑ r	18°05' ♓ r	3°13' ♍	29°31' ♈ r	21°46' ♌	27°49' ♌	25°01' ♌	10°52' ♒
23	So	9°17' ♎	5°46' ♍	17°08' ♋	12°11' ♊	6°38' ♑ r	18°04' ♓ r	3°14' ♍	29°28' ♈ r	21°53' ♌	29°22' ♌	25°03' ♌	11°21' ♒
24	Mo	9°37' ♎	6°13' ♍	17°41' ♋	12°34' ♊	6°37' ♑ r	18°03' ♓ r	3°14' ♍	29°24' ♈ r	22°00' ♌	0°35' ♍	25°05' ♌	11°50' ♒
25	Di	9°58' ♎	6°41' ♍	18°14' ♋	12°57' ♊	6°35' ♑ r	18°02' ♓ r	3°15' ♍	29°21' ♈ r	22°06' ♌	1°16' ♍	25°07' ♌	12°20' ♒
26	Mi	10°18' ♎	7°08' ♍	18°47' ♋	13°20' ♊	6°33' ♑ r	18°01' ♓ r	3°15' ♍	29°18' ♈ r	22°13' ♌	1°13' ♍ r	25°08' ♌	12°49' ♒
27	Do	10°39' ♎	7°36' ♍	19°20' ♋	13°43' ♊	6°32' ♑ r	17°59' ♓ r	3°16' ♍	29°15' ♈ r	22°20' ♌	0°16' ♍ r	25°09' ♌	13°19' ♒
28	Fr	11°00' ♎	8°03' ♍	19°53' ♋	14°06' ♊	6°30' ♑ r	17°58' ♓ r	3°16' ♍	29°12' ♈ r	22°27' ♌	28°27' ♌ r	25°10' ♌	13°49' ♒
29	Sa	11°20' ♎	8°31' ♍	20°25' ♋	14°29' ♊	6°29' ♑ r	17°57' ♓ r	3°17' ♍	29°08' ♈ r	22°33' ♌	26°02' ♌ r	25°10' ♌	14°19' ♒
30	So	11°41' ♎	8°58' ♍	20°58' ♋	14°51' ♊	6°27' ♑ r	17°56' ♓ r	3°18' ♍	29°05' ♈ r	22°40' ♌	23°24' ♌ r	25°10' ♌ r	14°49' ♒
31	Mo	12°02' ♎	9°26' ♍	21°30' ♋	15°14' ♊	6°26' ♑ r	17°55' ♓ r	3°18' ♍	29°02' ♈ r	22°47' ♌	20°56' ♌ r	25°10' ♌ r	15°19' ♒

Quelle: Sarastro © by Sarastro Software (erstellt von Peter Fraiss)

Tag		Sonne	Mond	Merkur	Venus	Mars	Jupiter	Saturn	Chiron	Uranus	Neptun	Pluto	Mondkn.(w)
01	Di	8°26'45" ♌	26°13'33" ♑	4°07' ♍	27°03' ♌ r	13°11' ♍	13°40' ♉	5°43' ♓ r	19°56' ♈ r	22°45' ♉	27°26' ♓ r	28°54' ♑ r	28°33' ♈ r
02	Mi	9°24'07" ♌	11°28'44" ♒	5°25' ♍	26°41' ♌ r	13°48' ♍	13°47' ♉	5°39' ♓ r	19°56' ♈ r	22°46' ♉	27°25' ♓ r	28°52' ♑ r	28°22' ♈ r
03	Do	10°21'30" ♌	26°46'16" ♒	6°41' ♍	26°17' ♌ r	14°26' ♍	13°53' ♉	5°35' ♓ r	19°55' ♈ r	22°47' ♉	27°24' ♓ r	28°51' ♑ r	28°12' ♈ r
04	Fr	11°18'54" ♌	11°55'00" ♓	7°54' ♍	25°51' ♌ r	15°03' ♍	13°59' ♉	5°32' ♓ r	19°54' ♈ r	22°49' ♉	27°23' ♓ r	28°50' ♑ r	28°04' ♈ r
05	Sa	12°16'18" ♌	26°45'43" ♓	9°05' ♍	25°23' ♌ r	15°41' ♍	14°05' ♉	5°28' ♓ r	19°54' ♈ r	22°50' ♉	27°22' ♓ r	28°48' ♑ r	27°59' ♈ r
06	So	13°13'45" ♌	11°12'20" ♈	10°14' ♍	24°53' ♌ r	16°18' ♍	14°10' ♉	5°24' ♓ r	19°53' ♈ r	22°51' ♉	27°21' ♓ r	28°47' ♑ r	27°56' ♈ r
07	Mo	14°11'12" ♌	25°12'12" ♈	11°21' ♍	24°21' ♌ r	16°56' ♍	14°16' ♉	5°20' ♓ r	19°52' ♈ r	22°52' ♉	27°20' ♓ r	28°45' ♑ r	27°55' ♈ r
08	Di	15°08'40" ♌	8°45'37" ♉	12°25' ♍	23°48' ♌ r	17°33' ♍	14°21' ♉	5°16' ♓ r	19°52' ♈ r	22°53' ♉	27°19' ♓ r	28°44' ♑ r	27°55' ♈
09	Mi	16°06'10" ♌	21°54'53" ♉	13°26' ♍	23°14' ♌ r	18°11' ♍	14°26' ♉	5°11' ♓ r	19°51' ♈ r	22°54' ♉	27°18' ♓ r	28°43' ♑ r	27°55' ♈ r
10	Do	17°03'42" ♌	4°43'26" ♊	14°25' ♍	22°39' ♌ r	18°49' ♍	14°31' ♉	5°07' ♓ r	19°50' ♈ r	22°55' ♉	27°17' ♓ r	28°41' ♑ r	27°54' ♈ r
11	Fr	18°01'15" ♌	17°15'07" ♊	15°21' ♍	22°03' ♌ r	19°26' ♍	14°36' ♉	5°03' ♓ r	19°49' ♈ r	22°56' ♉	27°15' ♓ r	28°40' ♑ r	27°51' ♈ r
12	Sa	18°58'49" ♌	29°33'36" ♊	16°14' ♍	21°26' ♌ r	20°04' ♍	14°40' ♉	4°59' ♓ r	19°48' ♈ r	22°57' ♉	27°14' ♓ r	28°39' ♑ r	27°45' ♈ r
13	So	19°56'24" ♌	11°42'09" ♋	17°04' ♍	20°49' ♌ r	20°42' ♍	14°45' ♉	4°55' ♓ r	19°47' ♈ r	22°58' ♉	27°13' ♓ r	28°37' ♑ r	27°36' ♈ r
14	Mo	20°54'01" ♌	23°43'27" ♋	17°50' ♍	20°12' ♌ r	21°20' ♍	14°49' ♉	4°50' ♓ r	19°46' ♈ r	22°59' ♉	27°12' ♓ r	28°36' ♑ r	27°25' ♈ r
15	Di	21°51'39" ♌	5°39'39" ♌	18°33' ♍	19°34' ♌ r	21°58' ♍	14°53' ♉	4°46' ♓ r	19°45' ♈ r	22°59' ♉	27°11' ♓ r	28°35' ♑ r	27°13' ♈ r
16	Mi	22°49'18" ♌	17°32'29" ♌	19°13' ♍	18°57' ♌ r	22°35' ♍	14°57' ♉	4°41' ♓ r	19°44' ♈ r	23°00' ♉	27°09' ♓ r	28°34' ♑ r	27°01' ♈ r
17	Do	23°46'59" ♌	29°23'28" ♌	19°48' ♍	18°21' ♌ r	23°13' ♍	15°01' ♉	4°37' ♓ r	19°43' ♈ r	23°01' ♉	27°08' ♓ r	28°32' ♑ r	26°50' ♈ r
18	Fr	24°44'41" ♌	11°14'09" ♍	20°20' ♍	17°46' ♌ r	23°51' ♍	15°04' ♉	4°33' ♓ r	19°41' ♈ r	23°01' ♉	27°07' ♓ r	28°31' ♑ r	26°40' ♈ r
19	Sa	25°42'24" ♌	23°06'21" ♍	20°47' ♍	17°11' ♌ r	24°30' ♍	15°08' ♉	4°28' ♓ r	19°40' ♈ r	23°02' ♉	27°05' ♓ r	28°30' ♑ r	26°33' ♈ r
20	So	26°40'08" ♌	5°02'21" ♎	21°10' ♍	16°38' ♌ r	25°08' ♍	15°11' ♉	4°24' ♓ r	19°39' ♈ r	23°02' ♉	27°04' ♓ r	28°29' ♑ r	26°28' ♈ r
21	Mo	27°37'53" ♌	17°05'01" ♎	21°28' ♍	16°06' ♌ r	25°46' ♍	15°14' ♉	4°19' ♓ r	19°37' ♈ r	23°03' ♉	27°03' ♓ r	28°27' ♑ r	26°26' ♈ r
22	Di	28°35'40" ♌	29°17'52" ♎	21°41' ♍	15°35' ♌ r	26°24' ♍	15°16' ♉	4°15' ♓ r	19°36' ♈ r	23°03' ♉	27°01' ♓ r	28°26' ♑ r	26°25' ♈
23	Mi	29°33'27" ♌	11°44'56" ♏	21°49' ♍	15°07' ♌ r	27°02' ♍	15°19' ♉	4°10' ♓ r	19°34' ♈ r	23°04' ♉	27°00' ♓ r	28°25' ♑ r	26°26' ♈
24	Do	0°31'16" ♍	24°30'34" ♏	21°51' ♍ r	14°40' ♌ r	27°40' ♍	15°21' ♉	4°06' ♓ r	19°33' ♈ r	23°04' ♉	26°58' ♓ r	28°24' ♑ r	26°27' ♈
25	Fr	1°29'07" ♍	7°38'58" ♐	21°48' ♍ r	14°15' ♌ r	28°19' ♍	15°24' ♉	4°01' ♓ r	19°31' ♈ r	23°04' ♉	26°57' ♓ r	28°23' ♑ r	26°27' ♈ r
26	Sa	2°26'58" ♍	21°13'36" ♐	21°39' ♍ r	13°52' ♌ r	28°57' ♍	15°26' ♉	3°57' ♓ r	19°30' ♈ r	23°04' ♉	26°55' ♓ r	28°22' ♑ r	26°25' ♈ r
27	So	3°24'51" ♍	5°16'22" ♑	21°24' ♍ r	13°32' ♌ r	29°35' ♍	15°27' ♉	3°52' ♓ r	19°28' ♈ r	23°04' ♉	26°54' ♓ r	28°20' ♑ r	26°21' ♈ r
28	Mo	4°22'44" ♍	19°46'39" ♑	21°02' ♍ r	13°13' ♌ r	0°14' ♎	15°29' ♉	3°48' ♓ r	19°26' ♈ r	23°04' ♉	26°52' ♓ r	28°19' ♑ r	26°16' ♈ r
29	Di	5°20'40" ♍	4°40'36" ♒	20°35' ♍ r	12°57' ♌ r	0°52' ♎	15°30' ♉	3°43' ♓ r	19°25' ♈ r	23°05' ♉	26°51' ♓ r	28°18' ♑ r	26°09' ♈ r
30	Mi	6°18'36" ♍	19°51'03" ♒	20°03' ♍ r	12°44' ♌ r	1°31' ♎	15°32' ♉	3°38' ♓ r	19°23' ♈ r	23°05' ♉ r	26°49' ♓ r	28°17' ♑ r	26°01' ♈ r
31	Do	7°16'34" ♍	5°08'08" ♓	19°24' ♍ r	12°33' ♌ r	2°09' ♎	15°33' ♉	3°34' ♓ r	19°21' ♈ r	23°04' ♉ r	26°48' ♓ r	28°16' ♑ r	25°54' ♈ r

Tag		Ceres	Pallas	Juno	Vesta	Pholus	Nessus	Transpl.	Mondkn.(m)	Lilith (m)	Lilith (o)	Lilith (n)	Priapus
01	Di	12°24' ♎	9°53' ♍	22°03' ♋	15°36' ♊	6°24' ♑ r	17°53' ♓ r	3°19' ♍	28°59' ♈ r	22°53' ♌	18°50' ♌ r	25°09' ♌ r	15°49' ♒
02	Mi	12°45' ♎	10°21' ♍	22°35' ♋	15°58' ♊	6°23' ♑ r	17°52' ♓ r	3°19' ♍	28°56' ♈ r	23°00' ♌	17°03' ♌ r	25°08' ♌ r	16°20' ♒
03	Do	13°06' ♎	10°49' ♍	23°08' ♋	16°21' ♊	6°21' ♑ r	17°51' ♓ r	3°20' ♍	28°53' ♈ r	23°07' ♌	15°20' ♌ r	25°07' ♌ r	16°50' ♒
04	Fr	13°28' ♎	11°16' ♍	23°40' ♋	16°43' ♊	6°20' ♑ r	17°50' ♓ r	3°21' ♍	28°49' ♈ r	23°14' ♌	13°24' ♌ r	25°06' ♌ r	17°21' ♒
05	Sa	13°49' ♎	11°44' ♍	24°12' ♋	17°05' ♊	6°18' ♑ r	17°48' ♓ r	3°21' ♍	28°46' ♈ r	23°20' ♌	11°10' ♌ r	25°04' ♌ r	17°51' ♒
06	So	14°11' ♎	12°11' ♍	24°45' ♋	17°27' ♊	6°17' ♑ r	17°47' ♓ r	3°22' ♍	28°43' ♈ r	23°27' ♌	8°51' ♌ r	25°02' ♌ r	18°22' ♒
07	Mo	14°33' ♎	12°39' ♍	25°17' ♋	17°49' ♊	6°16' ♑ r	17°45' ♓ r	3°23' ♍	28°40' ♈ r	23°34' ♌	6°49' ♌ r	24°59' ♌ r	18°53' ♒
08	Di	14°55' ♎	13°06' ♍	25°49' ♋	18°10' ♊	6°14' ♑ r	17°44' ♓ r	3°23' ♍	28°37' ♈ r	23°40' ♌	5°33' ♌ r	24°57' ♌ r	19°24' ♒
09	Mi	15°17' ♎	13°34' ♍	26°21' ♋	18°32' ♊	6°13' ♑ r	17°43' ♓ r	3°24' ♍	28°34' ♈ r	23°47' ♌	5°20' ♌	24°54' ♌ r	19°54' ♒
10	Do	15°39' ♎	14°01' ♍	26°53' ♋	18°53' ♊	6°12' ♑ r	17°41' ♓ r	3°24' ♍	28°30' ♈ r	23°54' ♌	6°11' ♌	24°50' ♌ r	20°25' ♒
11	Fr	16°01' ♎	14°29' ♍	27°25' ♋	19°15' ♊	6°10' ♑ r	17°40' ♓ r	3°25' ♍	28°27' ♈ r	24°01' ♌	7°59' ♌	24°47' ♌ r	20°57' ♒
12	Sa	16°23' ♎	14°56' ♍	27°57' ♋	19°36' ♊	6°09' ♑ r	17°38' ♓ r	3°26' ♍	28°24' ♈ r	24°07' ♌	10°28' ♌	24°43' ♌ r	21°28' ♒
13	So	16°46' ♎	15°24' ♍	28°28' ♋	19°57' ♊	6°08' ♑ r	17°37' ♓ r	3°26' ♍	28°21' ♈ r	24°14' ♌	13°23' ♌	24°39' ♌ r	21°59' ♒
14	Mo	17°08' ♎	15°52' ♍	29°00' ♋	20°18' ♊	6°07' ♑ r	17°35' ♓ r	3°27' ♍	28°18' ♈ r	24°21' ♌	16°29' ♌	24°35' ♌ r	22°30' ♒
15	Di	17°31' ♎	16°19' ♍	29°32' ♋	20°39' ♊	6°05' ♑ r	17°34' ♓ r	3°28' ♍	28°14' ♈ r	24°27' ♌	19°36' ♌	24°31' ♌ r	23°01' ♒
16	Mi	17°53' ♎	16°47' ♍	0°03' ♌	21°00' ♊	6°04' ♑ r	17°32' ♓ r	3°28' ♍	28°11' ♈ r	24°34' ♌	22°40' ♌	24°27' ♌ r	23°33' ♒
17	Do	18°16' ♎	17°14' ♍	0°35' ♌	21°21' ♊	6°03' ♑ r	17°31' ♓ r	3°29' ♍	28°08' ♈ r	24°41' ♌	25°40' ♌	24°22' ♌ r	24°04' ♒
18	Fr	18°39' ♎	17°42' ♍	1°06' ♌	21°41' ♊	6°02' ♑ r	17°29' ♓ r	3°30' ♍	28°05' ♈ r	24°47' ♌	28°42' ♌	24°18' ♌ r	24°35' ♒
19	Sa	19°02' ♎	18°10' ♍	1°37' ♌	22°02' ♊	6°01' ♑ r	17°27' ♓ r	3°30' ♍	28°02' ♈ r	24°54' ♌	1°46' ♍	24°13' ♌ r	25°07' ♒
20	So	19°25' ♎	18°37' ♍	2°09' ♌	22°22' ♊	6°00' ♑ r	17°26' ♓ r	3°31' ♍	27°59' ♈ r	25°01' ♌	4°48' ♍	24°09' ♌ r	25°38' ♒
21	Mo	19°48' ♎	19°05' ♍	2°40' ♌	22°42' ♊	5°59' ♑ r	17°24' ♓ r	3°31' ♍	27°55' ♈ r	25°08' ♌	7°40' ♍	24°04' ♌ r	26°10' ♒
22	Di	20°11' ♎	19°32' ♍	3°11' ♌	23°02' ♊	5°58' ♑ r	17°23' ♓ r	3°32' ♍	27°52' ♈ r	25°14' ♌	10°06' ♍	24°00' ♌ r	26°41' ♒
23	Mi	20°34' ♎	20°00' ♍	3°42' ♌	23°22' ♊	5°57' ♑ r	17°21' ♓ r	3°33' ♍	27°49' ♈ r	25°21' ♌	11°52' ♍	23°55' ♌ r	27°13' ♒
24	Do	20°57' ♎	20°27' ♍	4°13' ♌	23°42' ♊	5°56' ♑ r	17°19' ♓ r	3°33' ♍	27°46' ♈ r	25°28' ♌	12°43' ♍	23°51' ♌ r	27°44' ♒
25	Fr	21°21' ♎	20°55' ♍	4°44' ♌	24°01' ♊	5°55' ♑ r	17°18' ♓ r	3°34' ♍	27°43' ♈ r	25°34' ♌	12°29' ♍ r	23°47' ♌ r	28°15' ♒
26	Sa	21°44' ♎	21°23' ♍	5°15' ♌	24°21' ♊	5°54' ♑ r	17°16' ♓ r	3°35' ♍	27°40' ♈ r	25°41' ♌	11°13' ♍ r	23°43' ♌ r	28°47' ♒
27	So	22°08' ♎	21°50' ♍	5°45' ♌	24°40' ♊	5°53' ♑ r	17°14' ♓ r	3°35' ♍	27°36' ♈ r	25°48' ♌	9°11' ♍ r	23°39' ♌ r	29°18' ♒
28	Mo	22°31' ♎	22°18' ♍	6°16' ♌	24°59' ♊	5°53' ♑ r	17°13' ♓ r	3°36' ♍	27°33' ♈ r	25°55' ♌	6°49' ♍ r	23°36' ♌ r	29°49' ♒
29	Di	22°55' ♎	22°45' ♍	6°47' ♌	25°18' ♊	5°52' ♑ r	17°11' ♓ r	3°37' ♍	27°30' ♈ r	26°01' ♌	4°33' ♍ r	23°32' ♌ r	0°21' ♓
30	Mi	23°18' ♎	23°13' ♍	7°17' ♌	25°37' ♊	5°51' ♑ r	17°09' ♓ r	3°37' ♍	27°27' ♈ r	26°08' ♌	2°34' ♍ r	23°29' ♌ r	0°52' ♓
31	Do	23°42' ♎	23°41' ♍	7°47' ♌	25°56' ♊	5°50' ♑ r	17°08' ♓ r	3°38' ♍	27°24' ♈ r	26°15' ♌	0°49' ♍ r	23°26' ♌ r	1°23' ♓

Quelle: Sarastro © by Sarastro Software (erstellt von Peter Fraiss)

Tag		Sonne	Mond	Merkur	Venus	Mars	Jupiter	Saturn	Chiron	Uranus	Neptun	Pluto	Mondkn.(w)
01	Fr	8°14'33"♍	20°20'55"♓	18°40'♍r	12°24'♌r	2°48'♎	15°34'♉	3°29'♓r	19°19'♈r	23°04'♉r	26°46'♓r	28°15'♑r	25°49'♈r
02	Sa	9°12'34"♍	5°19'17"♈	17°52'♍r	12°18'♌r	3°27'♎	15°34'♉	3°25'♓r	19°17'♈r	23°04'♉r	26°45'♓r	28°14'♑r	25°45'♈r
03	So	10°10'37"♍	19°55'33"♈	17°00'♍r	12°14'♌r	4°05'♎	15°35'♉	3°20'♓r	19°15'♈r	23°04'♉r	26°43'♓r	28°13'♑r	25°43'♈r
04	Mo	11°08'42"♍	4°05'10"♉	16°05'♍r	12°12'♌r	4°44'♎	15°35'♉	3°16'♓r	19°13'♈r	23°04'♉r	26°42'♓r	28°12'♑r	25°44'♈
05	Di	12°06'49"♍	17°46'51"♉	15°07'♍r	12°13'♌	5°23'♎	15°35'♉r	3°11'♓r	19°11'♈r	23°03'♉r	26°40'♓r	28°11'♑r	25°45'♈
06	Mi	13°04'58"♍	1°01'47"♊	14°09'♍r	12°16'♌	6°02'♎	15°35'♉r	3°07'♓r	19°09'♈r	23°03'♉r	26°39'♓r	28°10'♑r	25°46'♈
07	Do	14°03'08"♍	13°52'56"♊	13°11'♍r	12°22'♌	6°40'♎	15°34'♉r	3°03'♓r	19°07'♈r	23°03'♉r	26°37'♓r	28°09'♑r	25°47'♈
08	Fr	15°01'21"♍	26°24'14"♊	12°14'♍r	12°29'♌	7°19'♎	15°34'♉r	2°58'♓r	19°05'♈r	23°02'♉r	26°35'♓r	28°09'♑r	25°46'♈r
09	Sa	15°59'36"♍	8°39'55"♋	11°21'♍r	12°39'♌	7°58'♎	15°33'♉r	2°54'♓r	19°03'♈r	23°02'♉r	26°34'♓r	28°08'♑r	25°43'♈r
10	So	16°57'53"♍	20°44'10"♋	10°31'♍r	12°51'♌	8°37'♎	15°32'♉r	2°49'♓r	19°01'♈r	23°01'♉r	26°32'♓r	28°07'♑r	25°39'♈r
11	Mo	17°56'12"♍	2°40'47"♌	9°47'♍r	13°05'♌	9°16'♎	15°31'♉r	2°45'♓r	18°58'♈r	23°00'♉r	26°30'♓r	28°06'♑r	25°34'♈r
12	Di	18°54'33"♍	14°33'05"♌	9°10'♍r	13°21'♌	9°56'♎	15°30'♉r	2°41'♓r	18°56'♈r	23°00'♉r	26°29'♓r	28°05'♑r	25°27'♈r
13	Mi	19°52'55"♍	26°23'49"♌	8°39'♍r	13°40'♌	10°35'♎	15°28'♉r	2°37'♓r	18°54'♈r	22°59'♉r	26°27'♓r	28°04'♑r	25°20'♈r
14	Do	20°51'20"♍	8°15'18"♍	8°17'♍r	13°59'♌	11°14'♎	15°26'♉r	2°32'♓r	18°52'♈r	22°58'♉r	26°25'♓r	28°04'♑r	25°14'♈r
15	Fr	21°49'47"♍	20°09'26"♍	8°04'♍r	14°21'♌	11°53'♎	15°24'♉r	2°28'♓r	18°49'♈r	22°57'♉r	26°24'♓r	28°03'♑r	25°09'♈r
16	Sa	22°48'15"♍	2°07'58"♎	8°00'♍	14°45'♌	12°32'♎	15°22'♉r	2°24'♓r	18°47'♈r	22°57'♉r	26°22'♓r	28°02'♑r	25°05'♈r
17	So	23°46'45"♍	14°12'41"♎	8°06'♍	15°10'♌	13°12'♎	15°20'♉r	2°20'♓r	18°45'♈r	22°56'♉r	26°21'♓r	28°02'♑r	25°03'♈r
18	Mo	24°45'17"♍	26°25'27"♎	8°20'♍	15°37'♌	13°51'♎	15°17'♉r	2°16'♓r	18°42'♈r	22°55'♉r	26°19'♓r	28°01'♑r	25°02'♈
19	Di	25°43'51"♍	8°48'32"♏	8°45'♍	16°05'♌	14°30'♎	15°14'♉r	2°12'♓r	18°40'♈r	22°54'♉r	26°17'♓r	28°00'♑r	25°03'♈
20	Mi	26°42'27"♍	21°24'26"♏	9°18'♍	16°35'♌	15°10'♎	15°11'♉r	2°08'♓r	18°37'♈r	22°53'♉r	26°16'♓r	28°00'♑r	25°05'♈
21	Do	27°41'04"♍	4°15'59"♐	10°00'♍	17°06'♌	15°49'♎	15°08'♉r	2°04'♓r	18°35'♈r	22°52'♉r	26°14'♓r	27°59'♑r	25°06'♈
22	Fr	28°39'43"♍	17°26'00"♐	10°50'♍	17°39'♌	16°29'♎	15°05'♉r	2°00'♓r	18°32'♈r	22°51'♉r	26°12'♓r	27°59'♑r	25°07'♈
23	Sa	29°38'24"♍	0°56'56"♑	11°49'♍	18°14'♌	17°09'♎	15°01'♉r	1°57'♓r	18°30'♈r	22°49'♉r	26°11'♓r	27°58'♑r	25°08'♈r
24	So	0°37'07"♎	14°50'22"♑	12°54'♍	18°49'♌	17°48'♎	14°58'♉r	1°53'♓r	18°27'♈r	22°48'♉r	26°09'♓r	27°58'♑r	25°07'♈r
25	Mo	1°35'51"♎	29°06'13"♑	14°06'♍	19°26'♌	18°28'♎	14°54'♉r	1°49'♓r	18°25'♈r	22°47'♉r	26°07'♓r	27°57'♑r	25°05'♈r
26	Di	2°34'37"♎	13°42'20"♒	15°24'♍	20°04'♌	19°08'♎	14°50'♉r	1°46'♓r	18°22'♈r	22°46'♉r	26°06'♓r	27°57'♑r	25°03'♈r
27	Mi	3°33'24"♎	28°34'00"♒	16°47'♍	20°43'♌	19°47'♎	14°45'♉r	1°42'♓r	18°19'♈r	22°44'♉r	26°04'♓r	27°56'♑r	25°00'♈r
28	Do	4°32'13"♎	13°34'16"♓	18°15'♍	21°24'♌	20°27'♎	14°41'♉r	1°39'♓r	18°17'♈r	22°43'♉r	26°02'♓r	27°56'♑r	24°57'♈r
29	Fr	5°31'04"♎	28°34'36"♓	19°47'♍	22°05'♌	21°07'♎	14°36'♉r	1°35'♓r	18°14'♈r	22°41'♉r	26°01'♓r	27°56'♑r	24°55'♈r
30	Sa	6°29'57"♎	13°26'14"♈	21°22'♍	22°48'♌	21°47'♎	14°31'♉r	1°32'♓r	18°11'♈r	22°40'♉r	25°59'♓r	27°55'♑r	24°54'♈r

Tag		Ceres	Pallas	Juno	Vesta	Pholus	Nessus	Transpl.	Mondkn.(m)	Lilith (m)	Lilith (o)	Lilith (n)	Priapus
01	Fr	24°06' ♎	24°08' ♍	8°18' ♌	26°14' ♊	5°50' ♑ r	17°06' ♓ r	3°39' ♍	27°20' ♈ r	26°21' ♌	29°01' ♌ r	23°24' ♌ r	1°54' ♓
02	Sa	24°30' ♎	24°36' ♍	8°48' ♌	26°33' ♊	5°49' ♑ r	17°04' ♓ r	3°39' ♍	27°17' ♈ r	26°28' ♌	26°54' ♌ r	23°22' ♌ r	2°26' ♓
03	So	24°54' ♎	25°03' ♍	9°18' ♌	26°51' ♊	5°48' ♑ r	17°03' ♓ r	3°40' ♍	27°14' ♈ r	26°35' ♌	24°25' ♌ r	23°20' ♌ r	2°57' ♓
04	Mo	25°18' ♎	25°31' ♍	9°48' ♌	27°09' ♊	5°48' ♑ r	17°01' ♓ r	3°41' ♍	27°11' ♈ r	26°41' ♌	21°45' ♌ r	23°18' ♌ r	3°28' ♓
05	Di	25°42' ♎	25°58' ♍	10°18' ♌	27°27' ♊	5°47' ♑ r	16°59' ♓ r	3°41' ♍	27°08' ♈ r	26°48' ♌	19°16' ♌ r	23°17' ♌ r	3°59' ♓
06	Mi	26°06' ♎	26°26' ♍	10°48' ♌	27°44' ♊	5°47' ♑ r	16°57' ♓ r	3°42' ♍	27°05' ♈ r	26°55' ♌	17°25' ♌ r	23°16' ♌ r	4°30' ♓
07	Do	26°30' ♎	26°53' ♍	11°18' ♌	28°02' ♊	5°46' ♑ r	16°56' ♓ r	3°43' ♍	27°01' ♈ r	27°02' ♌	16°26' ♌ r	23°15' ♌ r	5°01' ♓
08	Fr	26°54' ♎	27°21' ♍	11°47' ♌	28°19' ♊	5°46' ♑ r	16°54' ♓ r	3°43' ♍	26°58' ♈ r	27°08' ♌	16°22' ♌	23°15' ♌ r	5°31' ♓
09	Sa	27°18' ♎	27°49' ♍	12°17' ♌	28°36' ♊	5°45' ♑ r	16°52' ♓ r	3°44' ♍	26°55' ♈ r	27°15' ♌	17°05' ♌	23°15' ♌	6°02' ♓
10	So	27°43' ♎	28°16' ♍	12°47' ♌	28°53' ♊	5°45' ♑ r	16°50' ♓ r	3°45' ♍	26°52' ♈ r	27°22' ♌	18°22' ♌	23°15' ♌	6°33' ♓
11	Mo	28°07' ♎	28°44' ♍	13°16' ♌	29°10' ♊	5°44' ♑ r	16°49' ♓ r	3°45' ♍	26°49' ♈ r	27°28' ♌	20°00' ♌	23°15' ♌	7°03' ♓
12	Di	28°31' ♎	29°11' ♍	13°45' ♌	29°27' ♊	5°44' ♑ r	16°47' ♓ r	3°46' ♍	26°46' ♈ r	27°35' ♌	21°51' ♌	23°16' ♌	7°34' ♓
13	Mi	28°56' ♎	29°39' ♍	14°15' ♌	29°43' ♊	5°44' ♑ r	16°45' ♓ r	3°46' ♍	26°42' ♈ r	27°42' ♌	23°50' ♌	23°18' ♌	8°04' ♓
14	Do	29°20' ♎	0°06' ♎	14°44' ♌	29°59' ♊	5°43' ♑ r	16°44' ♓ r	3°47' ♍	26°39' ♈ r	27°49' ♌	26°02' ♌	23°19' ♌	8°35' ♓
15	Fr	29°45' ♎	0°34' ♎	15°13' ♌	0°15' ♋	5°43' ♑ r	16°42' ♓ r	3°48' ♍	26°36' ♈ r	27°55' ♌	28°37' ♌	23°22' ♌	9°05' ♓
16	Sa	0°09' ♏	1°01' ♎	15°42' ♌	0°31' ♋	5°43' ♑ r	16°40' ♓ r	3°48' ♍	26°33' ♈ r	28°02' ♌	1°47' ♍	23°24' ♌	9°35' ♓
17	So	0°34' ♏	1°29' ♎	16°11' ♌	0°46' ♋	5°43' ♑ r	16°38' ♓ r	3°49' ♍	26°30' ♈ r	28°09' ♌	5°33' ♍	23°27' ♌	10°05' ♓
18	Mo	0°59' ♏	1°56' ♎	16°39' ♌	1°01' ♋	5°43' ♑ r	16°37' ♓ r	3°50' ♍	26°26' ♈ r	28°15' ♌	9°47' ♍	23°30' ♌	10°35' ♓
19	Di	1°24' ♏	2°24' ♎	17°08' ♌	1°17' ♋	5°43' ♑ r	16°35' ♓ r	3°50' ♍	26°23' ♈ r	28°22' ♌	14°06' ♍	23°33' ♌	11°04' ♓
20	Mi	1°48' ♏	2°51' ♎	17°37' ♌	1°31' ♋	5°43' ♑ r	16°33' ♓ r	3°51' ♍	26°20' ♈ r	28°29' ♌	18°06' ♍	23°37' ♌	11°34' ♓
21	Do	2°13' ♏	3°19' ♎	18°05' ♌	1°46' ♋	5°43' ♑ r	16°32' ♓ r	3°51' ♍	26°17' ♈ r	28°35' ♌	21°18' ♍	23°41' ♌	12°03' ♓
22	Fr	2°38' ♏	3°46' ♎	18°33' ♌	2°00' ♋	5°43' ♑	16°30' ♓ r	3°52' ♍	26°14' ♈ r	28°42' ♌	23°21' ♍	23°45' ♌	12°32' ♓
23	Sa	3°03' ♏	4°14' ♎	19°02' ♌	2°14' ♋	5°43' ♑	16°28' ♓ r	3°53' ♍	26°11' ♈ r	28°49' ♌	24°02' ♍ r	23°50' ♌	13°01' ♓
24	So	3°28' ♏	4°41' ♎	19°30' ♌	2°28' ♋	5°43' ♑	16°26' ♓ r	3°53' ♍	26°07' ♈ r	28°56' ♌	23°22' ♍ r	23°55' ♌	13°30' ♓
25	Mo	3°53' ♏	5°08' ♎	19°58' ♌	2°42' ♋	5°43' ♑	16°25' ♓ r	3°54' ♍	26°04' ♈ r	29°02' ♌	21°42' ♍ r	24°00' ♌	13°59' ♓
26	Di	4°18' ♏	5°36' ♎	20°26' ♌	2°55' ♋	5°43' ♑	16°23' ♓ r	3°54' ♍	26°01' ♈ r	29°09' ♌	19°34' ♍ r	24°06' ♌	14°27' ♓
27	Mi	4°43' ♏	6°03' ♎	20°53' ♌	3°08' ♋	5°43' ♑	16°22' ♓ r	3°55' ♍	25°58' ♈ r	29°16' ♌	17°29' ♍ r	24°12' ♌	14°55' ♓
28	Do	5°08' ♏	6°31' ♎	21°21' ♌	3°21' ♋	5°43' ♑	16°20' ♓ r	3°56' ♍	25°55' ♈ r	29°22' ♌	15°39' ♍ r	24°18' ♌	15°23' ♓
29	Fr	5°33' ♏	6°58' ♎	21°49' ♌	3°34' ♋	5°43' ♑	16°18' ♓ r	3°56' ♍	25°51' ♈ r	29°29' ♌	13°58' ♍ r	24°25' ♌	15°51' ♓
30	Sa	5°58' ♏	7°25' ♎	22°16' ♌	3°46' ♋	5°44' ♑	16°17' ♓ r	3°57' ♍	25°48' ♈ r	29°36' ♌	12°07' ♍ r	24°31' ♌	16°18' ♓

Quelle: Sarastro © by Sarastro Software (erstellt von Peter Fraiss)

Tag		Sonne	Mond	Merkur	Venus	Mars	Jupiter	Saturn	Chiron	Uranus	Neptun	Pluto	Mondkn.(w)
01	So	7°28'52"♎	28°01'22"♈	23°00'♍	23°31'♌	22°27'♎	14°26'♉r	1°29'♓r	18°09'♈r	22°38'♉r	25°57'♓r	27°55'♑r	24°54'♈
02	Mo	8°27'50"♎	12°14'19"♉	24°40'♍	24°16'♌	23°07'♎	14°21'♉r	1°26'♓r	18°06'♈r	22°37'♉r	25°56'♓r	27°55'♑r	24°54'♈
03	Di	9°26'49"♎	26°01'54"♉	26°22'♍	25°01'♌	23°47'♎	14°16'♉r	1°23'♓r	18°03'♈r	22°35'♉r	25°54'♓r	27°54'♑r	24°55'♈
04	Mi	10°25'51"♎	9°23'28"♊	28°06'♍	25°48'♌	24°27'♎	14°11'♉r	1°20'♓r	18°01'♈r	22°34'♉r	25°53'♓r	27°54'♑r	24°57'♈
05	Do	11°24'55"♎	22°20'26"♊	29°51'♍	26°35'♌	25°07'♎	14°05'♉r	1°17'♓r	17°58'♈r	22°32'♉r	25°51'♓r	27°54'♑r	24°58'♈
06	Fr	12°24'02"♎	4°55'48"♋	1°36'♎	27°24'♌	25°47'♎	13°59'♉r	1°14'♓r	17°55'♈r	22°30'♉r	25°49'♓r	27°54'♑r	24°58'♈
07	Sa	13°23'10"♎	17°13'30"♋	3°22'♎	28°13'♌	26°28'♎	13°53'♉r	1°11'♓r	17°53'♈r	22°29'♉r	25°48'♓r	27°54'♑r	24°58'♈r
08	So	14°22'21"♎	29°17'56"♋	5°09'♎	29°03'♌	27°08'♎	13°47'♉r	1°08'♓r	17°50'♈r	22°27'♉r	25°46'♓r	27°54'♑r	24°58'♈r
09	Mo	15°21'35"♎	11°13'35"♌	6°55'♎	29°53'♌	27°48'♎	13°41'♉r	1°06'♓r	17°47'♈r	22°25'♉r	25°45'♓r	27°54'♑r	24°57'♈r
10	Di	16°20'50"♎	23°04'49"♌	8°41'♎	0°45'♍	28°29'♎	13°35'♉r	1°03'♓r	17°44'♈r	22°23'♉r	25°43'♓r	27°54'♑r	24°56'♈r
11	Mi	17°20'08"♎	4°55'32"♍	10°28'♎	1°37'♍	29°09'♎	13°28'♉r	1°01'♓r	17°42'♈r	22°21'♉r	25°42'♓r	27°54'♑r	24°55'♈r
12	Do	18°19'28"♎	16°49'11"♍	12°13'♎	2°30'♍	29°50'♎	13°21'♉r	0°58'♓r	17°39'♈r	22°19'♉r	25°40'♓r	27°54'♑	24°54'♈r
13	Fr	19°18'50"♎	28°48'40"♍	13°59'♎	3°23'♍	0°30'♏	13°15'♉r	0°56'♓r	17°36'♈r	22°17'♉r	25°39'♓r	27°54'♑	24°53'♈r
14	Sa	20°18'14"♎	10°56'17"♎	15°44'♎	4°17'♍	1°11'♏	13°08'♉r	0°54'♓r	17°34'♈r	22°15'♉r	25°37'♓r	27°54'♑	24°53'♈r
15	So	21°17'41"♎	23°13'50"♎	17°28'♎	5°12'♍	1°52'♏	13°01'♉r	0°52'♓r	17°31'♈r	22°13'♉r	25°36'♓r	27°54'♑	24°52'♈r
16	Mo	22°17'09"♎	5°42'38"♏	19°12'♎	6°07'♍	2°32'♏	12°54'♉r	0°50'♓r	17°28'♈r	22°11'♉r	25°34'♓r	27°54'♑	24°53'♈
17	Di	23°16'40"♎	18°23'44"♏	20°56'♎	7°03'♍	3°13'♏	12°46'♉r	0°48'♓r	17°25'♈r	22°09'♉r	25°33'♓r	27°54'♑	24°53'♈
18	Mi	24°16'12"♎	1°17'54"♐	22°39'♎	8°00'♍	3°54'♏	12°39'♉r	0°46'♓r	17°23'♈r	22°07'♉r	25°32'♓r	27°54'♑	24°53'♈
19	Do	25°15'46"♎	14°25'48"♐	24°21'♎	8°57'♍	4°35'♏	12°32'♉r	0°44'♓r	17°20'♈r	22°05'♉r	25°30'♓r	27°54'♑	24°53'♈r
20	Fr	26°15'23"♎	27°47'58"♐	26°02'♎	9°54'♍	5°16'♏	12°24'♉r	0°43'♓r	17°17'♈r	22°03'♉r	25°29'♓r	27°55'♑	24°53'♈r
21	Sa	27°15'01"♎	11°24'46"♑	27°43'♎	10°52'♍	5°57'♏	12°17'♉r	0°41'♓r	17°15'♈r	22°01'♉r	25°27'♓r	27°55'♑	24°53'♈r
22	So	28°14'40"♎	25°16'12"♑	29°23'♎	11°51'♍	6°38'♏	12°09'♉r	0°40'♓r	17°12'♈r	21°58'♉r	25°26'♓r	27°55'♑	24°52'♈r
23	Mo	29°14'21"♎	9°21'40"♒	1°03'♏	12°50'♍	7°19'♏	12°01'♉r	0°39'♓r	17°09'♈r	21°56'♉r	25°25'♓r	27°56'♑	24°53'♈
24	Di	0°14'04"♏	23°39'41"♒	2°42'♏	13°49'♍	8°00'♏	11°53'♉r	0°37'♓r	17°07'♈r	21°54'♉r	25°23'♓r	27°56'♑	24°53'♈
25	Mi	1°13'49"♏	8°07'35"♓	4°20'♏	14°49'♍	8°41'♏	11°46'♉r	0°36'♓r	17°04'♈r	21°52'♉r	25°22'♓r	27°56'♑	24°53'♈
26	Do	2°13'35"♏	22°41'30"♓	5°58'♏	15°50'♍	9°22'♏	11°38'♉r	0°35'♓r	17°01'♈r	21°49'♉r	25°21'♓r	27°57'♑	24°54'♈
27	Fr	3°13'23"♏	7°16'22"♈	7°36'♏	16°50'♍	10°03'♏	11°30'♉r	0°34'♓r	16°59'♈r	21°47'♉r	25°20'♓r	27°57'♑	24°55'♈
28	Sa	4°13'13"♏	21°46'29"♈	9°12'♏	17°52'♍	10°44'♏	11°22'♉r	0°34'♓r	16°56'♈r	21°45'♉r	25°19'♓r	27°58'♑	24°55'♈
29	So	5°13'04"♏	6°06'01"♉	10°49'♏	18°53'♍	11°26'♏	11°14'♉r	0°33'♓r	16°54'♈r	21°42'♉r	25°17'♓r	27°58'♑	24°55'♈r
30	Mo	6°15'28"♏	20°44'32"♉	12°28'♏	19°58'♍	12°09'♏	11°05'♉r	0°32'♓r	16°51'♈r	21°40'♉r	25°16'♓r	27°59'♑	24°54'♈r
31	Di	7°15'24"♏	4°27'44"♊	14°04'♏	21°00'♍	12°50'♏	10°57'♉r	0°32'♓r	16°48'♈r	21°38'♉r	25°15'♓r	27°59'♑	24°53'♈r

Tag		Ceres	Pallas	Juno	Vesta	Pholus	Nessus	Transpl.	Mondkn.(m)	Lilith (m)	Lilith (o)	Lilith (n)	Priapus
01	So	6°23'♏	7°53'♎	22°43'♌	3°58'♋	5°44'♑	16°15'♓r	3°57'♍	25°45'♈r	29°42'♌	9°51'♍r	24°38'♌	16°45'♓
02	Mo	6°48'♏	8°20'♎	23°11'♌	4°10'♋	5°44'♑	16°13'♓r	3°58'♍	25°42'♈r	29°49'♌	7°04'♍r	24°46'♌	17°12'♓
03	Di	7°14'♏	8°47'♎	23°38'♌	4°22'♋	5°45'♑	16°12'♓r	3°58'♍	25°39'♈r	29°56'♌	3°58'♍r	24°53'♌	17°38'♓
04	Mi	7°39'♏	9°15'♎	24°05'♌	4°33'♋	5°45'♑	16°10'♓r	3°59'♍	25°36'♈r	0°03'♍	0°57'♍r	25°01'♌	18°05'♓
05	Do	8°04'♏	9°42'♎	24°32'♌	4°44'♋	5°46'♑	16°09'♓r	3°59'♍	25°32'♈r	0°09'♍	28°27'♌r	25°09'♌	18°30'♓
06	Fr	8°29'♏	10°09'♎	24°58'♌	4°54'♋	5°46'♑	16°07'♓r	4°00'♍	25°29'♈r	0°16'♍	26°43'♌r	25°17'♌	18°56'♓
07	Sa	8°55'♏	10°37'♎	25°25'♌	5°05'♋	5°47'♑	16°06'♓r	4°01'♍	25°26'♈r	0°23'♍	25°47'♌r	25°25'♌	19°21'♓
08	So	9°20'♏	11°04'♎	25°51'♌	5°15'♋	5°47'♑	16°04'♓r	4°01'♍	25°23'♈r	0°29'♍	25°28'♌r	25°34'♌	19°46'♓
09	Mo	9°46'♏	11°31'♎	26°18'♌	5°24'♋	5°48'♑	16°03'♓r	4°02'♍	25°20'♈r	0°36'♍	25°34'♌	25°43'♌	20°11'♓
10	Di	10°11'♏	11°58'♎	26°44'♌	5°34'♋	5°48'♑	16°01'♓r	4°02'♍	25°17'♈r	0°43'♍	25°50'♌	25°51'♌	20°35'♓
11	Mi	10°36'♏	12°26'♎	27°10'♌	5°43'♋	5°49'♑	16°00'♓r	4°03'♍	25°13'♈r	0°49'♍	26°04'♌	26°01'♌	20°58'♓
12	Do	11°02'♏	12°53'♎	27°36'♌	5°52'♋	5°50'♑	15°59'♓r	4°03'♍	25°10'♈r	0°56'♍	26°15'♌	26°10'♌	21°22'♓
13	Fr	11°27'♏	13°20'♎	28°02'♌	6°00'♋	5°50'♑	15°57'♓r	4°04'♍	25°07'♈r	1°03'♍	26°33'♌	26°19'♌	21°44'♓
14	Sa	11°53'♏	13°47'♎	28°28'♌	6°08'♋	5°51'♑	15°56'♓r	4°04'♍	25°04'♈r	1°09'♍	27°21'♌	26°29'♌	22°07'♓
15	So	12°18'♏	14°14'♎	28°53'♌	6°16'♋	5°52'♑	15°54'♓r	4°05'♍	25°01'♈r	1°16'♍	29°08'♌	26°39'♌	22°28'♓
16	Mo	12°44'♏	14°41'♎	29°19'♌	6°23'♋	5°53'♑	15°53'♓r	4°05'♍	24°57'♈r	1°23'♍	2°14'♍	26°49'♌	22°49'♓
17	Di	13°10'♏	15°09'♎	29°44'♌	6°30'♋	5°54'♑	15°52'♓r	4°05'♍	24°54'♈r	1°30'♍	6°42'♍	26°59'♌	23°10'♓
18	Mi	13°35'♏	15°36'♎	0°09'♍	6°37'♋	5°54'♑	15°50'♓r	4°06'♍	24°51'♈r	1°36'♍	12°10'♍	27°10'♌	23°30'♓
19	Do	14°01'♏	16°03'♎	0°34'♍	6°43'♋	5°55'♑	15°49'♓r	4°06'♍	24°48'♈r	1°43'♍	17°59'♍	27°20'♌	23°49'♓
20	Fr	14°26'♏	16°30'♎	0°59'♍	6°49'♋	5°56'♑	15°48'♓r	4°07'♍	24°45'♈r	1°50'♍	23°16'♍	27°31'♌	24°08'♓
21	Sa	14°52'♏	16°57'♎	1°23'♍	6°54'♋	5°57'♑	15°47'♓r	4°07'♍	24°42'♈r	1°56'♍	27°17'♍	27°42'♌	24°26'♓
22	So	15°18'♏	17°24'♎	1°48'♍	6°59'♋	5°58'♑	15°45'♓r	4°08'♍	24°38'♈r	2°03'♍	29°30'♍	27°53'♌	24°43'♓
23	Mo	15°43'♏	17°51'♎	2°12'♍	7°04'♋	5°59'♑	15°44'♓r	4°08'♍	24°35'♈r	2°10'♍	29°54'♍r	28°04'♌	24°59'♓
24	Di	16°09'♏	18°18'♎	2°36'♍	7°09'♋	6°00'♑	15°43'♓r	4°08'♍	24°32'♈r	2°16'♍	28°59'♍r	28°15'♌	25°15'♓
25	Mi	16°35'♏	18°45'♎	3°01'♍	7°13'♋	6°01'♑	15°42'♓r	4°09'♍	24°29'♈r	2°23'♍	27°29'♍r	28°27'♌	25°29'♓
26	Do	17°00'♏	19°12'♎	3°24'♍	7°16'♋	6°03'♑	15°41'♓r	4°09'♍	24°26'♈r	2°30'♍	26°02'♍r	28°38'♌	25°43'♓
27	Fr	17°26'♏	19°38'♎	3°48'♍	7°19'♋	6°04'♑	15°40'♓r	4°10'♍	24°23'♈r	2°37'♍	24°47'♍r	28°50'♌	25°55'♓
28	Sa	17°52'♏	20°05'♎	4°12'♍	7°22'♋	6°05'♑	15°39'♓r	4°10'♍	24°19'♈r	2°43'♍	23°33'♍r	29°02'♌	26°07'♓
29	So	18°17'♏	20°32'♎	4°35'♍	7°25'♋	6°06'♑	15°38'♓r	4°10'♍	24°16'♈r	2°50'♍	21°58'♍r	29°13'♌	26°17'♓
30	Mo	18°44'♏	21°00'♎	4°59'♍	7°27'♋	6°07'♑	15°37'♓r	4°11'♍	24°13'♈r	2°57'♍	19°39'♍r	29°26'♌	26°26'♓
31	Di	19°10'♏	21°27'♎	5°22'♍	7°28'♋	6°09'♑	15°36'♓r	4°11'♍	24°10'♈r	3°04'♍	16°42'♍r	29°38'♌	26°34'♓

Quelle: Sarastro © by Sarastro Software (erstellt von Peter Fraiss)

Tag		Sonne	Mond	Merkur	Venus	Mars	Jupiter	Saturn	Chiron	Uranus	Neptun	Pluto	Mondkn.(w)
01	Mi	8°15'22"♏	17°48'59"♊	15°38'♏	22°03'♍	13°32'♏	10°49' ♉r	0°31' ♓r	16°46'♈r	21°35' ♉r	25°14' ♓r	28°00' ♑	24°51'♈r
02	Do	9°15'22"♏	0°47'59"♋	17°13'♏	23°06'♍	14°13'♏	10°41' ♉r	0°31' ♓r	16°43'♈r	21°33' ♉r	25°13' ♓r	28°01' ♑	24°49'♈r
03	Fr	10°15'24"♏	13°26'07"♋	18°46'♏	24°09'♍	14°55'♏	10°33' ♉r	0°31' ♓r	16°41'♈r	21°30' ♉r	25°12' ♓r	28°01' ♑	24°47'♈r
04	Sa	11°15'28"♏	25°46'11"♋	20°20'♏	25°13'♍	15°37'♏	10°24' ♉r	0°31' ♓r	16°39'♈r	21°28' ♉r	25°11' ♓r	28°02' ♑	24°45'♈r
05	So	12°15'34"♏	7°52'00"♌	21°53'♏	26°17'♍	16°18'♏	10°16' ♉r	0°31' ♓	16°36'♈r	21°26' ♉r	25°10' ♓r	28°03' ♑	24°45'♈r
06	Mo	13°15'42"♏	19°48'04"♌	23°25'♏	27°22'♍	17°00'♏	10°08' ♉r	0°31' ♓	16°34'♈r	21°23' ♉r	25°09' ♓r	28°03' ♑	24°45'♈
07	Di	14°15'53"♏	1°39'12"♍	24°58'♏	28°26'♍	17°42'♏	10°00' ♉r	0°31' ♓	16°31'♈r	21°21' ♉r	25°08' ♓r	28°04' ♑	24°46'♈
08	Mi	15°16'05"♏	13°30'14"♍	26°29'♏	29°31'♍	18°24'♏	9°52' ♉r	0°32' ♓	16°29'♈r	21°18' ♉r	25°07' ♓r	28°05' ♑	24°47'♈
09	Do	16°16'19"♏	25°25'47"♍	28°01'♏	0°37'♎	19°06'♏	9°44' ♉r	0°32' ♓	16°27'♈r	21°16' ♉r	25°06' ♓r	28°06' ♑	24°49'♈
10	Fr	17°16'36"♏	7°29'59"♎	29°32'♏	1°42'♎	19°47'♏	9°36' ♉r	0°32' ♓	16°25'♈r	21°13' ♉r	25°05' ♓r	28°07' ♑	24°50'♈
11	Sa	18°16'54"♏	19°46'17"♎	1°03'♐	2°48'♎	20°29'♏	9°28' ♉r	0°33' ♓	16°22'♈r	21°11' ♉r	25°04' ♓r	28°07' ♑	24°51'♈
12	So	19°17'14"♏	2°17'17"♏	2°33'♐	3°54'♎	21°12'♏	9°20' ♉r	0°34' ♓	16°20'♈r	21°08' ♉r	25°03' ♓r	28°08' ♑	24°51'♈r
13	Mo	20°17'36"♏	15°04'30"♏	4°03'♐	5°01'♎	21°54'♏	9°12' ♉r	0°35' ♓	16°18'♈r	21°06' ♉r	25°03' ♓r	28°09' ♑	24°50'♈r
14	Di	21°18'00"♏	28°08'21"♏	5°32'♐	6°07'♎	22°36'♏	9°04' ♉r	0°36' ♓	16°16'♈r	21°03' ♉r	25°02' ♓r	28°10' ♑	24°47'♈r
15	Mi	22°18'25"♏	11°28'08"♐	7°02'♐	7°14'♎	23°18'♏	8°56' ♉r	0°37' ♓	16°14'♈r	21°01' ♉r	25°01' ♓r	28°11' ♑	24°43'♈r
16	Do	23°18'52"♏	25°02'12"♐	8°30'♐	8°21'♎	24°00'♏	8°49' ♉r	0°38' ♓	16°12'♈r	20°58' ♉r	25°00' ♓r	28°12' ♑	24°39'♈r
17	Fr	24°19'20"♏	8°48'15"♑	9°59'♐	9°29'♎	24°43'♏	8°41' ♉r	0°39' ♓	16°10'♈r	20°56' ♉r	25°00' ♓r	28°13' ♑	24°34'♈r
18	Sa	25°19'50"♏	22°43'38"♑	11°27'♐	10°36'♎	25°25'♏	8°34' ♉r	0°41' ♓	16°08'♈r	20°53' ♉r	24°59' ♓r	28°14' ♑	24°30'♈r
19	So	26°20'21"♏	6°45'47"♒	12°54'♐	11°44'♎	26°07'♏	8°26' ♉r	0°42' ♓	16°06'♈r	20°51' ♉r	24°58' ♓r	28°15' ♑	24°27'♈r
20	Mo	27°20'54"♏	20°52'26"♒	14°21'♐	12°52'♎	26°50'♏	8°19' ♉r	0°44' ♓	16°04'♈r	20°48' ♉r	24°58' ♓r	28°16' ♑	24°26'♈r
21	Di	28°21'27"♏	5°01'36"♓	15°47'♐	14°00'♎	27°32'♏	8°12' ♉r	0°45' ♓	16°02'♈r	20°46' ♉r	24°57' ♓r	28°18' ♑	24°26'♈
22	Mi	29°22'01"♏	19°11'35"♓	17°12'♐	15°08'♎	28°15'♏	8°05' ♉r	0°47' ♓	16°00'♈r	20°43' ♉r	24°57' ♓r	28°19' ♑	24°27'♈
23	Do	0°22'37"♐	3°20'44"♈	18°37'♐	16°17'♎	28°57'♏	7°58' ♉r	0°49' ♓	15°58'♈r	20°41' ♉r	24°56' ♓r	28°20' ♑	24°28'♈
24	Fr	1°23'14"♐	17°27'04"♈	20°01'♐	17°25'♎	29°40'♏	7°51' ♉r	0°51' ♓	15°57'♈r	20°38' ♉r	24°56' ♓r	28°21' ♑	24°29'♈
25	Sa	2°23'52"♐	1°28'13"♉	21°24'♐	18°34'♎	0°23'♐	7°44' ♉r	0°53' ♓	15°55'♈r	20°36' ♉r	24°56' ♓r	28°22' ♑	24°29'♈r
26	So	3°24'31"♐	15°21'24"♉	22°46'♐	19°43'♎	1°05'♐	7°37' ♉r	0°55' ♓	15°53'♈r	20°34' ♉r	24°55' ♓r	28°24' ♑	24°28'♈r
27	Mo	4°25'12"♐	29°03'32"♉	24°07'♐	20°53'♎	1°48'♐	7°31' ♉r	0°57' ♓	15°52'♈r	20°31' ♉r	24°55' ♓r	28°25' ♑	24°24'♈r
28	Di	5°25'54"♐	12°31'40"♊	25°26'♐	22°02'♎	2°31'♐	7°25' ♉r	1°00' ♓	15°50'♈r	20°29' ♉r	24°55' ♓r	28°26' ♑	24°18'♈r
29	Mi	6°26'38"♐	25°43'30"♊	26°44'♐	23°12'♎	3°14'♐	7°18' ♉r	1°02' ♓	15°49'♈r	20°26' ♉r	24°54' ♓r	28°27' ♑	24°11'♈r
30	Do	7°27'22"♐	8°37'39"♋	28°00'♐	24°21'♎	3°57'♐	7°12' ♉r	1°05' ♓	15°47'♈r	20°24' ♉r	24°54' ♓r	28°29' ♑	24°03'♈r

Tag		Ceres	Pallas	Juno	Vesta	Pholus	Nessus	Transpl.	Mondkn.(m)	Lilith (m)	Lilith (o)	Lilith (n)	Priapus
01	Mi	19°36' ♏	21°54' ♎	5°45' ♍	7°29' ♋	6°10' ♑	15°35' ♓ r	4°11' ♍	24°07' ♈ r	3°10' ♍	13°16' ♍ r	29°50' ♌	26°40' ♓
02	Do	20°01' ♏	22°20' ♎	6°08' ♍	7°30' ♋	6°11' ♑	15°34' ♓ r	4°12' ♍	24°03' ♈ r	3°17' ♍	9°51' ♍ r	0°02' ♍	26°45' ♓
03	Fr	20°27' ♏	22°47' ♎	6°30' ♍	7°30' ♋	6°13' ♑	15°33' ♓ r	4°12' ♍	24°00' ♈ r	3°24' ♍	6°53' ♍ r	0°15' ♍	26°48' ♓
04	Sa	20°53' ♏	23°14' ♎	6°53' ♍	7°30' ♋ r	6°14' ♑	15°32' ♓ r	4°12' ♍	23°57' ♈ r	3°30' ♍	4°37' ♍ r	0°27' ♍	26°49' ♓
05	So	21°19' ♏	23°40' ♎	7°15' ♍	7°29' ♋ r	6°15' ♑	15°31' ♓ r	4°13' ♍	23°54' ♈ r	3°37' ♍	3°03' ♍ r	0°40' ♍	26°49' ♓ r
06	Mo	21°44' ♏	24°07' ♎	7°37' ♍	7°28' ♋ r	6°17' ♑	15°31' ♓ r	4°13' ♍	23°51' ♈ r	3°44' ♍	1°57' ♍ r	0°52' ♍	26°47' ♓ r
07	Di	22°10' ♏	24°33' ♎	7°59' ♍	7°27' ♋ r	6°18' ♑	15°30' ♓ r	4°13' ♍	23°47' ♈ r	3°50' ♍	1°01' ♍ r	1°05' ♍	26°42' ♓ r
08	Mi	22°36' ♏	25°00' ♎	8°20' ♍	7°25' ♋ r	6°20' ♑	15°29' ♓ r	4°13' ♍	23°44' ♈ r	3°57' ♍	29°58' ♌ r	1°18' ♍	26°35' ♓ r
09	Do	23°02' ♏	25°26' ♎	8°42' ♍	7°23' ♋ r	6°21' ♑	15°28' ♓ r	4°14' ♍	23°41' ♈ r	4°04' ♍	28°33' ♌ r	1°31' ♍	26°26' ♓ r
10	Fr	23°27' ♏	25°53' ♎	9°03' ♍	7°20' ♋ r	6°23' ♑	15°28' ♓ r	4°14' ♍	23°38' ♈ r	4°10' ♍	26°42' ♌ r	1°43' ♍	26°13' ♓ r
11	Sa	23°53' ♏	26°19' ♎	9°24' ♍	7°17' ♋ r	6°24' ♑	15°27' ♓ r	4°14' ♍	23°35' ♈ r	4°17' ♍	24°35' ♌ r	1°56' ♍	25°58' ♓ r
12	So	24°19' ♏	26°46' ♎	9°44' ♍	7°13' ♋ r	6°26' ♑	15°27' ♓ r	4°14' ♍	23°32' ♈ r	4°24' ♍	22°40' ♌ r	2°09' ♍	25°39' ♓ r
13	Mo	24°45' ♏	27°12' ♎	10°05' ♍	7°09' ♋ r	6°27' ♑	15°26' ♓ r	4°14' ♍	23°28' ♈ r	4°31' ♍	21°33' ♌ r	2°22' ♍	25°17' ♓ r
14	Di	25°11' ♏	27°38' ♎	10°25' ♍	7°04' ♋ r	6°29' ♑	15°25' ♓ r	4°15' ♍	23°25' ♈ r	4°37' ♍	21°43' ♌	2°36' ♍	24°51' ♓ r
15	Mi	25°36' ♏	28°05' ♎	10°46' ♍	6°59' ♋ r	6°31' ♑	15°25' ♓ r	4°15' ♍	23°22' ♈ r	4°44' ♍	23°24' ♌	2°49' ♍	24°20' ♓ r
16	Do	26°02' ♏	28°31' ♎	11°05' ♍	6°53' ♋ r	6°32' ♑	15°24' ♓ r	4°15' ♍	23°19' ♈ r	4°51' ♍	26°33' ♌	3°02' ♍	23°44' ♓ r
17	Fr	26°28' ♏	28°57' ♎	11°25' ♍	6°47' ♋ r	6°34' ♑	15°24' ♓ r	4°15' ♍	23°16' ♈ r	4°57' ♍	0°46' ♍	3°16' ♍	23°03' ♓ r
18	Sa	26°54' ♏	29°23' ♎	11°45' ♍	6°41' ♋ r	6°36' ♑	15°24' ♓ r	4°15' ♍	23°13' ♈ r	5°04' ♍	5°30' ♍	3°29' ♍	22°16' ♓ r
19	So	27°19' ♏	29°49' ♎	12°04' ♍	6°34' ♋ r	6°38' ♑	15°23' ♓ r	4°15' ♍	23°09' ♈ r	5°11' ♍	10°01' ♍	3°42' ♍	21°23' ♓ r
20	Mo	27°45' ♏	0°15' ♏	12°23' ♍	6°27' ♋ r	6°39' ♑	15°23' ♓ r	4°16' ♍	23°06' ♈ r	5°17' ♍	13°40' ♍	3°56' ♍	20°22' ♓ r
21	Di	28°11' ♏	0°41' ♏	12°42' ♍	6°19' ♋ r	6°41' ♑	15°23' ♓ r	4°16' ♍	23°03' ♈ r	5°24' ♍	16°16' ♍	4°10' ♍	19°12' ♓ r
22	Mi	28°36' ♏	1°07' ♏	13°00' ♍	6°11' ♋ r	6°43' ♑	15°22' ♓ r	4°16' ♍	23°00' ♈ r	5°31' ♍	18°10' ♍	4°23' ♍	17°55' ♓ r
23	Do	29°02' ♏	1°33' ♏	13°18' ♍	6°03' ♋ r	6°45' ♑	15°22' ♓ r	4°16' ♍	22°57' ♈ r	5°37' ♍	19°51' ♍	4°37' ♍	16°28' ♓ r
24	Fr	29°28' ♏	1°59' ♏	13°36' ♍	5°54' ♋ r	6°47' ♑	15°22' ♓ r	4°16' ♍	22°53' ♈ r	5°44' ♍	21°32' ♍	4°51' ♍	14°51' ♓ r
25	Sa	29°53' ♏	2°25' ♏	13°54' ♍	5°44' ♋ r	6°48' ♑	15°22' ♓ r	4°16' ♍	22°50' ♈ r	5°51' ♍	23°00' ♍	5°04' ♍	13°04' ♓ r
26	So	0°19' ♐	2°50' ♏	14°12' ♍	5°34' ♋ r	6°50' ♑	15°21' ♓ r	4°16' ♍	22°47' ♈ r	5°58' ♍	23°55' ♍	5°18' ♍	11°08' ♓ r
27	Mo	0°45' ♐	3°16' ♏	14°29' ♍	5°24' ♋ r	6°52' ♑	15°21' ♓ r	4°16' ♍	22°44' ♈ r	6°04' ♍	23°54' ♍ r	5°32' ♍	9°05' ♓ r
28	Di	1°10' ♐	3°42' ♏	14°46' ♍	5°14' ♋ r	6°54' ♑	15°21' ♓ r	4°16' ♍	22°41' ♈ r	6°11' ♍	22°46' ♍ r	5°46' ♍	6°56' ♓ r
29	Mi	1°36' ♐	4°07' ♏	15°03' ♍	5°03' ♋ r	6°56' ♑	15°21' ♓ r	4°16' ♍	22°38' ♈ r	6°18' ♍	20°34' ♍ r	6°00' ♍	4°45' ♓ r
30	Do	2°01' ♐	4°33' ♏	15°19' ♍	4°52' ♋ r	6°58' ♑	15°21' ♓	4°16' ♍	22°34' ♈ r	6°24' ♍	17°42' ♍ r	6°13' ♍	2°36' ♓ r

Quelle: Sarastro © by Sarastro Software (erstellt von Peter Fraiss)

Tag		Sonne	Mond	Merkur	Venus	Mars	Jupiter	Saturn	Chiron	Uranus	Neptun	Pluto	Mondkn.(w)
01	Fr	8°28'09"♐	21°14'06"♋	29°14'♐	25°31'♎	4°40'♐	7°07'♉ r	1°08'♓	15°46'♈ r	20°22'♉ r	24°54'♓ r	28°30'♑	23°55'♈ r
02	Sa	9°28'56"♐	3°34'09"♌	0°25'♑	26°41'♎	5°23'♐	7°01'♉ r	1°10'♓	15°44'♈ r	20°19'♉ r	24°54'♓ r	28°32'♑	23°48'♈ r
03	So	10°29'45"♐	15°40'24"♌	1°34'♑	27°51'♎	6°06'♐	6°55'♉ r	1°13'♓	15°43'♈ r	20°17'♉ r	24°54'♓ r	28°33'♑	23°43'♈ r
04	Mo	11°30'35"♐	27°36'35"♌	2°39'♑	29°02'♎	6°49'♐	6°50'♉ r	1°16'♓	15°42'♈ r	20°15'♉ r	24°53'♓ r	28°34'♑	23°39'♈ r
05	Di	12°31'27"♐	9°27'11"♍	3°41'♑	0°12'♏	7°32'♐	6°45'♉ r	1°19'♓	15°41'♈ r	20°13'♉ r	24°53'♓ r	28°36'♑	23°38'♈ r
06	Mi	13°32'20"♐	21°17'17"♍	4°39'♑	1°23'♏	8°16'♐	6°39'♉ r	1°22'♓	15°39'♈ r	20°10'♉ r	24°53'♓ r	28°37'♑	23°38'♈
07	Do	14°33'14"♐	3°12'11"♎	5°32'♑	2°34'♏	8°59'♐	6°35'♉ r	1°26'♓	15°38'♈ r	20°08'♉ r	24°53'♓	28°39'♑	23°39'♈
08	Fr	15°34'09"♐	15°17'07"♎	6°19'♑	3°44'♏	9°42'♐	6°30'♉ r	1°29'♓	15°37'♈ r	20°06'♉ r	24°53'♓	28°40'♑	23°41'♈
09	Sa	16°35'06"♐	27°36'53"♎	7°01'♑	4°55'♏	10°26'♐	6°25'♉ r	1°32'♓	15°36'♈ r	20°04'♉ r	24°53'♓	28°42'♑	23°41'♈ r
10	So	17°36'04"♐	10°15'28"♏	7°35'♑	6°06'♏	11°09'♐	6°21'♉ r	1°36'♓	15°35'♈ r	20°02'♉ r	24°53'♓	28°43'♑	23°39'♈ r
11	Mo	18°37'03"♐	23°15'32"♏	8°02'♑	7°18'♏	11°53'♐	6°17'♉ r	1°40'♓	15°34'♈ r	19°59'♉ r	24°54'♓	28°45'♑	23°35'♈ r
12	Di	19°38'03"♐	6°38'04"♐	8°20'♑	8°29'♏	12°36'♐	6°13'♉ r	1°43'♓	15°33'♈ r	19°57'♉ r	24°54'♓	28°47'♑	23°29'♈ r
13	Mi	20°39'05"♐	20°21'59"♐	8°29'♑	9°40'♏	13°20'♐	6°09'♉ r	1°47'♓	15°33'♈ r	19°55'♉ r	24°54'♓	28°48'♑	23°21'♈ r
14	Do	21°40'07"♐	4°24'08"♑	8°27'♑ r	10°52'♏	14°03'♐	6°05'♉ r	1°51'♓	15°32'♈ r	19°53'♉ r	24°54'♓	28°50'♑	23°11'♈ r
15	Fr	22°41'09"♐	18°39'39"♑	8°14'♑ r	12°04'♏	14°47'♐	6°02'♉ r	1°55'♓	15°31'♈ r	19°51'♉ r	24°55'♓	28°51'♑	23°01'♈ r
16	Sa	23°42'13"♐	3°02'40"♒	7°50'♑ r	13°15'♏	15°31'♐	5°59'♉ r	1°59'♓	15°31'♈ r	19°49'♉ r	24°55'♓	28°53'♑	22°51'♈ r
17	So	24°43'16"♐	17°27'16"♒	7°14'♑ r	14°27'♏	16°15'♐	5°56'♉ r	2°03'♓	15°30'♈ r	19°47'♉ r	24°55'♓	28°55'♑	22°44'♈ r
18	Mo	25°44'21"♐	1°48'28"♓	6°27'♑ r	15°39'♏	16°58'♐	5°53'♉ r	2°07'♓	15°29'♈ r	19°46'♉ r	24°56'♓	28°56'♑	22°39'♈ r
19	Di	26°45'25"♐	16°02'40"♓	5°29'♑ r	16°51'♏	17°42'♐	5°50'♉ r	2°12'♓	15°29'♈ r	19°44'♉ r	24°56'♓	28°58'♑	22°37'♈ r
20	Mi	27°46'30"♐	0°07'53"♈	4°22'♑ r	18°03'♏	18°26'♐	5°48'♉ r	2°16'♓	15°29'♈ r	19°42'♉ r	24°56'♓	29°00'♑	22°36'♈
21	Do	28°47'35"♐	14°03'20"♈	3°08'♑ r	19°15'♏	19°10'♐	5°46'♉ r	2°20'♓	15°28'♈ r	19°40'♉ r	24°57'♓	29°02'♑	22°37'♈
22	Fr	29°48'40"♐	27°49'03"♈	1°48'♑ r	20°27'♏	19°54'♐	5°44'♉ r	2°25'♓	15°28'♈ r	19°38'♉ r	24°57'♓	29°03'♑	22°37'♈ r
23	Sa	0°49'45"♑	11°25'16"♉	0°25'♑ r	21°40'♏	20°38'♐	5°42'♉ r	2°30'♓	15°28'♈ r	19°37'♉ r	24°58'♓	29°05'♑	22°35'♈ r
24	So	1°50'51"♑	24°51'57"♉	29°03'♐ r	22°52'♏	21°22'♐	5°40'♉ r	2°34'♓	15°27'♈ r	19°35'♉ r	24°59'♓	29°07'♑	22°31'♈ r
25	Mo	2°51'57"♑	8°08'42"♊	27°43'♐ r	24°05'♏	22°06'♐	5°39'♉ r	2°39'♓	15°27'♈ r	19°33'♉ r	24°59'♓	29°09'♑	22°24'♈ r
26	Di	3°53'04"♑	21°14'36"♊	26°29'♐ r	25°17'♏	22°51'♐	5°38'♉ r	2°44'♓	15°27'♈ r	19°32'♉ r	25°00'♓	29°10'♑	22°14'♈ r
27	Mi	4°54'10"♑	4°08'33"♋	25°23'♐ r	26°30'♏	23°35'♐	5°37'♉ r	2°49'♓	15°27'♈ r	19°30'♉ r	25°01'♓	29°12'♑	22°02'♈ r
28	Do	5°55'17"♑	16°49'37"♋	24°25'♐ r	27°42'♏	24°19'♐	5°36'♉ r	2°54'♓	15°27'♈	19°29'♉ r	25°01'♓	29°14'♑	21°49'♈ r
29	Fr	6°56'24"♑	29°17'21"♋	23°37'♐ r	28°55'♏	25°03'♐	5°35'♉ r	2°59'♓	15°27'♈	19°27'♉ r	25°02'♓	29°16'♑	21°35'♈ r
30	Sa	7°57'32"♑	11°32'10"♌	23°00'♐ r	0°08'♐	25°48'♐	5°35'♉ r	3°04'♓	15°27'♈	19°26'♉ r	25°03'♓	29°18'♑	21°23'♈ r
31	So	8°58'40"♑	23°35'32"♌	22°34'♐ r	1°21'♐	26°32'♐	5°35'♉ r	3°09'♓	15°28'♈	19°24'♉ r	25°04'♓	29°20'♑	21°12'♈ r

Tag		Ceres	Pallas	Juno	Vesta	Pholus	Nessus	Transpl.	Mondkn.(m)	Lilith (m)	Lilith (o)	Lilith (n)	Priapus
01	Fr	2°27' ♐	4°58' ♏	15°35' ♍	4°40' ♋ r	7°00' ♑	15°21' ♓	4°16' ♍	22°31' ♈ r	6°31' ♍	14°41' ♍ r	6°27' ♍	0°31' ♓ r
02	Sa	2°53' ♐	5°24' ♏	15°51' ♍	4°28' ♋ r	7°02' ♑	15°21' ♓	4°16' ♍	22°28' ♈ r	6°38' ♍	12°01' ♍ r	6°41' ♍	28°33' ♒ r
03	So	3°18' ♐	5°49' ♏	16°07' ♍	4°15' ♋ r	7°04' ♑	15°21' ♓	4°16' ♍ r	22°25' ♈ r	6°44' ♍	9°55' ♍ r	6°55' ♍	26°43' ♒ r
04	Mo	3°44' ♐	6°14' ♏	16°22' ♍	4°03' ♋ r	7°06' ♑	15°22' ♓	4°16' ♍ r	22°22' ♈ r	6°51' ♍	8°22' ♍ r	7°09' ♍	25°04' ♒ r
05	Di	4°09' ♐	6°40' ♏	16°38' ♍	3°50' ♋ r	7°08' ♑	15°22' ♓	4°16' ♍ r	22°19' ♈ r	6°58' ♍	7°07' ♍ r	7°23' ♍	23°34' ♒ r
06	Mi	4°35' ♐	7°05' ♏	16°52' ♍	3°36' ♋ r	7°10' ♑	15°22' ♓	4°16' ♍ r	22°15' ♈ r	7°04' ♍	5°51' ♍ r	7°37' ♍	22°14' ♒ r
07	Do	5°00' ♐	7°30' ♏	17°07' ♍	3°23' ♋ r	7°12' ♑	15°22' ♓	4°16' ♍ r	22°12' ♈ r	7°11' ♍	4°14' ♍ r	7°50' ♍	21°02' ♒ r
08	Fr	5°25' ♐	7°55' ♏	17°21' ♍	3°09' ♋ r	7°14' ♑	15°22' ♓	4°16' ♍ r	22°09' ♈ r	7°18' ♍	2°00' ♍ r	8°04' ♍	19°59' ♒ r
09	Sa	5°51' ♐	8°20' ♏	17°35' ♍	2°55' ♋ r	7°16' ♑	15°23' ♓	4°16' ♍ r	22°06' ♈ r	7°24' ♍	29°06' ♌ r	8°18' ♍	19°03' ♒ r
10	So	6°16' ♐	8°45' ♏	17°49' ♍	2°41' ♋ r	7°18' ♑	15°23' ♓	4°16' ♍ r	22°03' ♈ r	7°31' ♍	25°43' ♌ r	8°32' ♍	18°14' ♒ r
11	Mo	6°41' ♐	9°10' ♏	18°02' ♍	2°26' ♋ r	7°20' ♑	15°23' ♓	4°16' ♍ r	21°59' ♈ r	7°38' ♍	22°17' ♌ r	8°46' ♍	17°32' ♒ r
12	Di	7°07' ♐	9°35' ♏	18°15' ♍	2°11' ♋ r	7°22' ♑	15°24' ♓	4°16' ♍ r	21°56' ♈ r	7°44' ♍	19°21' ♌ r	9°00' ♍	16°55' ♒ r
13	Mi	7°32' ♐	9°59' ♏	18°27' ♍	1°56' ♋ r	7°25' ♑	15°24' ♓	4°16' ♍ r	21°53' ♈ r	7°51' ♍	17°16' ♌ r	9°14' ♍	16°22' ♒ r
14	Do	7°57' ♐	10°24' ♏	18°40' ♍	1°41' ♋ r	7°27' ♑	15°25' ♓	4°16' ♍ r	21°50' ♈ r	7°58' ♍	16°05' ♌ r	9°27' ♍	15°55' ♒ r
15	Fr	8°23' ♐	10°49' ♏	18°52' ♍	1°26' ♋ r	7°29' ♑	15°25' ♓	4°16' ♍ r	21°47' ♈ r	8°05' ♍	15°32' ♌ r	9°41' ♍	15°32' ♒ r
16	Sa	8°48' ♐	11°13' ♏	19°03' ♍	1°10' ♋ r	7°31' ♑	15°26' ♓	4°15' ♍ r	21°44' ♈ r	8°11' ♍	15°15' ♌ r	9°55' ♍	15°12' ♒ r
17	So	9°13' ♐	11°38' ♏	19°14' ♍	0°55' ♋ r	7°33' ♑	15°26' ♓	4°15' ♍ r	21°40' ♈ r	8°18' ♍	14°55' ♌ r	10°09' ♍	14°56' ♒ r
18	Mo	9°38' ♐	12°02' ♏	19°25' ♍	0°39' ♋ r	7°35' ♑	15°27' ♓	4°15' ♍ r	21°37' ♈ r	8°25' ♍	14°29' ♌ r	10°23' ♍	14°43' ♒ r
19	Di	10°03' ♐	12°26' ♏	19°36' ♍	0°23' ♋ r	7°37' ♑	15°28' ♓	4°15' ♍ r	21°34' ♈ r	8°31' ♍	14°29' ♌	10°36' ♍	14°33' ♒ r
20	Mi	10°28' ♐	12°50' ♏	19°46' ♍	0°07' ♋ r	7°40' ♑	15°28' ♓	4°15' ♍ r	21°31' ♈ r	8°38' ♍	15°43' ♌	10°50' ♍	14°26' ♒ r
21	Do	10°53' ♐	13°14' ♏	19°56' ♍	29°51' ♊ r	7°42' ♑	15°29' ♓	4°14' ♍ r	21°28' ♈ r	8°45' ♍	18°49' ♌	11°04' ♍	14°21' ♒ r
22	Fr	11°18' ♐	13°38' ♏	20°05' ♍	29°36' ♊ r	7°44' ♑	15°30' ♓	4°14' ♍ r	21°25' ♈ r	8°51' ♍	23°44' ♌	11°17' ♍	14°19' ♒ r
23	Sa	11°43' ♐	14°02' ♏	20°14' ♍	29°20' ♊ r	7°46' ♑	15°31' ♓	4°14' ♍ r	21°21' ♈ r	8°58' ♍	29°43' ♌	11°31' ♍	14°18' ♒
24	So	12°08' ♐	14°26' ♏	20°23' ♍	29°04' ♊ r	7°48' ♑	15°31' ♓	4°14' ♍ r	21°18' ♈ r	9°05' ♍	5°46' ♍	11°44' ♍	14°20' ♒
25	Mo	12°33' ♐	14°50' ♏	20°31' ♍	28°48' ♊ r	7°51' ♑	15°32' ♓	4°14' ♍ r	21°15' ♈ r	9°11' ♍	10°59' ♍	11°57' ♍	14°23' ♒
26	Di	12°58' ♐	15°13' ♏	20°39' ♍	28°32' ♊ r	7°53' ♑	15°33' ♓	4°13' ♍ r	21°12' ♈ r	9°18' ♍	14°44' ♍	12°11' ♍	14°29' ♒
27	Mi	13°22' ♐	15°37' ♏	20°47' ♍	28°17' ♊ r	7°55' ♑	15°34' ♓	4°13' ♍ r	21°09' ♈ r	9°25' ♍	16°47' ♍	12°24' ♍	14°35' ♒
28	Do	13°47' ♐	16°00' ♏	20°54' ♍	28°01' ♊ r	7°57' ♑	15°35' ♓	4°13' ♍ r	21°05' ♈ r	9°31' ♍	17°20' ♍ r	12°37' ♍	14°44' ♒
29	Fr	14°12' ♐	16°24' ♏	21°01' ♍	27°46' ♊ r	7°59' ♑	15°36' ♓	4°13' ♍ r	21°02' ♈ r	9°38' ♍	16°47' ♍ r	12°50' ♍	14°53' ♒
30	Sa	14°36' ♐	16°47' ♏	21°07' ♍	27°31' ♊ r	8°02' ♑	15°37' ♓	4°12' ♍ r	20°59' ♈ r	9°45' ♍	15°46' ♍ r	13°03' ♍	15°05' ♒
31	So	15°01' ♐	17°10' ♏	21°13' ♍	27°15' ♊ r	8°04' ♑	15°38' ♓	4°12' ♍ r	20°56' ♈ r	9°51' ♍	14°46' ♍ r	13°16' ♍	15°17' ♒

ZEICHEN & SYMBOLE

PLANETEN

☉ Sonne
☽ Mond
☿ Merkur
♀ Venus
♂ Mars
♃ Jupiter
♄ Saturn
⚷ Chiron
⛢ Uranus
♆ Neptun
♇ Pluto

PUNKTE

⚸ Lilith
⚳ Priapus
☊ aufsteigender Mondknoten
☋ absteigender Mondknoten

TIERKREISZEICHEN

♈ Widder
♉ Stier
♊ Zwillinge
♋ Krebs
♌ Löwe
♍ Jungfrau
♎ Waage
♏ Skorpion
♐ Schütze
♑ Steinbock
♒ Wassermann
♓ Fische

ASPEKTE

☌	Konjunktion	0°
⚹	Sextil	60°
□	Quadrat	90°
△	Trigon	120°
☍	Opposition	180°

SONSTIGES

→ Planet tritt in ein neues Zeichen
← Planet wechselt rückläufig in das vorherige Zeichen
SR Stationär rückläufig
SD Stationär direktläufig
v/c Void of Course (keine Hauptaspekte des Mondes vor Eintritt in ein neues Zeichen, siehe Seite 54)

DEUTUNG DES GEBURTSHOROSKOPS

Auf den folgenden Seiten finden sich Kurzdeutungen zu den Planeten, Zeichen und Häusern. Damit lassen sich eigene Deutungen zu allen Planetenkonstellationen erschließen. Es ist hilfreich, dabei wie folgt vorzugehen:

Planet – Was? **Zeichen – Wie?** **Häuser – Wo?**

- Die **Planeten** zeigen die Themen an, um die es geht.
- Die **Zeichen** geben Hinweise, wie wir das Thema angehen und umsetzen können.
- Die **Häuser** beschreiben, in welchen Lebensbereichen das Thema konkret zum Ausdruck kommen soll.

Dazu ein Beispiel: Mars in Löwe im 6. Haus
Bei Mars geht es um die Durchsetzung eigener Interessen. Er zeigt an, wofür wir kämpfen und uns stark machen sollen. Im Zeichen Löwe soll dieser Kampf mit Mut und ganzem persönlichen Einsatz geführt werden. Mars in Löwe möchte Heldentaten vollbringen, die bei anderen große Beachtung finden. Das 6. Haus zeigt an, dass der beherzte Kampf von Löwe-Mars im Alltag und am Arbeitsplatz nutzbringend eingesetzt und verwertet werden soll.

KURZDEUTUNGEN ZU DEN PLANETEN

☉ *Sonne:* Wer wir sind und mit welchen Werten und Zielen wir uns identifizieren. Was unser Wesen und unsere Persönlichkeit ausmacht. Wodurch wir zu uns selbst finden.

☽ *Mond:* Was wir brauchen, um uns wohlzufühlen. Unser inneres Kind. Wie wir unsere Gefühle zeigen und uns anderen nahe fühlen können.

☿ *Merkur:* Wie wir uns mitteilen. Wie wir die Welt wahrnehmen und verstehen. Was unsere Aufmerksamkeit und Neugier weckt.

♀ *Venus:* Was uns gefällt und was uns anzieht. Wie wir auf andere zugehen und ihnen unsere Zuneigung zeigen. Unsere innere Geliebte. Wo wir uns nach dem Schönen sehnen und das Leben genießen.

♂ *Mars:* Was wir wollen und wie wir dafür kämpfen. Wie wir unsere Kraft für unsere Ziele einsetzen. Unser innerer Geliebter. Unser Umgang mit Wut und Aggression.

♃ *Jupiter:* Wie wir der Fülle des Lebens begegnen. Wo wir aus dem Vollen schöpfen. Was uns optimistisch und zuversichtlich stimmt. Wie wir zu unserem Glück finden.

♄ *Saturn:* Wofür wir uns verantwortlich fühlen. Wo wir an Grenzen stoßen und Angst haben, zu versagen. Woran wir wachsen, reifen und Meisterschaft erlangen. Unser Umgang mit Autoritäten.

⚷ *Chiron:* Was uns isoliert und zum Einzelgänger macht. Unsere wunden Punkte und wodurch wir sie heilen können. Unser Lehrer- und Heilerpotenzial. Was uns unsterblich macht.

⛢ *Uranus:* Unser Wunsch nach Freiheit und Unabhängigkeit. Wodurch wir uns von uns selbst und von anderen entfremden. Wo wir aus der Reihe tanzen und anders sein möchten. Wie wir innere Autonomie erringen.

♆ *Neptun:* Was unsere tiefsten Sehnsüchte weckt. Womit wir uns selbst und andere täuschen und betrügen. Wie wir durch Hingabe zur Erlösung finden. Was uns bezaubert und beglückt.

♇ *Pluto:* Unser Streben nach Macht und Einfluss. Wie wir durch Krisen zu unserer inneren Wahrheit finden. Wodurch wir uns innerlich wandeln und erneuern.

⚸ *Lilith:* Worüber wir selbst bestimmen und entscheiden. Unsere verdrängten und abgespaltenen Bedürfnisse. Wo wir frei von Konditionierungen sind.

⯓ *Priapus:* Was uns emotional nährt und guttut. Wovon wir überwältigt werden. Unser schöpferisch-zeugendes Potenzial.

☊ *Mondknoten:* Was wir als schicksalhaft empfinden. Unsere innere Bestimmung. Karmische Begegnungen.

KURZDEUTUNGEN ZU DEN TIERKREISZEICHEN

♈ *Widder:* Wo wir Pioniere und Kämpfer sind. Was uns ungeduldig und rastlos macht. Wie wir dem Leben die Stirn bieten und unsere Interessen durchsetzen.

♉ *Stier:* Wo wir nach Genuss und Sicherheit streben. Was wir mit Geduld hegen und pflegen. Wie wir Besitzstände wahren.

♊ *Zwillinge:* Wo wir voller Zweifel sind und alles hinterfragen. Was uns neugierig und ablenkbar macht. Wie wir unsere Vielseitigkeit zur Geltung bringen.

♋ *Krebs:* Wo wir fürsorglich und sentimental sind. Was uns zu Herzen geht und unsere Gefühle weckt. Wie wir uns um uns selbst und andere kümmern.

♌ *Löwe:* Wo wir zum Helden unseres Lebens werden. Was unsere Lebensfreude weckt und uns zu großen Taten veranlasst. Wie wir uns selbstbewusst in Szene setzen.

♍ *Jungfrau:* Wo wir gründlich und genau sind. Was wir gewissenhaft vervollkommnen und perfektionieren möchten. Wie wir uns nützlich machen und anderen dienen können.

♎ *Waage:* Wo wir nach Harmonie und Ausgleich streben. Was wir innerlich lange abwägen müssen und nur schwer entscheiden können. Wie wir für Frieden und Gerechtigkeit sorgen und wo wir Zwietracht säen.

♏ *Skorpion:* Wo wir radikal und ehrlich sind. Was wir erforschen und aufdecken müssen. Wie wir mit Tabus und Geheimnissen umgehen.

♐ *Schütze:* Wo wir weltoffen und voller Zuversicht sind. Was wir in moralischer Hinsicht als richtig und gut empfinden. Wie wir die Welt verbessern möchten.

♑ *Steinbock:* Wo wir streng sind und uns nach Regeln und Gesetzen richten. Was wir mit Disziplin und Nachdruck verfolgen. Wie wir unserer Verantwortung gerecht werden.

♒ *Wassermann:* Wo wir über den Dingen stehen und unabhängig sind. Was wir verändern und neu erfinden möchten. Wie wir unsere Individualität zum Ausdruck bringen.

♓ *Fische:* Wo wir hilfsbereit und nachgiebig sind. Was wir gerne teilen. Wie wir die Welt retten und unser inneres Heil finden können.

KURZDEUTUNGEN ZU DEN ASTROLOGISCHEN HÄUSERN

1. Haus Unsere äußere Erscheinung und die Art und Weise, wie wir auf unbekannte Situationen zugehen. Unser Selbstausdruck, unsere körperliche Konstitution und Ausstrahlung. Der erste Eindruck, den wir bei anderen wecken. Unsere Maske, die wir tragen, und was sich dahinter verbirgt.

2. Haus Unsere Einstellung gegenüber Geld, Werten und Besitz und die Art unserer Existenz- und Reviersicherung. Wie und wodurch wir unser Geld verdienen und womit wir unsere Existenz bestreiten können. Was unser Selbstwertgefühl stärkt und wie wir das Beste aus unseren Talenten machen können.

3. Haus Das Wissen und die Erfahrungen, die wir im täglichen Umgang mit anderen sammeln. Unsere Fähigkeit, uns auszudrücken und hinzuzulernen. Die sozialen Kompetenzen, die uns helfen, mit unserer unmittelbaren Umgebung klarzukommen.

4. Haus Unsere Art, uns ein Zuhause zu schaffen. Wodurch wir uns geborgen und beschützt fühlen können. Die Atmosphäre unseres Elternhauses und die wesentlichen Erfahrungen der Kindheit. Faktoren, die bei Orts- und Wohnungswahl und bei der Gründung einer Familie eine wichtige Rolle spielen.

5. Haus Unser schöpferischer Selbstausdruck und alles, was uns Spaß und Freude bereitet. Die Bühnen, auf denen wir uns ausprobieren und kreativ entfalten können. Unsere »Liebhabereien« und Hobbys bis hin zu unseren Flirts und Affären. Unsere Einstellung zu Kindern und wie wir mit unserem eigenen inneren Kind umgehen.

6. Haus Wodurch wir unseren persönlichen Lebens- und Arbeitsrhythmus finden und den Alltag gemäß unseren persönlichen Bedürfnissen gestalten können. Unsere Einstellung zur Arbeit und zu den Verpflichtungen des alltäglichen Lebens. Chronische Erkrankungen, die u. a. mit unserer Ernährung sowie unserem Lebens- und Arbeitsrhythmus zusammenhängen.

7. Haus Unsere Art, Beziehungen einzugehen, um innerlich ganz zu werden. Wo wir uns selbst in anderen wiederfinden. Wie wir uns unserer Projektionen bewusst werden. Was wir von unseren Partnern und unseren Beziehungen mit ihnen erwarten. Unsere »bessere Hälfte«, durch die wir innerlich zu Ausgleich und Harmonie finden.

8. Haus Unsere Bereitschaft zu Wandlung und Transformation. Wie wir all die inneren Tode sterben, die uns zum Kern unserer Existenz und zu unserer inneren Wahrheit führen. Die Tabus und Geheimnisse, die wir brechen und lüften müssen, um zu uns selbst zu finden und uns mit anderen verbinden zu können. Unsere tiefsten Verstrickungen mit dem Leben durch Beziehungen oder finanzielle Verpflichtungen und gemeinsame Projekte.

9. Haus Unser Weg, um zu einer sinnvollen und erfüllenden Lebensperspektive zu finden. Womit wir unseren Horizont erweitern, in die Ferne schweifen und uns auf innere Reisen begeben. Was wir auf der Suche nach dem Sinn des Lebens als bedeutsam und wichtig erleben. Die Art und Weise, wie wir nach höherer Bildung und umfassender Erkenntnis streben, was uns hilft, unser Streben auf ein höheres Ziel hin auszurichten.

10. Haus Die Verwirklichung dessen, wozu wir uns berufen fühlen. Die Erfolge, nach denen wir streben und die unseren gesellschaftlichen Status definieren. Wie wir unserer sozialen Verantwortung gerecht werden. Unser Lebensziel und unser Drang, über uns hinauszuwachsen und in der Welt etwas Bedeutsames zu leisten. Wie wir unsere individuelle Selbstverwirklichung in den Dienst einer größeren Aufgabe stellen können.

11. Haus Unsere Art, Gleichgesinnte zu finden, um große Aufgaben zu bewältigen und humanitäre Ziele zu verwirklichen. Freunde und Menschen, denen wir uns geistig verwandt und verbunden fühlen. Wie wir uns in Gruppen bewegen und in Teams mit anderen zusammenarbeiten und kooperieren können. Wie wir

Netzwerke knüpfen und unsere persönlichen Anliegen in Gemeinschaften tragen, deren Ziele wir teilen.

12. Haus Unsere Rückverbindung mit dem großen Ganzen. Wodurch wir uns mit der Welt verbunden fühlen. Was wir erleben, wenn wir uns zurückziehen und mit uns alleine sind. Ein Ort der Stille, der unserer inneren Zentrierung dient und uns zugleich Zugang zur Grenzenlosigkeit des Daseins gewährt. Was wir gerne vor der Welt verborgen halten und uns nur heimlich zugestehen.

STICHWORTE ZU DEN ASTROLOGISCHEN ASPEKTEN

KONJUNKTION ☌

Potenzial: vereinte Kraft, gegenseitige Verstärkung, gute Teamarbeit
Konflikt: Konfusion, erzwungene Kooperation, gegenseitiger Boykott

OPPOSITION ☍

Potenzial: Vereinigung von Gegensätzen/Polaritäten, Bewusstheit durch Konfrontation
Konflikt: Projektion, Abspaltung, Entweder-oder, Schwanken zwischen Extremen

QUADRAT □

Potenzial: Reibung, Energie, Herausforderung
Konflikt: Unvereinbarkeit, Zerrissenheit, Spannung, Blockade

SEXTIL ⚹

Potenzial: Anregung
Konflikt: Unschlüssigkeit

TRIGON △

Potenzial: Harmonie; Unterstützung, Kooperation, Entspannung
Konflikt: Trägheit, passive Glückserwartung, Selbstverständlichkeit

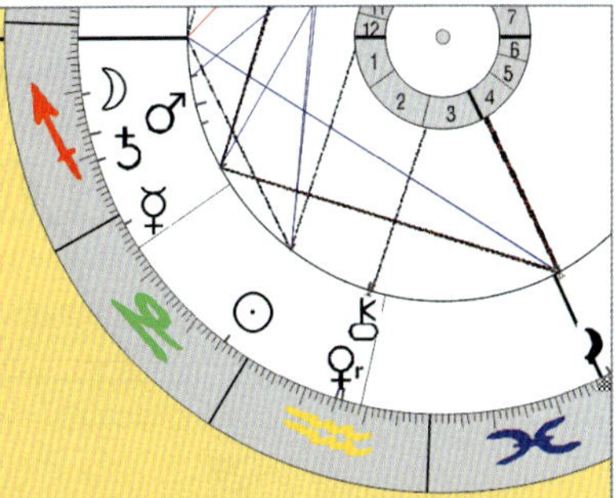

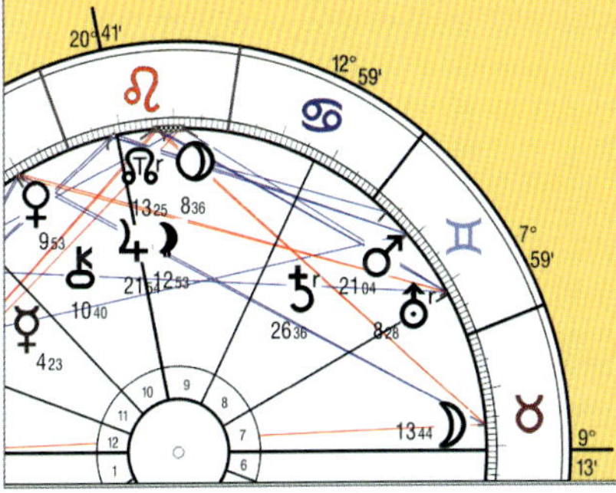

20°41'
12° 59'
7° 59'
9° 13'

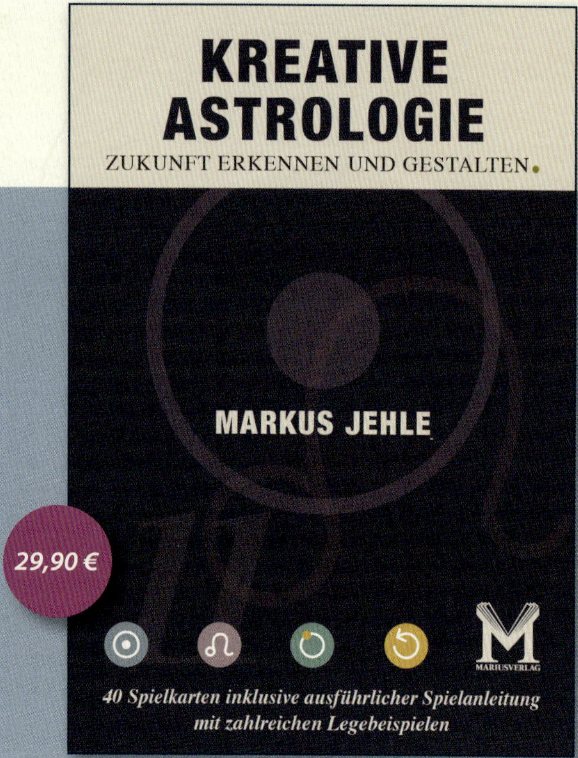
KREATIVE ASTROLOGIE
ZUKUNFT ERKENNEN UND GESTALTEN.
MARKUS JEHLE
29,90 €
MARIUSVERLAG
40 Spielkarten inklusive ausführlicher Spielanleitung mit zahlreichen Legebeispielen

10. HAUS
ICH LEBE MEINE BERUFUNG
LANGFRISTIG
ICH VERFÜGE ÜBER EINEN LANGEN ATEM

Markus
Jehle
APHORISMEN
ZUR
HOROSKOPDEUTUNG
18,90 €
POTENZIALE STÄRKEN MIT ASTROLOGIE

KOSMISCHE NOTIZEN

KOSMISCHE NOTIZEN

KOSMISCHE NOTIZEN